U0017653

孩子如何成功

我們要如何教養孩子，才能讓孩子一生受益？

How Children Succeed
Grit, Curiosity, and the Hidden Power of Character

保羅・塔夫 (Paul Tough) 著

王若瓊、李穎琦 譯

遠流出版公司

目錄

陪孩子創造成功未來

陳美儒　建中老師，親子作家

　　為了《孩子如何成功》這本書的採訪調查，作者保羅・塔夫（Paul Tough），從舊金山貧民窟的兒科診所，到紐約私立貴族學校，到俄亥俄州中部正在舉行的西洋棋巡迴賽，他幾乎跑遍了整個美國。

　　他拜訪了許多當代的教育改革者、心理學家、經濟學家、腦神經科專家和醫師，探討、追蹤，為什麼有些孩子容易「成功」？而有些卻沒有？為什麼出身貧困家庭的小孩往往比來自中產階級背景的小孩更難獲得「成功」？

　　他花了兩年的時間對公立學校、特殊學校、資優學校與各式課後加強輔導方案的學童、老師與行政人員進行訪談。保羅驚奇的發現，唯有開發這些孩子的勇氣、認真、正直、自我控制、樂觀和好奇心，才是幫助這些孩子扭轉劣勢，邁步成功的關鍵鑰匙。

　　而這種「非認知技巧」的養成，也就是所謂的「品格」養成；品格產生的正向力量，遠遠超過強調讀寫學習的「前認知技巧」。

十二年國教沒有教的事

台灣將從明年（2014 年）夏天，自九年國民教育正式邁向十二年國教里程碑。在教育史上大變革的當際，不論是打開報紙、電視或網路媒體，我們看到的仍是家長、學者、學生、各路名嘴；從早到晚，從晚到早；各持己見大鳴大放，紛紛擾擾沒完沒了。

有人說，十二年國教的施行，其終極目的就是要殲滅建中、北一女這種充滿明星式光環的學校。又有人道，免試、不得看國中三年學業成績，而通通可以自由選擇自己理想學校的入學方式，不就等於把 PR99 的跟 PR30、50 的孩子擺在同一間教室上課，豈不又成了另類的平頭主義、假平等？雖是「有教無類」，卻也難以「因材施教」吧？

吵吵吵，不論是在電視上的辯論或各式公聽會裡的吶喊，可以清楚看見，不管男女老少總是從自己利益的角度在爭取發聲，卻始終聽不到如何教育出有「品格」的孩子的聲音。

原來，大家最在乎的還是「認知能力」的研習養成，名校情結、漂亮的畢業證書，依然是許多人心底的最終追求。

偏偏保羅在《孩子如何成功》一書，卻大量引用了許多學者專家的研究、明確的實驗數據、真實的人物案例，認為形塑品格的技巧是可以經由後天學習而成，要養出成功的子女是可以不必憑藉天生好命、不必依靠運氣機緣。保羅認為：投資教育，才是讓國力真正強大的良方；培養孩子美好的品格，正是教育

最大的目的。

為什麼有人總是遭遇失敗？如何找出失敗的原因，以及避免失敗？什麼是壓力創傷？為什麼歷經愛心教養的孩子，長大會更聰明、更能擁有面對逆境失敗的韌性和勇氣？為人父母，你真的可以改變孩子的命運嗎？最痛苦的人生故事，是否可以透過品格的改造而走向最有希望的未來前途？弱勢、低收入家庭孩童最有效的抗貧武器是什麼？要成功，就必須先經歷失敗？好習慣養成，會很困難嗎？智商高低與是否能成為西洋棋高手，是可以劃等號的嗎？

作者在書裡特別提到：一個學生能否從一所好的大學畢業，不一定與這個學生本人的聰明才智完全相關；他認為學生能否順利畢業，其真正的關鍵是國、高中成績單背後的「品格」能力。

讓總統學學老鼠吧！

2012 年，美國民主黨的歐巴馬和共和黨的羅姆尼，兩位總統候選人在電視上激辯怎樣才能使美國更強大。知名的政論評論家紀思道（Nicholas Donabet Kristof）竟語出驚人的表示：「也許他們應該向老鼠學習。」啊——要兩位美國總統候選人向老鼠學習？學什麼？

在《孩子如何成功》一書裡，詳細地記載了這個在老鼠身上找到的「品格」力量。加拿大麥基爾大學（McGill University）

神經學專家麥可・米尼（Michael Meeney）研究實驗發現：他實驗中的一些老鼠媽媽會花很多時間舔舐小老鼠、為牠們梳理毛髮，而另外的一些母鼠對小鼠兒女卻是不理不睬；這種強烈差異帶來長期的後果，讓米尼實驗室研究小組驚奇不已。他們發現：當小鼠長大後，那些經常被媽媽舔舐、梳毛的老鼠，在迷宮中能更快速的找到出路；牠們比起那些不被媽媽理睬的老鼠，顯得比較喜歡社交、活潑、好奇心強，甚至可以活得更長久。

米尼研究小組對成年鼠進行解剖後，發現撫愛舔舐會改變老鼠大腦的 DNA 結構，而這樣的結構改變會使得小鼠因此更能控制壓力反應。

對照母鼠對小鼠的舔舐梳毛的行為，人類父母對孩子的擁抱、親吻、讀故事給孩子聽、和孩子促膝相談等溫馨親密行為，是不是也會無形的讓我們的後代，乃至整個社會更強大？

身為老師，我最在乎的其實是……

物換星移，流光嬗遞之際，來到建中任教已逾三十年，除了教授國文課程，我始終堅持站在第一陣線，親自帶班擔任導師，陪這群青春的大男孩勇渡波濤洶湧、激流潛伏不斷的少年十五、二十時。

對這群來自台灣各地「代表隊」、PR99 的精英少年，學業功課絕不是我的重點，我最在乎的、最想栽培的是，每個孩子

都能擁有一顆善良、能珍愛自己也能疼惜他人的心;開朗、樂觀的哲理思維,有禮貌、能感激的人格特質。

　　而我以為,這才是給予孩子成長路上,最美好的資源;唯有美好的品格養成,才是陪孩子邁步光明,創造成功未來的最重要基石。

　　我願全力推薦遠流出版的《孩子如何成功》一書給所有期待兒女成功、快樂的爸爸媽媽和師長們,以及所有的成年人,一起來探索好品格正向的力量與陽光磁場。

推薦文 讓孩子享受「被愛滿的經驗」

夏惠汶　開平餐飲學校創辦人

看到《孩子如何成功》這本書，馬上就有一份心有戚戚焉的感動。

本書的核心目的是，要解決生命中最難解的奧祕……讓我們知道，大人到底可以做什麼，來引導一個孩子或以一整個世代的孩子，讓他們遠離失敗，走向成功。書中提到，我們一直無法解決某些問題（例如教養問題），因為我們一直在錯誤的地方找答案（我們一直努力培養孩子的數學、語文等認知技能），同時卻忽略了：軟性能力（也就是非認知技能）才是成功快樂的關鍵。

閱讀的過程中，腦海中不斷比對我過去這二十多年來的辦學歷程……

用「愛」來克服不利的因素

作者用獨特的觀察者角度來看孩子如何成功。例如他所提到美國高中生取得學位的 GED 管道（通識課程發展計劃），這個措施證明了：考試成績好，並沒有對人產生正面影響。他也從幾個個別案例中一一說明了「人格特質的培養比成績更重要」

的實際效果。

　　家庭是孩子另一個成功的關鍵。家庭對孩子的影響極大，孩子的表現行為與家庭息息相關，只要理解家庭生活對孩子更深層盤根錯節的影響，就能夠消融孩子目前的困境。從老鼠的實驗中可以看到，有鼠媽媽不停舔撫的小老鼠，闖迷宮的表現就優於沒有被鼠媽媽舔撫的那一組小老鼠。

　　這點應證了我的信念：「孩子享受過被愛滿的經驗，未來就有能力去愛別人。」在家庭中愛的能量流動，能夠讓孩子擁有正向的人格特質；就算是生長在看似高風險家庭中的孩子，也能夠剪斷關係中平行位移的循環糾結，讓孩子跳出糾結，用自己的方式走自己的路。

　　沒有兩個人是一樣的，每個孩子的特質不一樣，需要的學習和學習方法也不一樣。但現實中，每個人都要花好長的一段時間來讀相同的教科書，學一樣的學科，接著考試、產生分數、然後做比較，最後到了社會，還要花好多的時間來建立自己的特色，在職場中出類拔萃。這樣不是很奇怪嗎？

用「合作、對話」為孩子打下最有用的人際關係基礎

　　本書提出了好奇心、自制力、社會流動（能力）等多種「非認知技能」，這些與智商完全不同。十多年前，我思考了許久，決定在校內放棄統一教科書，尊重每個生命有不同的學習模式。落實到課程設計上，是實施主題式活動的教學模式，分組進行

專案學習，藉著專案的進行培養孩子們的「非認知技能」，而這些也就是品格力。以我們學校一年級的主題「台灣美食地圖」為例，孩子分為幾個小組，分頭到台灣各地探訪美食特色，最後對全年級的同學做公開簡報。

在進行專案主題的過程中，孩子們要學習如何規畫、分組、討論、衝突、合作，也必須磨練提問、解決問題、資料彙整、上台報告等的技巧。當然常常會有衝突發生，但必須學習衝突後如何合作。我們在這個課程中，刻意營造出能夠與人對話以及合作的學習環境，那是孩子們未來非常重要的能力。

親子、師生之間的融洽關係，其實是在對話中建立的，只要開始聊天對話，困境就消融在無形之間。我在十多年前即導入了敘事對話的師資培訓，讓老師不再只是教書者，而是能夠傾聽、陪伴的人，這樣的陪伴者，可以問出讓人反思多時的好問題，幫助孩子長出力量。當師生可以自在地對話，就可以一起合作，讓學習發生。

這些教學實務經驗，可以從本書中得到印證。作者提到，兒童「逆境經驗」的研究證實了，兒時遭遇的逆境經驗和成年負向表現有直接的關連。不過，父母可以克服自己的創傷歷史與不良依附的經驗，改變自己養兒育女的方式，拋棄那種會讓孩子產生焦慮依附感的育兒方式，轉而採取能夠促進安全依附感與健康的育兒方式。父母們都擔心害怕不清楚孩子的狀況，但只要「我們坐下來開始談的時候，才知道根本沒有什麼大不了的」。

動機、認真、堅持的成功三部曲

本書還提到,「動機」是重要的,但有了動機,還要「認真」,最後還要「堅持」。因此,教養的第一步,就是如何幫助學生產生動機。其實,每個孩子成長的背後都有故事,就連家長的原生家庭經驗也是有絕大的影響力。為了讓孩子能夠快樂學習、有成就,身為教育工作者,一定要與家長成為教育合夥人,一起為孩子的未來努力。

於是,近十年前,我們開始對家長展開工作:在每位新生要報到之前,家長都要先到校上課三個整天,然後每學期再回來複訓一天。課程中陪伴家長學習如何與孩子對話,如何讓家庭中的愛能夠流動。我們希望孩子們三年後從開平餐飲學校畢業時,能充滿自信,有清楚的夢想,勇敢追求自己的夢想,這些也就是本書中作者整理出的、可以讓孩子成功的五項非認知技能:富於機智(自信)、適應力強(自信)、雄心壯志(夢想)、學有專精(自信)、人格正直(勇敢)。

書中提到諾貝爾經濟學獎得主詹姆斯 · 赫克曼(James Heckman)的看法,實在值得反覆體會:「過去數十年來,關於兒童發展的傳統觀念走錯了路,我們在孩童身上一直關注的其實是錯誤的技能(認知能力),我們也一直使用錯誤的方式培養、傳授這些技能。」最後,誠懇推薦《孩子如何成功》這一本以科學論述為基礎、最顛覆傳統思想的好書。

推薦文 讓孩子成功的大人

洪仲清　臨床心理師

　　《孩子如何成功》一書的作者蒐集資料認真，辯證紮實，文筆流暢。身為讀者，閱讀經驗相當痛快，特別其中引用許多讓我感覺熟悉的心理學研究。

　　心理學一百多年來，嘗試擺脫晦澀、主觀的印象，企圖使用量化、實證的方法，作為建立知識的途徑。到底人類的內在經驗，能否使用量化研究去逼近，有不同看法。但是，科學化的心理學，在鍛鍊心理系學生有清晰的思考方法上，用嚴謹的邏輯去檢視，研究結果與推論之間的關係，功不可沒。

　　作者引用許多研究來說明立論的根據，又不會讓一般讀者覺得難懂，這個平衡點拿捏得十分巧妙。在詮釋研究結果的過程中，步步踏實，讓人感到安心。在最後總結的時候，作者回歸自己的內在經驗，自傳式地爬梳，對應前文嚴謹的論理，讀來感到親切。

父母可以選擇參考的另一種教養重點

　　作者對於美國教育的感嘆，回到台灣來看，一點都不奇怪。

過度重視「認知能力」的教育制度，台灣亦然，近廿年來的教改聲浪，常有重量級學者出面抨擊教育現況。品格教育的失落，是一般社會的共識，卻又苦無努力的方向。

作者強調的品格力量，正是當今父母，在對教育制度的失望下，可以參考的另一種選擇。品格養成落實在教育方面，不論是家庭、學校或社會教育，可以從「道德」與「習慣」兩點來談。如果只是著力在道德層面，像是正直、勇敢、認真、負責……等傳統價值的了解，眼界落在雲端，恐怕效果不佳。某種程度上，一般而言的道德或美德，都可以化約為種種的好習慣，讓人在生活中執行。用行為改變技術的語彙，可以「規則」的講法來理解。

規則，是透過口語或書寫，說明特定情境，表現出什麼行為，會獲得獎賞或處罰的描述。譬如，我們對孩子說：「如果你在老師講課時，仔細聽且保持安靜，全班在下課前都可以有五分鐘的自由時間。」作者提到：「當你自訂規則的時候，等於召喚前額葉皮質當你的夥伴，共同對抗腦袋中控制反射反應、由慾望驅使的部分。」

文中提及另一種「心智對比」的介入方式，讓孩子同時專注在「正面結果」以及「可能遭遇的障礙」之上，把障礙以及克服障礙的方法串聯起來，能建立起點行為與目標之間的強力連結。譬如，教孩子自我對話，「如果我放學後因為想看電視而分心，那麼，我就要等到做完功課才看電視。」

有創意的切入點

「……老師的工作之一，是教學生學會如何使用各種認知行為療法來幫助自己」，這樣有創意的切入點，讓我茅塞頓開。作者進一步提到，套用「後設認知」（metacognition）的概念，簡單來說，就是讓孩子不斷整理自己的想法，多「想想自己的想法」。

那麼，就該回到「覺察」的層次來談，也就是自主改變的開始。容許孩子有犯錯的機會，然後我們不厭其煩，時時討論，天天陪伴，讓孩子清楚體驗，慢慢提升成功機率的過程。最怕是用打罵來稀釋孩子的內省深度，或者過度保護讓孩子沒有跌倒的機會。

事實上，當孩子最可貴的，就是可以經歷許多失敗的經驗。作者這樣說：「孩子往往需要的，其實是一點點困境，一些挑戰，一些他們可以克服的匱乏，甚至只是一個機會，要讓他們可以向自己證明：他們有辦法克服困難。」

「想讓年輕人發展出品格，最好的方式是讓他做一件非常可能失敗的事情。」在大人的監督保護下，孩子能面對自己的困境，透過良好習慣的逐步培養，邁向他自己定義的「成功」。

「嬰兒如果想發展出堅持與專注的能力，就需要照顧者提供高度的溫情與呵護。」然後，當孩子開始進入青春期，作者說明，要給他們一種經驗，「有人認真對待他們，相信他們的能力」，然後鼓勵孩子自我挑戰。

　　我看著這本書，一字一句，不時發出驚嘆，感覺相見恨晚。我的臨床經驗，在作者的解構分析之下，常得到印證，然後，再幫我指出著力的新方向。

　　我幫助的孩子不管功課好不好，我從來就是鼓勵孩子為自己更好而努力，而非聚焦在考試成績本身。我提醒孩子如何思考，讓自己能更平靜，更有效率地面對自己的人際關係。我讚嘆孩子面對失敗的勇氣，我總是分析每一個行為所帶來的結果，以及後續衍生的各種可能，像指導西洋棋一般。

　　我請託家長營造良好的親子關係，提供正面的身教。我強調非認知技能的重要性，把「成功」的時間點從當下放眼未來。

　　在我能跟老師溝通的場合裡，我強調用愛來凝聚孩子的心。作者敘述了一個最佳的範例，

　　「走廊上有一個品格佈告板，標題是『品格很重要』，板上用大頭針釘著一張張表揚卡。學生只要看到其他同學出現良好品格的行為，就可以將事蹟寫在表揚卡上公告（某甲表揚某乙展現出熱忱性格，因為某乙上數學課時，老師每次問問題，他都舉手回答。）」

　　誠心祝福各位讀者，能像我一樣，在這本書上獲益良多。在作者營造的世界裡，隨時感受突如其來的衝擊感動，以及因為藏在字裡行間的經典佳句，驚喜莫名。

我們該如何幫助孩子有更好的發展？

2009 年夏天，我在紐澤西州一個小鎮學校的學前班待了一整天。那時候我的兒子艾靈頓才剛出生幾個星期，不過這兩件事沒有直接關係，因為我是以記者的身份去這所紅岸鎮小學的 140 教室採訪，而非以新手父母的身份前去考察小孩將來可能就讀的班級。140 教室給我的第一印象很正常：漆成櫻桃黃的水泥空心磚牆、白板旁立著一面美國國旗。4 歲的小朋友在教室裡參與各種學齡前兒童常見的活動，像是用樂高積木組合房子、在沙桌之間開玩具卡車，或者玩拼圖，孩子們都相當開心。

一天整下來，我覺得 140 教室的小朋友越看越不尋常，有些不尋常的地方一眼就看得出來，但有些需要仔細觀察才能發現。首先，小朋友們安靜又有秩序，一整天下來沒有一個學生哭鬧、失控、吵鬧、打架。奇怪的是，我完全看不出來那位名叫黎歐娜多的黑髮老師在維持秩序，而且她也沒有用任何方法來規律學生的行為：沒有警告、沒有發金色星星當獎勵、沒有將小朋友隔離到教室角落當作處罰，也沒有用「凱莉安很專心，很棒！」這種挑出學生做榜樣的話術。事實上，她沒有獎勵好學生，也沒有處罰壞學生，她什麼都沒做。

培養幼兒自我調控的能力

140 教室裡的小朋友，其實參與了一個名叫「心智工具」（Tools of the Mind）的計畫。這個計畫由兩位丹佛市的教育工作者研發，目標在於提出突破傳統的兒童發展理論。目前美國大部分的學齡前課程，目的都是讓小朋友在正式入學前先培養

出一組特定的能力，而且主要與識字及算術能力相關。不過，「心智工具」計畫比較不重視閱讀與算術能力。這個計畫的課堂設計，在於幫助小朋友學習一套不同的能力，包括控制衝動、專注學習、避免分心與胡思亂想、管理情緒、整理思緒。「心智工具」的兩位創始人將這些能力統稱為「自我調控」。他們認為，藉著這些「自我調控」的能力，孩童在小學一年級以後的表現，會比傳統在學齡前教育所培養的能力，更能夠獲得正面的成效。

小朋友在「心智工具」計畫課堂上學到的方法、技巧和習慣，日後可以讓幫助他們學習時更專注。例如，他們學了一種叫做「跟自己說話」的技巧，每當他們要做一件比較難的事情時，就要一面動手做，一面告訴自己該怎麼進行，這樣比較容易記得下一個步驟（例如，寫字母 W 時，要告訴自己先向下一劃，再向上，然後向下、再向上）。他們也學到要使用「媒介」，也就是利用一些具體的物品來提醒自己完成特定的活動（例如，兩個小朋友輪流講故事時，可以在一張卡片上畫嘴唇，另一張畫耳朵，用卡片來代表該輪到誰講、該誰聽）。小朋友每天上課的第一件事，就是將當天的活動，透過書寫或繪畫的方式記錄在「遊戲計畫表」上。例如，我今天要開火車，我要帶著平板車到海灘。每位小朋友每天還要花很長的時間玩「扮大人」遊戲，這是一種要玩很久而且情境複雜的扮家家酒遊戲。「心智工具」的發明人相信，這種遊戲可以很自然地教導小朋友遵守規則，節制自己的衝動。

我看著 140 教室的小朋友上課，自然想到了我的兒子艾靈頓。我住在曼哈頓的一間套房公寓，位於這間學校北方 30 英哩外，而我兒子此時正在家裡牙牙學語，偶爾打個嗝或哭鬧兩聲。我希望他未來的人生快樂又成功。但是，我真不知道「快樂」與「成功」到底是什麼。或者說，我也不知道我們夫妻倆應該做些什麼，才能幫助艾靈頓快樂又成功？

1. 父母的焦慮

心裡有這種疑惑的人，其實不只我一個。艾靈頓出生的時代，是美國家長對於養兒育女最焦慮的時代，而且在紐約市更容易感受到這種焦慮感：由於出色的學前班名額有限，競爭的激烈程度，簡直像在羅馬競技場上一決死戰。兩位加州大學的經濟學家，最近用「老鼠賽跑」來比喻這種「希望小孩贏在學業起跑點」的現象。這種競賽一年比一年早開始，而且競爭一年比一年激烈。在艾靈頓出生前兩年，打著「公文式」教學的連鎖補習業者，首度在紐約市成立學齡前兒童補習班。班級裡年紀最小的孩子才 2 歲，全班一整個上午都在紙上塗塗寫寫，並且練習認字與算數。公文補習班的財務長告訴《紐約時報》的記者：「3 歲是最適合來上課的年齡，但如果小朋友已經不必穿尿布，而且可以安靜聽老師上課 15 分鐘，不管幾歲的孩子我們都願意收。」

提早學習一定就對孩子好嗎？

艾靈頓就在這種文化下成長，我們暫且以「認知理論」稱呼這種文化好了。「認知理論」指的是一種未經大聲宣揚但是人人都信服的觀念：想在今日的社會出人頭地，最重要的就是擁有優秀的認知能力。所謂的認知能力，指的是智力測驗所評量的項目，包括認字的能力、計算的能力，以及圖形識別的能力等。培養這些能力的最佳方式，就是大量練習，而且越早開始越好。由於大家都相信這套「認知理論」，因此忘記了這個理論其實是近期才提出的。

1994 年卡內基的報告

認知理論出現的時間，可以追溯自 1994 年卡內基公司所公布的報告：《起跑點：規劃美國新生代的需求》。這份報告提出一項警訊，指出美國孩童的認知能力正面臨重大的危機。由於單親家庭與職業婦女的增加，因此孩童出生後到 3 歲之前在家裡接受的認知刺激不足，等到他們進了幼稚園，才發現沒有辦法學習新知。這份報告促使一種新興產業的崛起：各式各樣的書籍、器材、影片，不僅幫助 0 歲到 3 歲孩童開發腦力，也安撫了父母焦慮不安的心情，同時更開創數十億美元的商機。

卡內基這份報告以及因應而生的各項研究，對公共政策也產生了相當重大影響。國會議員與慈善團體認為，環境欠佳的孩童從小就落後別人，是因為他們沒有接受足夠的認知能力訓練。心理學家與社會學家更找出相關證據，證明貧窮人家的孩

子學業成績不好，是因為他們在家裡與學校缺乏口語能力與數學能力的刺激。其中最著名的研究報告（我在我第一本書《用盡全力》中曾討論過這項研究），是貝蒂‧哈特（Betty Hart）與塔德‧萊斯利（Todd R. Risley）這兩位兒童心理學家在堪薩斯市所進行的研究。他們自 1980 年代起，便對 42 位分別來自專業人士、工人階級與社福救濟家庭的小孩進行深入的研究。

　　兩位心理學家發現，受試孩童在家庭教養方面的主要差異，以及他們日後成就不同的主因，就是他們童年時期在家裡聽見父母親說話的字數多寡。他們指出，專業人士家庭的孩童，在 3 歲時已經聽到父母對他們說了 3 千萬個字，但是社福救濟家庭的孩童，在 3 歲時卻只聽到父母對他們講 1 千萬個字，這之間的差異就是導致貧窮家庭小孩日後在學校與人生中失敗的根源。

　　「認知理論」的論點中，有一件事非常值得我們注意，就是這個理論所看到的是一個井然有序的線性世界：只要在一端輸入什麼因，另一端就必然輸出什麼果。家裡沒有什麼書，小孩的閱讀能力一定比較差；家長對孩子說的話少，小孩的字彙能力也一定比較不好；在公文補習班裡練習的數學習題越多，數學成績就一定越出色。這樣的因果關係有時候似乎精確到令人覺得可笑：根據上述兩位心理學家的計算，出身社福救濟家庭的孩子，每週需要花 41 個小時（不多也不少）來加強他們的語言能力，才能跟上工人階級家庭孩童的程度。

2. 關於兒童發展的最新研究

　　過去 10 年間，尤其是最近這幾年，一個由經濟學家、教育工作者、心理學家與神經科學家所組成的研究團隊找到了挑戰「認知理論」論點的證據。這群學者認為，與孩童發展最息息相關的，並不是我們在孩子小時候將多少資訊塞進他們的腦袋。真正重要的，是我們能否能幫助他們發展出一套不一樣的特質，包括堅持、自制、好奇、認真、勇氣及自信。經濟學家將這些特質名為「非認知技能」，心理學家則以「人格特質」稱之。至於一般人，就把這些特質稱為「個性」。

培養性格中更細微的特質

　　就某些技能來說，「認知理論」的精確論點是有效的：只要開始得越早、練習得越多，成績就會越優秀。舉例來說，如果你想要提高罰球命中率，每天下午練習 200 次罰球，命中率肯定比只練習 20 次來得高。又例如一個小學四年級的學生，如果在暑假期間讀完 40 本書，閱讀能力肯定比只讀完 4 本書的學生來得好。有些認知能力確實是練習越多、成效越高。

　　但是談到培養個性中一些更細微的特質，事情就沒有這麼單純了。舉例來說，如果你想克服「失望」的情緒，不論是拼命練習或者花更多時間練習，都不會有幫助。另外，小朋友缺乏好奇心，也不是因為他們沒有從小開始練習培養好奇心。我們獲得或失去這些能力並不會出於偶然，心理學家與神經科學家在過去數

十年間已經研究出這些能力從何而來以及如何發展，但是要了解這些其實不簡單，因為它們既複雜又陌生，而且相當神祕。

3. 諾貝爾經濟獎得主赫克曼的關注

　　這本書要告訴大家一個觀念。這個觀念不僅越來越明朗化，而且在美國以及世界各國的課堂、醫院、實驗室與演講廳中也越來越受到重視。這個觀念指出，過去數十年來，兒童發展的傳統見解其實走錯了路。我們在孩童身上所關注的，其實是錯誤的技能，而且我們也一直使用錯誤的方法，培養並傳授這些技能。但是，如果說這個新觀念已經自成新的學派，或許時候還太早，因為促成這個觀念的科學家與教育工作者們，大部分的時間都還是在各自的領域忙碌著。不過，他們已經開始慢慢相互連結，跨越學術領域的界線，這些人共同主張的論點，可能將會改變我們教育小孩、推動教育以及建構社會安全網絡的方式。

　　這個跨領域聯盟的靈魂人物，是芝加哥大學的經濟學教授詹姆士・赫克曼（James Heckman）。他是一位標準的學術知識分子，戴著厚片眼鏡，智商超高，襯衫口袋裡面永遠插著好幾枝自動鉛筆。從外表來看，他不像是會帶頭挑戰「認知能力」理論霸權的人。赫克曼於 1940 年到 1950 年代在芝加哥長大，父親是一家肉品公司的中階主管。他的父母雖然沒有念過大學，但是很早就看出來他們的兒子有著早熟的思想。赫克曼 8 歲那

年讀了他父親書櫃裡一本名為《30天增強字彙》的暢銷自學書。9歲時,他在一本漫畫書背後看見一則宣傳《實用數學》書籍的廣告,就把零用錢一點一滴省下來訂書。赫克曼發現自己擁有數學方面的天賦,比起做其他事情或和其他人相處,他寧可在家練習數學方程式。到了青少年時期,赫克曼純粹出於有趣而養成了一種習慣:每當他看到一長串數字,就立刻在腦子裡將這串數字拆解成各個質數的乘積(數學家將這種運算方式稱為「質數分解」)。赫克曼教授告訴我,16歲那年當他收到社會安全卡時,第一件事就是把自己的社會安全號碼分解為質數。

赫克曼後來成了經濟學教授,先後在哥倫比亞大學和芝加哥大學任教。他於2000年獲得諾貝爾經濟學獎,獲獎的成就便是他在1970年代發明的複雜統計法。在經濟學家的圈子中,赫克曼以計量經濟學見長。計量經濟學是一門深奧的統計分析學,通常只有計量經濟學家才聽得懂彼此的語言。我曾多次旁聽赫克曼教授針對研究生所開的課程,但是像我這種凡夫俗子就算再怎麼努力也聽不懂他到底在講什麼。因為上課內容要不就是難解的方程式,要不就是「一般化李昂鐵夫函數」、「希克斯─斯勒茨基替代彈性」這類讓我昏昏欲睡的專有名詞。

什麼樣的技能與人格特質能讓人成功?

赫克曼教授的計量經濟學論點令人費解,但是他關注的其他領域卻十分平易近人。獲得諾貝爾獎之後,赫克曼沒有藉此鞏固自己在計量經濟學的地位,反而將他的影響力伸展到他所

知不多、甚至完全不明白的新研究領域。例如人格心理學、醫學、基因學（他辦公室的書架上真的放有一本《白痴也懂基因學》，夾在兩本厚厚的經濟學史之間）。自 2008 年起，赫克曼定期與特定對象開會，與會人士之中經濟學家與心理學家各半。他們的討論內容只鎖定下列問題：什麼樣的技能與人格特質能讓人走向成功之道？孩童時期如何發展出這些技能與特質？什麼樣的外部影響能幫忙孩子有更好的發展？

赫克曼的研究團隊有 24 個人，成員是來自芝加哥大學各系所的外籍研究生與研究員。這群人半開玩笑地說他們是「赫克曼國」，他們手上總是有好幾個計畫同步進行。赫克曼談到他的工作時，經常會從某個主題跳到另一個主題，不論是在馬里蘭州進行的猴子研究、在中國大陸進行的雙胞胎研究，或是與哲學家合作的性格本質研究，赫克曼都是那麼興致勃勃、全心投入。（有一次，我訪問赫克曼教授，請他說明這些性質相異的研究如何整合為一。訪問結束後，他的助理送我離開時對我說：「如果你有答案的話，請務必與我們分享。」）

4. 人生方向的真正主宰

1990 年代晚期，赫克曼針對美國「通識教育發展計畫」①（簡

---

①編按，此處所指的 General Education Development 比較接近台灣的「高中學力證明」。台灣的「通識教育」一般多指大學內開設的通識課程。

稱 GED 計畫）進行研究，這項研究後來影響了他的學術生涯。
GED 計畫是幫助高中輟學生取得同等學歷的方案，在美國越來
越受歡迎。大家認為這個計畫有助於促進就學機會均等，能讓
環境貧困與少數族裔的學生（這兩個族群是高中輟學率最高的）
透過其他管道申請進入大學。

　　GED 計畫的發展乃是立足於某種形式的「認知理論」：學
校的功能是幫助學生開發認知能力，高中文憑所證明的也是認
知能力。因此，如果哪個孩子已經擁有足以從高中畢業的才智，
他就不必浪費時間把高中讀完，只需通過一項衡量知識與能力
的測驗，州政府就會在法律上承認他已具備高中畢業生的資格，
讓他就與其他高中畢業生一樣，得以申請進入大學或到其他專
上教育單位進修。

　　這個計畫相當吸引人，尤其吸引那些無法忍受高中生活
的年輕人。GED 計畫自 1950 年代開始推行後就快速發展，在
2001 年達到最高峰，共有百萬名年輕人參加 GED 測驗，當時美
國擁有高中文憑的人，平均每 5 位就有一位是透過 GED 認證取
得的。（目前則是每 7 位擁有高中文憑的人當中，就有一位是
以 GED 認證方式的。）

認知能力能主宰人生發展？

　　赫克曼的研究，是檢視透過 GED 認證取得高中文憑的年輕
人，是否也具備一般高中畢業生的能力，足以進入更高學府就
讀。他分析了幾個全國性的大型資料庫，發現許多重要的指標

都顯示 GED 計畫是正確的：在與智商高低有密切關聯性的成就測驗方面，GED 認證生的聰明程度與高中畢業生不分軒輊。

但是赫克曼也發現，GED 認證生與高中畢業生在更高教育程度的表現上卻有南轅北轍的差別。他發現，GED 認證生在 22 歲時只有 3% 進入四年制的大學就讀或是已修習完某種專上教育，但 22 歲的高中畢業生則有 46%。

赫克曼還發現，如果把各種成就的指標都納入考慮，例如年薪、失業率、離婚率、是否嗑藥等，則 GED 認證生的表現與高中輟學生沒有兩樣，差別只在於他們比高中輟學生多了一份看似有用的學歷證明，以及 GED 認證生平均而言比高中輟學生聰明得多。

從政策的角度來看，赫克曼的研究結果非常有用，但也令人失望。長遠看來，GED 計畫並不能改善人們的生活，甚至還可能產生負面的影響，誘使更多年輕人從高中輟學。對赫克曼而言，這項研究的結果呈現出令人困惑的謎團。赫克曼與大部分經濟學家一樣，一直深信認知能力是主宰人生方向的關鍵因素，但現在卻發現，對於透過 GED 取得學歷認證的學生，測驗成績並未產生正面的影響。

人生 ≠ 成績

赫克曼的結論是，在 GED 認證生的「人生與成績方程式」中，缺少了堅持完成學業的心理特質。這些心理特質包含，在無趣且缺乏成就感的環境中堅持不懈的毅力、不因眼前的成就

而滿足的遠見,以及確實執行並完成計畫的決心等。這些心理特質在求學、求職與未來人生中也都是相當重要的特質。赫克曼在一篇論文中指出:「沒想到,GED 測驗變成了區分兩種人的考試,一種人是聰明但是缺少毅力和自律的輟學生,另一種人則是資質普通的輟學生。」他說,通過 GED 測驗的認證生都很聰明,但是卻缺乏遠見、毅力及適應環境的能力。」

5. 對孩子真正重要的人格特質

從這個 GED 研究中,赫克曼無法得知是否能幫助學生發展出前述的人格特質,亦即所謂的「軟性能力」。大約 10 年前,赫克曼發現一項在密西根州伊普西藍蒂鎮(位於底特律市西邊的一個老工業鎮)所進行的研究。1960 年代中期,當時美國剛開始實施「向貧窮宣戰」政策。一群兒童心理學家與教育研究人士在該鎮進行了一個研究計畫:他們前往當地的黑人社區,鎖定父母智商不高而且環境貧困的家庭,然後安排這些家庭裡的 3 到 4 歲的孩童參加「裴利學前研究計畫」。科學家們將小朋友隨機分配為實驗組與控制組,實驗組的小朋友進入兩年制的裴利學前班就讀,控制組的小朋友則任其自由發展,然後追蹤兩組孩童的表現。追蹤的時間長達數十年,一直到受試者走完人生路。這群受試者目前已經 40 多歲,也就是說,研究人員如今已可追蹤到裴利計畫對受試者成年之後的影響。

裴利學前計畫

「裴利學前研究計畫」在社會科學圈中非常有名，赫克曼也曾數次瀏覽這項研究，但是學者們一直把這個實驗當成介入孩童早期學習的失敗案例。實驗組孩童的認知能力測驗，在學前班期間以及從學前班畢業後的一、兩年間，的確比較出色，而且優異程度顯著。但是他們的表現無法持續。等到實驗組孩童上了小學三年級時，他們在智商測驗的成績已經和控制組的孩子相差無幾。

不過赫克曼與其他研究者也發現，經過長期觀察，裴利研究計畫的數據似乎透露出一些希望。就讀裴利學前班的孩童雖然無法維持較為優異的智商成績，但是他們在學前班就讀期間發生了某些重要的事，並且對他們產生了長達數十年的正面影響。

與控制組的孩童相比，就讀學前班的孩童取得高中文憑的人數、27 歲時有工作的人數、40 歲時年薪達 2 萬 5 千美金的人數都較多。另一方面，這些孩子因犯罪而遭到逮捕的人數以及靠社會福利金過活的人數都較少。

非認知能力對人生的正面影響

於是赫克曼開始深入研究裴利計畫。他發現 1960 年與 1970 年代的學者，曾經蒐集了一些與這群受試者相關但是從未被拿出來分析的資料。這些資料包括，小學老師對於實驗組與控制組孩童在「個人行為」與「社會發展」方面的評註。第一學期

的資料包括這些孩子是否會說髒話、說謊、偷竊、缺席或遲到，第二學期的資料則記錄他們的好奇程度以及與師長、同學相處的情形。這些資料所反映的能力與智商完全不同，赫克曼稱之為「非認知技能」。赫克曼與他的研究團隊花費了 3 年的時間仔細分析這些資料，最後終於確定參與裴利學前班的孩子們所獲得的助益，約有三分之二是屬於好奇心的培養、自我控制的學習與社交人際往來等非認知技能的建立。

換言之，「裴利學前研究計畫」運作的方式出人意料。那些善良的教育工作者於 1960 年代成立這個計畫時，是希望藉此提升低收入家庭孩童的智商。當初那些學者和一般人相同，他們也深信這才是幫助貧窮孩童趕上其他孩子的方法。那些學者沒有料到的是：第一，這個計畫沒有辦法長期提升孩童的智商，但是卻改善了孩童的行為與社會能力。第二，這個計畫終究還是幫助了伊普西藍蒂鎮的孩子。對那些孩子來說，他們學得的技能以及其所反映的人格特質，其實是非常具有價值的。

6. 哪些孩子會成功？

為了寫這本書，我花了很多時間與經濟學家、心理學家和神經科學家討論「成功」和「技能」。這些學者當中，許多人認識詹姆士・赫克曼教授，或是和他有共同的朋友。然而，我是藉由其他的訪談過程，才真正明白了這些學者的研究成果。

也是藉由這些訪談，才讓學者們的研究成果具有生命和意義。在我接觸那些學者的同時，有機會也會在公立學校、小兒科診所和速食餐廳找年輕人聊天。那些年輕人的經歷，就是「哪些孩子會成功」以及「孩子如何成功」的最佳例證。

孩子轉變成功的例證

以凱瓦娜・拉爾瑪為例。我在 2010 年的冬天認識她，當時她住在芝加哥市南區，與赫克曼教授任教並從事研究的芝加哥大學校區相距不遠。凱瓦娜 17 年前出生在芝加哥南區一個貧困的家庭，在家中排行老二。她的母親生下第一胎時，還是個未滿二十歲的少女。凱瓦娜童年時居無定所，當她還在襁褓之中，就跟母親從芝加哥搬到密西西比州，接著又移居至明尼蘇達州，然後再回到芝加哥。搬家的原因，都不外乎是母親換男朋友，或是惹上麻煩。情況糟糕的時候，她們全家還待過街友庇護所，或者不斷在朋友家借住。凱瓦娜的曾祖母有時候會幫忙照顧兩個孩子，讓凱瓦娜的母親自己想辦法釐清人生的頭緒。

我第一次和凱瓦娜聊天時，她表示：「我從來沒有『家』的感覺。」我們當時坐在芝加哥的一間咖啡店裡，時節正值寒冷的冬季，咖啡店的玻璃窗上結著白色的霧氣。凱瓦娜有著黝黑的肌膚、明亮而和善的雙眼，以及一頭黑色的直髮。她將身體往前傾，雙手握在裝有熱巧克力的馬克杯上取暖。熱巧克力上頭覆蓋著一層香濃的鮮奶油。凱瓦娜說：「我們的日子過得漂浮不定。我沒有父親，有時候得和外婆住一段時間。我覺得

我的人生亂七八糟，沒有方向。」

亂七八糟的人生

　　凱瓦娜說，她從開始上學之後就非常討厭學校，而且也沒有好好學習，不僅閱讀能力很差，在小學時期的課業表現更是一年比一年糟糕，常常惹事生非、蹺課逃學，還經常跟老師頂嘴。六年級的時候，凱瓦娜住在明尼亞波利市的郊區，學年才過了一半，她就因為行為不良而被學校警告了 72 次，最後還被送進放牛班。在學年結束前幾個星期，凱瓦娜因為打架而遭到退學處分。

　　在認識凱瓦娜之前，我已經有多年採訪弱勢貧童的經驗，聽過不少類似凱瓦娜的故事。雖然每個問題家庭背後都有不同的原因，但是連續幾代無法擺脫貧困的家庭，情況卻十分雷同。他們多半父母缺席或是不關心子女、學校未能發揮功能、人生的決定一錯再錯。以上這些因素不斷循環發生，令人沮喪。就算凱瓦娜不說，我也知道她接下來的故事。像她這樣的女孩，就算再怎麼有心向上，最後還是擺脫不了從高中輟學的命運，並且年紀輕輕就不小心懷孕，被迫獨力賺錢養小孩。不久之後，她的孩子也會步上同樣失敗的不歸路。

人生道路的轉彎處

　　然而，凱瓦娜的人生道路卻在某處轉了個彎。在升上高二之前，她因為與警察發生肢體衝突而首度遭到逮捕。事後她的

母親找她談話，凱瓦娜知道這次她母親是認真的，因為她的曾祖母——她唯一尊敬的家庭成員——也出席了。

　　凱瓦娜的母親和曾祖母要凱瓦娜先坐下，然後她的母親說了一句任何父母都難以啟口的肺腑之言：「我不希望妳步上我的後塵。」她們3人聊了好幾個小時，談論她們的過去和未來，並且翻出一些埋藏在心中已久的祕密。凱瓦娜的母親表示，她知道凱瓦娜此刻的人生會通往何處，因為她自己在青少年時期也曾被退學，而且也曾因為與警察扭打而遭到逮捕。但是她接著又說，凱瓦娜還有機會走出一條不同的人生道路，只要凱瓦娜不要像她一樣隨隨便便就大了肚子，仍然有機會去念大學，並且開創自己的職涯，不必像她一樣。

　　凱瓦娜的媽媽邊說邊哭，眼淚幾乎沒停過，但是凱瓦娜一滴眼淚也沒流。她只是靜靜聽著。她不知道該怎麼辦，也不知道自己能不能扭轉命運，甚至不知道自己願不願意改變。不過開學之後，凱瓦娜開始專心上課。高一的時候，她整天和一群壞朋友鬼混，女生混幫派，男生猛嗑藥，大家一起翹課逃學。但是高二開始，她和那群人保持距離，把時間花在寫功課和思考未來上頭。她高一的平均成績只有1.8，但是高二才過了一半，她的平均成績就已經攀升到3.4了。

　　到了2月的時候，她的英文老師鼓勵她申請學校剛成立的大學入學輔導計畫，這套計畫為期3年，課程相當繁重。凱瓦娜的申請獲得核可，但是她必須面對的課業壓力就變得更沉重了。我和她見面的時候，她的高三學年已經過了一半，當時她

的平均成績高達 4.2，心裡最關心的事情就是應該申請哪一所大學。

為什麼有這麼大的轉變？如果你在凱瓦娜高二開學那天認識她，並且當下認定這孩子前途無望，絕對不會有人因此批判你的想法，因為凱瓦娜的未來似乎早已成定局。然而，她變了。這種轉變真的是因為和母親促膝長談而產生的嗎？就這麼簡單嗎？還是因為她的曾祖母帶給她正面的影響？抑或是因為她的英文老師給她鼓勵？或者，是因為凱瓦娜的性格深處有一股努力向上、追求成功的力量，幫助她克服重重難關，戰勝自己過去所犯下的錯誤？

7. 童年經驗如何影響人生發展

我們童年時期的經驗如何影響未來的發展？這是人類最想弄懂的問題之一，也是許多小說、傳記和回憶錄的創作主題，更是數百年來哲學與心理學論文的研究對象。成長過程中的種種經歷，有些很制式化，是我們能夠輕易掌握的，但有些卻變幻莫測，讓人捉摸不定。我們都遇過那些無法擺脫童年宿命的人，但也有些人能夠奇蹟般扭轉自己的命運。

這麼多年來，沒有人試圖以科學的方法去揭開童年經歷的奧秘，也沒有人嘗試以實驗和分析等方式來破解童年經驗影響人生發展的關聯性。不過，在新生代學者的努力下，現在開始

有了轉機。這些學者的研究內容看似激進，其實相當單純：過去人們一直無法解開謎團，是因為大家一直朝著錯誤的方向去尋找答案。如果我們想要提升孩童未來成功的勝算，尤其是那些環境窮苦的孩子，那麼我們必須重新檢視所謂的童年經驗，去瞭解下列這些基本問題：父母如何影響孩子、人類的能力如何發展，以及人格特質如何形成。

這本書的核心重點，是一個雄心萬丈、影響深遠的構想，目的在於解決人生中最難解的奧秘：為什麼有些孩子會成功，有些不能？為什麼有些孩童長大後會有成就，而有些孩童卻迷失方向？我們應該怎麼做，才能幫助個別的孩童，或是說整個世代的孩子們，遠離失敗、迎向成功？

第一章

無法邁向成功的原因，
以及問題在哪裡？

1

1. 翻轉，不是那麼容易

　　娜汀・伯克・哈里斯（Nadine Burke Harris）4 歲時隨全家從牙買加首都遷往加州矽谷，在帕拉奧圖市的優渥環境中長大，父親是受過教育的專業人士，但娜汀卻經常覺得自己是局外人。她在帕拉奧圖高中的同學多半是有錢人家的白人，而她是唯一的黑人；學校的女同學還曾經因為 16 歲生日時沒收到喜歡的汽車當禮物，而在學校餐廳哭了起來。

　　伊麗莎白・朵齊兒（Elizabeth Dozier）在芝加哥郊區長大，她的成長環境就簡陋多了。她是一段不倫戀情的結晶：父親是伊利諾州某個監獄的囚犯，母親是修女，因為負責探望囚犯，兩人從此墜入愛河。朵齊兒由母親獨力扶養長大，母親在天主教學校教書，夏天還要在汽車旅館當清潔工，賺取微薄收入貼補家用。

　　娜汀和朵齊兒小時候的成長環境南轅北轍，但她們都有相同的目標：幫助年輕人（特別是問題青少年）成功。娜汀長大後就讀醫學院，成為小兒科醫生，在舊金山最貧窮的區域開業行醫。朵齊兒則是先當老師，後來成為校長，任職過的幾所學校都位於芝加哥最貧困的區域。

　　幾年前我陸續認識了她們，她們引起我注意的原因，一方面是兩人有著類似的使命感，另一方面就是兩人似乎內心深處都有一種共同的挫折感：她們終於認清，就算自己擁有專業領域上最好的方法，也根本無力解決她們遭遇的困境。也就是說，

她們正處於職場生涯與人生的轉捩點，也正在開始尋找新策略。事實上，他們正在找的是一個重起爐灶的方案。

2009 年 8 月，朵齊兒出任芬格高中校長。這所位於芝加哥南區的「玫瑰地」、成立已經 80 多年的學校，當時正陷入危機──其實這所學校過去 20 年來，似乎天天都在危機中。「玫瑰地」也曾經繁榮過，但現在不論用哪一種指標來衡量，它都是芝加哥最糟糕的地區之一：貧窮率高、失業率高、犯罪率高；它的街道甚至看起來比其他地方更荒涼、人煙更稀少。過去辦公樓房與家庭住宅林立的地方，現在則是一片片空地，任由雜草叢生。「玫瑰地」位置偏遠（接近芝加哥市最南端，離芝加哥捷運紅線最後一站還有一大段距離），族裔的分布也與全市其他地方不一樣：芝加哥市的白人、非裔與拉丁裔人口分配大致相當，但「玫瑰地」卻有高達 98% 的人口是非洲裔。芬格高中的表現就像其他赤貧區域的大型高中一樣，向來都很差，考試成績總是偏低，學生出席率不佳，紀律問題不斷，輟學率也高。

人們談起像芬格高中這類型的學校時，往往嗤之以鼻：只不過是邊緣學校，地方與聯邦政府官員早就棄學生不顧。奇怪的是，芬格高中卻一直是個例外，因為這學校從沒被遺忘過。相反的，過去 20 年來，只要全國最受敬重的教育官員和慈善人士重金籌備大型改革計畫時，芬格高中永遠會是焦點。只要有人提出如何改善爛公立高中的策略，這些策略就會拿到芬格高中，以各種形式進行實驗。

芬格高中的現代史從 1995 年開始。那一年伊利諾州議會賦予芝加哥市長理查・戴利（Richard M. Daley）管理該市公立學校的權力。戴利主張以治理公司的方式經營學校，將市府負責主管公立學校系統官員的頭銜，從總監改為執行長，並任命活力十足的市政府預算主任保羅・瓦拉斯（Pall Vallas）為第一任執行長。瓦拉斯上任後立即要求改善一些表現不佳的市立高中（包含芬格等校），他設計了一套評鑑全市學校的制度，依據每個學校所需要的改善資源多寡來排序。芬格高中景況悽慘，列為最低的一層「察看」學校。

NASA 與比爾蓋茲基金會資助

瓦拉斯青少年時期曾經在芬格高中唸過兩年書，也許這就是他這麼關心該校的原因。他提出的芬格高中重整計畫包含：引進校外專家，訓練老師閱讀與寫作的教學技巧；在校內成立高一專班，擁有獨立的教學區域，使得這些高一學生全學年都可以得到重點照顧。1999 年時，該校成立數學和科學專班，美國航空與太空總署還資助了 52 萬 5 千美元在校內設立一個科學實驗室。兩年後，瓦拉斯將芬格高中轉型為科學重點發展學校。

有了這麼多改革措施，但對芬格的學生來講，情況好像沒有變好。下一任執行長名叫亞恩・鄧肯（Arne Duncan），他的改革措施也沒什麼成果。2006 年，鄧肯指定芬格高中加入大型的「高中轉型計畫」擔任試點學校，這項大型合作計畫是由比爾・蓋茲夫婦的基金會與芝加哥公立學校系統共同合作，比爾

蓋茲基金會初期投入資金達 2 千 1 百萬美元（3 年後，這個在全市推行的計畫已經花掉 8 千萬美元）。這個計畫成立時，鄧肯對外表示，「對芝加哥公立學校系統和芝加哥市來說，今天是歷史性的一天；對整個國家來說，更是歷史性的一天。」不過兩年多後，越來越多的證據顯示「高中轉型計畫」並未產生效果，鄧肯又成立了一個「高中翻身計畫」，任何列名該計畫的學校都必須把校長與至少半數教師辭退，引進一批新的教學團隊。芬格高中也是被指定要翻身的學校之一。2009 年輪到芬格高中準備翻身時，新校長就是伊麗莎白・朵齊兒。

值得注意的是，瓦拉斯和鄧肯並非名不見經傳的教育行政官僚，他們是全國最有名氣的教育領袖。瓦拉斯離開芝加哥後轉戰費城，負責全權管理該市的公立學校。在紐奧良市因為卡崔娜颶風肆虐而幾乎全毀，負責重建與改造全市遭颶風摧毀學校的人，就是瓦拉斯，他也因此享譽全國。

鄧肯離開芝加哥之後的生涯更輝煌：美國總統歐巴馬在 2009 年任命他擔任教育部長。雖然這兩人在芝加哥推動改革的立意良善，而且投入大筆經費，但他們推動的所有措施，在芬格高中都一敗塗地。統計顯示，該校的表現與 1995 年幾乎沒有差別，平均仍有一半到三分之二的高一新生後來沒辦法畢業。少數畢業的學生中，沒幾個人學業成績是好的：2008 年間（也就是鄧肯在芝加哥任職的最後一年），該校高年級生當中達到或超過全州大學入學輔導測驗合格標準的人數，不到 4%。鄧肯任職期間，該校甚至從來沒有一次達到聯邦「有教無類」法（No

Child Left Behind）所規定的「年度應有之進步幅度」標準。而當年瓦拉斯將芬格高中列為「察看」學校，用意本是指出該校危機是暫時性的，怎知卻成為芬格高中永遠揮之不去的標籤。到了 2011 年，芬格高中已經連續第 16 年列名「察看」學校。

朵齊兒 31 歲接任芬格高中校長時雄心勃勃，意志堅定，她相信要改造芬格高中的學生，只要憑著當代教育改革者所擁有的基本方法就夠了。她參加過一個稱為「新學校、新校長」的校長訓練計畫。這個要求非常高的一年期計畫強調，只要校長活力十足，再加上教職員戮力以赴，就可以大幅拉升學生的表現，不管學生的社會經濟地位再低也沒差。朵齊兒上任後開始整頓學校，更換了多名行政人員與大部分老師。我第一次在她的辦公室訪問她時，她剛在芬格高中任職滿一年，全校 70 名教職員中，只剩 3 人是前朝元老，而新聘的老師大多年輕有抱負，且不是終身職老師，代表只要他們不適任，朵齊兒可以輕易解聘他們。

學校是社區的鏡子

可是我在訪問朵齊兒的時候，她卻說自從來到芬格高中當校長以來，她的辦學理念已經改變了：「我以前總是認為，學校表現不好，一定是校長很糟糕，不然就是老師有問題。但現實情況是，芬格是個社區學校，我們就是社區的鏡子。想解決學校的問題，就一定要把社區問題納入考慮。」

朵齊兒越瞭解她的學生，就越為了他們嚴重的家庭問題而

驚心。她告訴我，「絕大部分學生的家庭很窮，入不敷出。很多學生家附近都有幫派出沒。每個學生，或多或少吧，成長環境都非常糟糕。」她還表示，女學生中有四分之一不是懷孕就是已經當媽媽。我問她有多少學生跟親生父母同住，朵齊兒一臉不解的說：「我一下想不出來，但應該有吧。」

此外，暴力威脅的陰影似乎總是在芬格學生的頭上揮之不去。芝加哥的殺人犯罪率是紐約與洛杉磯的兩倍多，幫派組織比其他美國主要城市更龐大、也更可怕。朵齊兒剛到芬格高中前不久，芝加哥的青少年槍枝暴力事件又開始竄升：2008 年時，該市有 83 名學齡青少年因槍擊死亡，600 餘名遭槍擊受傷。

朵齊兒雖然知道改造芬格高中是個大挑戰，但她就任第 16 天所發生的事件，依舊讓她措手不及。當天距離學校幾條街外的地方爆發了嚴重鬥毆事件，約有 50 位青少年涉案，大部分是芬格的學生。現場並沒有出現槍或刀等凶器，但有些學生用鐵軌枕木當武器。一位參與鬥毆的 16 歲芬格高中學生頭部先遭枕木猛擊，然後臉部遭拳擊，當場倒地不起。幾個年輕人接著朝他頭部猛踢，最後他因為連續外力重擊而死亡。

這起發生在 2009 年 9 月的死亡事件，與同年其他幾十起芝加哥高中生因暴力致死的事件沒有兩樣，但卻轟動一時，原因是一位旁觀者將鬥毆及學生死亡的經過全程拍下來放上YouTube，接著有線電視台開始不斷報導，芝加哥地方媒體與全國媒體湧至芬格高中。連續好幾個星期，學校周邊的街道上停滿了電視衛星轉播車，學校門口不斷有人徹夜禱告與抗議。美

國司法部長艾力克‧霍德親自到校與學生會談。到了 10 月，芬格高中又上了媒體，這次是因為校內不同樓層同時發生 3 起嚴重幫派鬥毆事件，10 幾輛警車趕到學校，逮捕了 5 名學生，並且封鎖整棟學校大樓 3 小時。

那次全校鬥毆事件發生後，朵齊兒校長開始實施「暴力零容忍」政策：如果學生在走廊上秀出幫派手勢，或用幫派方式握手，立即停學 10 天。打架者一律報警逮捕，接著盡量把打架學生永遠開除。我第一次採訪芬格高中，已經是那次著名的死亡暴力事件發生一年多以後了，當時學校走廊上相當有秩序，到處可見身材魁梧的警衛巡邏；學生在校內走動時，規定要用芬格高中的吊繩將識別證掛在脖子上。如果上課半途要上廁所，必須領取一個鮮黃色走廊通行證。下課時學校會播放電影「比佛利山超級警探」的主題曲，學生必須在這首樂曲結束前，進入下一堂課的教室。就算規定這麼嚴厲，還是會發生違紀事件。我第一次到芬格高中採訪朵齊兒校長時，兩度聽到走廊上傳來吼叫聲，朵齊兒只好中斷訪問，衝出去制止雙方叫罵。

學生的家庭是關鍵

朵齊兒擔任芬格高中校長一年半之後，有次她告訴我，她逐漸覺得自己手上最有效的治校方法，其實與教學一點關係也沒有。那次死亡暴力事件發生後，教育主管官員投入了 50 萬美元聯邦經費，在芬格高中開設情緒管理和心理創傷輔導的課後班，輔導對象除了學生，也包含學生的家庭。此外，朵齊兒並

把校內 25 個最麻煩的學生送去參加一項密集諮商課程。芬格高中學生的學業成績非常差，看了就難過，但這並不是朵齊兒校長最頭痛的問題。她最頭痛的是更深層的問題：學生的家庭充滿創傷，麻煩不斷，使得這些孩子根本沒辦法好好過日子。朵齊兒要找的是能解決這些深層危機的方法，只要有效，任何方式都可以。她有天上午對我說：「我還沒來這裡接任校長之前，以為『這些孩子的家庭背景』、『貧窮對兒童的影響』等問題根本不重要。等我到芬格上班之後，想法就變了。」

2. 逆境對兒童的影響

「貧窮對兒童的影響到底是什麼？」遠在半邊國土以外，舊金山的娜汀・伯克・哈里斯醫生也在思考著這個問題。她是個醫生，不是教育工作者，因此，她從病人生理健康的角度思考這個問題。

娜汀自從 2007 年起擔任她創立的「灣景兒童健康中心」的主治小兒科醫生。這家診所位在舊金山東南角「灣景獵人角」區，此地是一處荒涼的工業區，舊金山全市最大型、暴力事件最猖獗的幾個公有集合住宅大樓都在這裡。

當年娜汀創業時，才剛畢業於哈佛大學公共衛生學院，年紀輕又滿腹理想，已經在經費充裕的民營連鎖醫院「加州太平洋醫學中心」工作了一陣子。她創業的理想聽起來任重道遠，

卻也不著邊際：找出舊金山居民健康落差的原因，提出解決之道。要在舊金山市內找到健康落差的情況一點也不難，灣景獵人角就是個最明顯的例子：該區因充血性心臟衰竭住院的人數，是短短幾哩外另一個社區的 5 倍。娜汀前來這裡開業之前，這裡只有一位私人小兒科醫師開業，服務一萬多個兒童。

娜汀在哈佛讀書時已經研究過健康落差問題。她知道，如果要消除健康落差，在公共衛生領域中典型的策略就是提升低收入家庭獲得醫療資源（尤其是基層醫療服務）的機會。娜汀開業初期先針對容易收效的小兒健康問題下手：氣喘控制、營養改善、接種白喉、百日咳和破傷風疫苗等。這些問題也是貧富家庭兒童的健康落差最明顯的地方。幾個月內，娜汀的策略就見成效。我第一次在診所訪問她時，她說：「還真沒想到，接種率大幅提升、氣喘住院率大幅下滑這幾件事，這麼容易就做到了。」她接著說：「但我覺得，健康落差的問題根源還沒有解決。」

如何才能真正幫助孩子

娜汀面對的情形與朵齊兒校長很像：做著夢寐以求的工作，手上有豐富的資源，自己又有精深的專業訓練，她也努力工作，只是對於那些她想幫助的年輕孩子來說，這一切似乎都沒有產生什麼效果。孩子們的家庭生活依舊混亂，走在外面又要面對無所不在的街頭暴力，嚴重影響到青少年的身心。許多孩童就診時出現沮喪或焦慮的傾向，部份孩童甚至確診受創，出現了

例如飲食失調、自殺行為或恐慌發作等不同的徵狀，代表他們日常生活承受極大的壓力。娜汀有時候覺得自己不是基層小兒科醫生，而是戰地醫生，在病人身上修修補補，好讓他們回去打仗。

娜汀努力想找出方法解決貧窮與逆境問題。在尋求答案的過程中，她發現了一個新的、還不太熟悉的方向。這個新方向，並非出現在公共政策雜誌或者政治科學的學術會議上，乃是出現在醫學期刊與神經科學研討會裡。她一開始覺得不可思議，因為這個新方法好像太激烈了，但最後她終於確信：「灣景獵人角」或「玫瑰地」這種社區裡發生的問題，傳統上是屬於經濟學家與社會學家處理的社會議題，但如果真正要分析、解決這些社會問題，就必須回到人類生物學的最底層，也就是生物分子的層面去找答案。

3. 童年創傷會影響未來的一生

娜汀的發現之旅始於 2008 年。有一天，診所裡的心理學家在她桌上放了一份醫學期刊上的文章〈黃金變糞土：兒時逆境經驗與成年後健康狀況的關係〉，作者是加州一所大型醫療保險集團「凱薩永續」公司的預防醫學部主任文森‧費里堤（Vincent Felitti）。文章介紹了他與亞特蘭大疾病管制局的流行病學家羅伯特‧安達（Robert Anda）在 1990 年代進行的「兒

時逆境經驗」（Adverse Childhood Experiences，簡稱 ACE）研究。娜汀笑著說，她一面讀著這篇論文，忽然靈光一閃，「雲開見日，天上的天使高聲頌揚，那種感覺就像電影《駭客任務》結尾時，尼奧看到全宇宙彎曲變形一樣。」

凱薩永續公司從 1995 年起針對參加全身健檢計畫的客戶寄出問卷，調查受訪者與 10 種兒時逆境經驗的關係。這 10 種兒時逆經驗包含肢體虐待、性虐待、漠視身心需求，以及各種家庭失能情形，如父母離婚、分居、其他家庭成員入獄、罹患心理疾病、成癮等。這個調查計畫進行了好幾年，累積有 1 萬 7 千位多位客戶回覆，回收率接近 70%。分析顯示，問卷回覆者大多為社會主流，主要是中間至中上階級人口，白人佔 75%，上過大學的有 75%，平均年齡為 57 歲。

兒時創傷會影響成年後的表現

文森和羅伯特這兩位醫生將受訪者的答案列表後，大大吃了一驚。首先，在這群大體上相當富裕的受訪者當中，兒時創傷的經驗竟然如此普遍。受訪者在成長過程中，有超過四分之一的人家庭成員有酗酒或毒品問題，曾遭毆打的比例也是四分之一。如果將調查結果量化，童年時期每遭逢一種 ACE 就獲得 1 分，則有三分之二的受訪者在童年時至少經歷過一次的 ACE，ACE 分數達到 4 以上的人則佔了八分之一。

文森和羅伯特的第二個發現更重要，也更出乎意料之外。他們把這一群受訪者的 ACE 分數，拿來對比受訪者們在凱薩保

險公司的病歷，結果發現「兒時逆境經驗」與「成年負面表現」之間的關聯，「強烈到讓研究者目瞪口呆。」更令人訝異的是，兩者的關聯似乎完全符合「線性劑量——回應」模型曲線，也就是說，某客戶的 ACE 分數越高，則他幾乎每一種指標（不管是成癮行為或慢性病都一樣）的表現也越顯著。

兩位醫生將分析結果製成一個又一個的柱狀圖，每個柱狀圖的形狀竟然都很像：圖底部從左到右的 X 軸記載病人 ACE 的分數，從下到上的 Y 軸代表各種負面行為（如肥胖、憂鬱、青少年時期性行為、抽菸等）的普遍性；在每一張柱狀圖上，各柱都從左下（ACE 分數 0 開始）朝著右上（ACE 數值超過 7）逐漸攀高。ACE 分數達 4 的人，有菸癮的機率比 ACE 分數為 0 的人高出兩倍，酗酒的機率高出 7 倍，15 歲以前發生性行為的機率也高出 7 倍，得到癌症的機率是兩倍，有心臟病的機率是兩倍，有肝病的機率是兩倍，罹患肺氣腫或慢性支氣管炎的機率是 4 倍。

有些柱狀圖向右上方攀高的幅度非常陡峭。例如 ACE 分數 6 以上的人，有自殺記錄的可能性是 ACE 分數為 0 的人的 30 倍。ACE 分數 5 以上的男性注射毒品的可能性，是 ACE 分數為 0 的人的 46 倍。

童年傷害與長大後的健康有關

雖然這些上癮、憂鬱等身心行為的嚴重程度令人訝異，但至少我們在直覺上會認為也有幾分道理。心理學家一直相信，

童年創傷經驗可能導致日後的自卑或自暴自棄的情緒；我們也可以合理假設這些情緒會導致成癮、憂鬱、甚至自殺等問題。因此，ACE 研究中出現的一些健康問題如肝病、糖尿病和肺癌，非常有可能是由飲酒過量、過度飲食與吸菸等自我毀滅行為造成的。

文森和羅伯特的研究還發現，即使沒有出現上述身心行為（如上癮、憂鬱等）的成年人，他們的兒時逆境經驗還是會對健康造成嚴重影響。這份 ACE 研究結果顯示，不吸菸、飲酒不過量、體重正常，但 ACE 分數過高（至少為 7）的病人，罹患缺血性心臟疾病（美國最常見的死亡原因）的風險，是 ACE 數值 0 的病人的 36 倍。也就是說，這些病人的兒時逆境經驗，透過與外在行為無關的方式，影響了他們的健康。

4. 消防隊效應：壓力對孩子有莫大影響

這份 ACE 研究帶領著娜汀接觸到其他相關論文，她開始每天熬夜，大量閱讀醫學期刊上的論文，只要覺得某篇論文的某個註解或引用資料可能有用，就到醫學資料庫網站找出原始文件。幾個月瘋狂研究下來，她的診所辦公室書架上累積了厚厚 4 大本資料。這些資料橫跨多個科學領域，但大部分都與兩種相當晦澀的醫學領域有關：神經內分泌學（研究荷爾蒙與腦部的互動）和逆境生理學（研究壓力如何影響生理機制）。雖然文

森和羅伯特一開始看不出來生物機制在他們所蒐集的 ACE 資料中，究竟扮演了什麼角色，但科學家在過去 10 年間一致的看法是，兒時逆境經驗帶來的壓力，使得發育期間的身體與腦部出現傷害。

過度的壓力會嚴重影響身心

我們的身體調節壓力的機制叫做「HPA 軸」。HPA 是「下視丘—腦垂腺—腎上腺」的縮寫。這一組發音像繞口令的名詞，描述了身體面對緊張狀況產生反應時，大量化學訊號通過腦部與身體的路徑。下視丘是腦袋中控制體溫、飢餓、口渴等非自主生物反應的區域。人類感覺到面臨危險時，身體的第一道防線就是下視丘。這時下丘腦會釋放一種化學物質，觸發腦垂腺的感知接受器。接著腦垂腺釋出訊號，通知荷爾蒙去刺激腎上腺，然後腎上腺釋放一種稱為「糖皮質」的壓力荷爾蒙，再啟動一組特定防禦反應。

有些防禦反應在運作時，我們的身體是可以感覺到的，例如恐懼、焦慮、心跳加速、發冷、口乾等。但也有許多 HPA 軸的作用是身體不會立即感覺到的，例如神經傳導物質啟動、血糖增加、心血管系統傳送血液給肌肉、血液中的發炎蛋白激增等。

神經學家羅伯特・薩波斯基（Robert Sapolsky）寫過一本見解深刻、讀來盎然有趣的書《為什麼斑馬不會得潰瘍》。他在書中解釋，人就像所有的哺乳類動物一樣，壓力—反應機制是為了對付短暫與緊急壓力而演化的。當人類的祖先在大草原

上逃避掉食性動物攻擊時，這種反應機制很有幫助，但現代人很少會面對獅子攻擊。相反的，今天人類的壓力主要來自心智運作的結果，也就是擔心這個、擔心那個所造成的壓力，可是HPA軸卻不是為了應付這種現代壓力而設計的。

　　薩波斯基在書中指出：「我們身體啟動的生理機制，原本是為了反應肢體上的緊急狀況而演化出來的，但人類現在卻因為擔心貸款、伴侶關係、升遷等問題而啟動了這個生理機制，而且一啟動就長達好幾個月不關掉。」這種情況，科學家在過去 50 年來的研究發現，不僅沒有效果，反而產生了惡果。HPA軸負擔過重會對生理、心理與神經系統產生嚴重和持久的負面影響，在嬰幼兒與青少年期尤其如此。

人體在壓力下的反應

　　這個過程弔詭的地方是，把身體搞得亂七八糟的原兇不是壓力，而是人體在壓力下產生的反應。1990 年代初期，洛克菲勒大學的神經內分泌學家布魯斯・麥克伊文（Bruce McEwen）提出了一種現在已經廣為接受的理論。他說，管理壓力的過程（他稱之為「超飽和狀態」〔allostasis〕，亦即在變動中尋求一種穩定）才是造成身體耗損的原因。如果人體的壓力管理機制負荷過重，最後一定會在壓力下崩潰。這種超載過程，他以「適應負荷」（allostatic load）來形容。「適應負荷」超載的話，對人體的破壞顯而易見，例如，遇到巨大的壓力時，血壓會升高，以便提供足夠的血量給肌肉和器官去應付危險，這本是好事一

件。但血壓反覆升高會造成動脈粥樣硬化,進而導致心臟病,這就不是好事了。

雖然人體的壓力—反應機制非常複雜,但這個機制運作的方式卻非常直接:你遇到什麼樣的壓力,防禦機制就會產生相對最佳的反應。舉例來說,如果你遭受皮肉傷,最好的反應是免疫系統產生大量的抗體;如果你必須逃離攻擊者,你需要的防禦機制是心跳加快、血壓升高。

HPA 軸＝消防隊

問題是,HPA 軸無法辨別人類面對的威脅類型,所以它會在同時間把每一種防禦機制全部啟動,以應付任何威脅,不幸的是,這樣代表你的身體會經常產生無效的壓力反應。例如,你面對一群觀眾正要開始演講時,卻突然感覺口乾舌燥,因為你的 HPA 軸察覺到危險,於是開始節約體液,準備抵禦攻擊。你呢,只好站在講台上希望有杯水喝,一邊直吞口水。

你可以把 HPA 軸想像成是一個最高等級的消防隊,配備著先進科技的消防車,每輛消防車都有一套非常專業的工具與一組專業消防人員。只要消防隊員聽到警鈴響起,就不必再花時間確定火災的類型,也不必決定要選派哪幾輛最適合執行這次任務的消防車,只要讓每一輛消防車大鳴警笛,奔赴火警現場即可。這些消防車就像 HPA 軸一樣,它們只是拿起所有可能用到的工具,展開快速反應。為了救人,這是個正確的策略,但結果也可能是十幾輛消防車抵達火警現場後,才發現原來是一

起垃圾桶悶燒事件，甚至是一起誤報。

5. 壓力創傷的經歷會刻寫在孩子身上

　　娜汀經常在病人身上發現消防隊效應。有一天，她在診所介紹我認識一位青少年病人孟妮莎 · 蘇力文。孟妮莎前來診所初診的時候只有 16 歲，剛當媽媽。她童年時經歷過各種壓力：她生母有吸食快克古柯鹼等毒品的習慣，而且重度成癮，生下她沒幾天後就棄養。她小時候與父親和哥哥住在幫派暴力猖獗的區域。她 10 歲那年，父親也染上毒癮，舊金山市政府兒童保護局將她和哥哥安置在不同的寄養家庭中，兄妹兩人因而分開。從此以後，她就一直在安置照顧制度中進進出出，往往在寄養家庭或安置之家住了一個星期、一個月或一年後，就會為了食物、做家事或看電視等問題產生衝突，結局不是她逃跑，就是照護人要她離開，她只好換到另一個地方住。我們認識之前的 6 年之間，她已經住過了 9 個不同的家庭。

寄養的痛苦經驗

　　我和孟妮莎在 2010 年秋天第一次碰面的時候，她才剛剛滿 18 歲，且在 3 天之前才終於脫離了她待了半輩子的政府社會照護制度。她記憶中最痛苦的經驗，就是首度被社工安置在寄養家庭的那一天。她事先沒有接到任何通知，就突然從教室裡面

被叫出去，由一位從沒見過面的社工帶走，上了車前去一個完全陌生的新家。等她再度聯絡上父親時，已經是好幾個月以後的事情了。「我真的沒辦法忘記這件事，」她說：「就好像昨天才發生一樣。每個細節我都記得，到現在還會夢見這件事。我覺得傷口永遠不會復原。」

孟妮莎的消防隊

我和她一起坐在診所的診間外面，我問她，受傷的感覺像什麼。她很會表達情緒，她難過或沮喪時就會寫詩。她把自己的徵狀一個個告訴我，而且說得非常精確：失眠、做惡夢，身體莫名其妙會痛。她的手有時候會不自主的顫抖，最近還開始掉髮，所以用一塊淡綠色頭巾遮住頭髮稀疏的部份。更糟的是，她開始焦慮：擔心上學、擔心年幼的女兒、擔心地震。她說：「我老想到奇怪的事情，例如世界末日。如果天上有一架飛機飛過，我就想會有炸彈掉下來。我還會想到我爸爸快死了，沒了他，我不知道該怎麼辦。」她甚至擔心她的焦慮。她說：「我會害怕到發抖，心臟開始噗通噗通跳，還會出汗。你知道『嚇死了』這句話的意思吧？我真的以為有一天我會因為害怕而死。」

我們再用消防隊來當比喻，就可以更瞭解孟妮莎遭遇到的情形。她小時候，心裡老是響起以下幾種消防警鈴聲，而且真的是震耳欲聾：**我媽媽跟繼母打架、我再也看不到我爸爸、回家以後沒人做飯給我吃、我的寄養家庭不照顧我了**。只要警鈴一響，她的壓力一反應機制就派出所有的消防車，一路大鳴警

笛奔赴火場，消防隊員到了現場大張旗鼓的救火，砸爛了窗戶也弄濕了地毯。到了孟妮莎 18 歲時，她最大的問題不是周遭環境帶來的威脅，而是心裡那些消防隊員當年造成的損害。

心理的創傷會刻劃在身體上

　　洛克菲勒大學神經內分泌學家麥克伊文在 1990 年代第一次提出「適應負荷」理論時，並沒有想到要用量化方式處理這個觀念。但他最近和另一批由加州大學洛杉磯分校老年學家泰瑞莎・希曼（Teresa Seeman）領導的研究人員一起合作，努力讓適應負荷這個概念「可操作化」，也就是用數字來描述一個人的壓力管理機制對他一輩子造成的傷害。醫生經常使用的各種生物風險指標——尤其是血壓值——都是可操作化的例子。生物風險指標可以預測特定的健康狀況，這點顯而易見（所以每次你去看醫生時，不管是什麼病，醫生總是要量血壓的原因就在這裡）。問題是，光靠血壓值無法精確看出潛在的健康問題。為求「適應負荷」指數更精確，除了要納入血壓與心跳讀數，還必須包含其他會因壓力而變化的指數，如：膽固醇和高敏感度 C 反應蛋白（心血管疾病的主要指標）、尿液中的皮質醇和其他壓力荷爾蒙指數，以及血液中的葡萄醣、胰島素與脂類指數。這項研究已經證明，綜合上述每一種數值製作出的複雜指數，在預測健康風險問題上，會比現行慣用的血壓值或任何其他單一數值更可靠。

　　這個觀念相當有吸引力，但也有點恐怖：比方說你在 20 歲

出頭的時候，醫生告訴你一個數字，這個數字既反映了你從小到現在的生命中所經歷的壓力，還能告訴你未來你要面臨的健康風險。從另一個角度來看，這也可以視為一個更精密的 ACE 兒時逆境經驗分數，不過 ACE 分數的來源是當事人自己敘述的童年經歷，而「適應負荷」反映的卻是冷冰冰的醫療數據，也就是你的那些童年逆境經驗刻畫在你身體上、寫入你身體內之後，所造成的實際影響。

6. 影響學習能力的關鍵

娜汀是位醫生，因此她一開始關注的是早期創傷與未受控制的壓力，會對病人生理產生什麼影響，例如孟妮莎雙手為什麼會顫抖？掉頭髮、不明疼痛的原因又在哪裡？但娜汀很快就發現，這些壓力會在病人生活的其他方面，帶來嚴重的衝擊。她將文森和羅伯特的兒時逆境經驗 ACE 問卷加以修改後，請 7 百多位診所病人填寫，結果發現 ACE 分數與學校表現的相關性，緊密到令人擔憂的程度。ACE 分數為 0 的病人中，只有 3% 有學習或行為問題，但 ACE 分數 4 以上的病人中，有 51% 有學習或行為問題。

事實上，壓力生理學家也從生物學的角度找到了這種現象的原因。人類腦部最容易受到兒時壓力影響的部份，叫做前額葉皮質，它是監管每一種情緒與認知活動最重要的器官。因此，

在壓力環境下成長的孩童,一般來說更難專心、更坐不住、更不容易擺脫失望情緒,而且更難依照大人的指令做事。這些都會直接影響他們在學校的學習表現。

壓力與創傷會影響孩子的認知活動與情緒

無法控制衝動、容易因為負面情緒而分心的小孩,在學校中也就更難把字母學好。事實上,一份針對幼稚園老師的調查顯示,老師們面臨的最大問題,不是那些看不懂字母、不認識數字的小孩,而是不知道如何控制脾氣,或是吵架打鬧後無法安靜下來的孩子。一項全國調查的結果也顯示,46% 的幼稚園老師說,他們班上一半以上的孩子有不聽話的問題。1960 年代中期,美國政府的「衛生與公共服務部」為了增進低收入家庭兒童的認知、社交技能,推出了「啟蒙計畫」(Head Start),但不久前一項針對參加「啟蒙計畫」的老師所進行的調查顯示,老師們發現,有四分之一以上的學生出現與自我控制相關的嚴重負面行為,例如用腳踢同學、威脅同學,這種情形每週至少發生一次。

壓力施加給前額葉皮質的影響中,有一種可以歸類為情緒或心理的影響:焦慮、各種形式的憂鬱。我認識孟妮莎以後,連續好幾月都和她保持聯繫。在這一段期間裡我看到她出現大量的情緒問題徵狀。其中一個一直困擾她的問題是自我懷疑,例如擔心體重、能不能養好小孩、前途茫茫等。例如有一晚她為了排遣孤單,一時昏了頭,於是邀請前任男友到她家,那男

人本來就有問題,最後侵犯了她。她的情緒問題就像潮水來襲一樣,似乎隨時都會讓她沒頂,她也不斷的掙扎著應付。她有一天告訴我,「有時候壓力實在大到受不了,真不知道該怎麼辦。」

對孟妮莎來說,前額葉皮質的壓力超過了負載能力,造成的結果是她很難控制自己的情緒。但對很多青少年來說,壓力帶來的主要影響,則是控制思考的能力受到損害,這與位於前額葉皮質一組稱為「管控功能」(executive functions)的特定認知能力有關。在經濟狀況富裕的學區裡,「管控功能」已經成為最新的熱門教育名詞,孩子們常被帶去診斷、評估管控功能的狀況。但對於研究低收入兒童的科學家來說,「管控功能」之所以成為一門新的、有吸引力的學術領域,有另一個原因:「管控功能」似乎是個非常有效的工具,可以縮小貧窮與中產階級兒童的成就差距。

控制衝動的能力

就科學界目前所知,「管控功能」是一組高階的心智能力。哈佛大學「兒童發展研究中心」主任傑克・熊可夫(Jack Shonkoff)將「管控功能」比喻為一組監督腦部活動的空中交通管制員。廣義來說,管控功能指的是處理令人感到困惑、無法預測的情況以及資訊的能力。最有名的「管控功能」能力測驗稱為「史楚普測驗」:受測者看著一個用綠色色筆寫出來的「紅色」這個字,然後要回答那個字是用什麼顏色寫下來的。

受測者必須要集中心思，才不會說出「紅色」；而受測者在集中心思、抗拒說出「紅色」的衝動時，所使用的心智技能，就是「管控功能」。這種能力對兒童在學校的學習特別有幫助，因為兒童學習時經常要面對矛盾的訊息，例如字母 C 的發音與字母 K 相同，但有時候要把 C 發成 S 的音，又例如英文的 tale 與 tail 這兩個字的發音相同，但意思完全不一樣。數字 0 單獨存在時，代表的意義是一回事，前面多了個「1」又是完全不同的意義。

自我控制能力是學習的關鍵之一

兒童需要一定程度的認知衝動控制能力，才能瞭解並記住這麼多不同的陷阱和例外。從神經學的角度來說，「認知衝動控制」是一種與「情緒衝動控制」相關的技能，舉例來說，就是甲兒童看到乙兒童搶走自己的玩具汽車時，是否能控制自己不動手打乙兒童。「史楚普測驗」與玩具汽車事件的當事人，都使用了前額葉皮質的功能，來克制他們當下立即的、本能的反應。不管你是把自我控制能力運用在情緒的領域還是認知的領域，也不管你是幼稚園學生或高三學生，自我控制能力都是能夠幫助你順利走過求學期間的關鍵因素。

7. 環境如何影響兒童的自我管控功能

有好一段時間，科學家只知道「管控功能」能力與兒童家庭收入具有高度關聯，但一直不知道背後的真正原因，直到2009年康乃爾大學研究員蓋里・伊凡斯（Gary Evans）與米歇爾・熊博格（Michelle Schamberg）設計出一個實驗，外界才首度明白貧窮環境對兒童「管控功能」的影響。

「工作記憶」的管控功能

這兩位研究員檢視了一種特定的管控功能，叫做「工作記憶」——也就是是同時記住一組資訊的能力。「工作記憶」和「長期記憶」不一樣，工作記憶指的是記不記得到超市該買哪些東西的能力，而非記得一年級老師名字的能力。兩位研究員用來測量「工作記憶」的器材，從科學的角度來看非常沒水準：他們用的是一種小孩玩的電子玩具「賽門」。1970年代成長的美國孩子，可能都還記得這個電子遊戲機：黑膠唱片大小、厚厚的、長得有點像飛碟，上面有4個會發出不同顏色亮光與聲音的面板。啟動遊戲時，4個面板發光與發聲的順序都不一樣，玩的方法是看誰能記住聲音與亮光的順序。

伊凡斯與熊博格兩人以195位青少年為實驗對象，他們都是17歲、住在紐約州中北部鄉下的青少年（這些青少年從一出生就參加了伊凡斯主持的另一個研究計畫）。在這195人當中，有一半是在低於貧窮線的環境中成長，另一半則是藍領階級與

中產階級的小孩。兩位研究人員的第一個發現是，孩子成長時期處於貧窮環境的時間長短，可以看出他們玩「賽門」遊戲的平均正確率。換句話說，在貧窮環境裡生活了 10 年的小孩，表現比只有在貧窮環境生活 5 年的小孩差。這個結論其實沒什麼新意，因為學者早已發現了貧窮與工作記憶的關聯性。

但接下來伊凡斯與熊博格採取了一些新做法：他們納入一些量測壓力的生物指標以評估結果。這些兒童在 9 歲與 13 歲時，分別接受了一些生理指數的檢測，如血壓、身體質量指數（BMI），以及包含皮質醇在內的一些壓力荷爾蒙指數。然後研究者把這些生物指標加以合併，創造出另一種版本的「適應負荷」指數，以測量如果壓力─反應機制的負擔過重時，可能對生理產生的影響。

壓力會傷害兒童的管控功能

兩位研究人員開始分析、比較每一位兒童的「賽門」遊戲分數、貧窮史與「適應負荷」指數之後，發現這 3 個因素具有關聯性：處於貧窮環境越久的兒童，「適應負荷」的指數越高，玩「賽門」遊戲的分數越低。但讓人訝異的結果不僅於此。當他們以統計技術排除「適應負荷」造成的影響後，發現貧窮的影響也完全消失了。也就是說，傷害貧窮兒童「管控功能」的因素不是貧窮，而是因貧窮而產生的壓力。

這是個關於貧窮的大發現，或至少可能是個大發現。假設有兩位兒童，都是第一次接觸「賽門」遊戲，其中一位是中上

階級家庭的小孩，另一位是低收入家庭小孩，而那位中上階級小孩的遊戲成績比另一位好得多。我們可能因此認為，好成績來自遺傳，或甚至有錢人家小孩身上更有可能帶有神祕的「賽門」遊戲基因，又或許是因為中上階級小孩的家庭物質條件比較好，書籍、遊戲、電子玩具都比較多，也有可能是因為他的學校比較會教導孩子有效學習短期記憶。當然，也許以上皆是。但伊凡斯與熊博格發現的是，低收入家庭兒童面對的主要劣勢，事實上是「適應負荷」過重。如果有一位低收入家庭兒童的「適應負荷」較低，也就是說他的童年雖然貧苦，但承受的壓力較少，那麼他的「賽門」遊戲成績就很有可能和那位有錢人家小孩一樣好。為什麼玩「賽門」遊戲的成績這麼重要？因為不管在高中、大學和職場，一定會遇到必須倚靠工作記憶才能成功達成的任務。

管控功能是可塑的

關心貧富差距問題的研究人員之所以對發現「管控功能」的影響這麼高興，除了「管控功能」是成功與否非常有效的指標外，更因為這些功能的可塑性非常高，其可塑性遠超過其他認知技能。腦袋中對外力最敏感的部位就是前額葉皮質，這塊區域到了青春期和剛成年的那一段期間，仍然具有可塑性。因此，如果我們能用特定方法改善兒童的成長環境，以便使他們擁有更好的「管控功能」，那麼這就是一個最有效率的方式，可以增加他們的成功機率。

8. 壓力導致孩子行為偏差

人的腦部和身體在嬰幼兒期對壓力與創傷最敏感，但壓力在青春期造成的傷害則最嚴重、也最持久。部份原因是，這是成長必經的過程。小學時沒有辦法控制衝動，後果比較輕微：不是去校長室報到，就是沒有朋友理你。但在青春期時因為衝動而做出的決定，例如酒醉駕駛、危險性行為、輟學、偷錢包等等，則多半會造成一輩子的影響。

青少年容易衝動與犯錯的原因

不僅如此，研究人員還發現，青少年特別容易犯錯與衝動，是因為腦部有部份功能失去平衡，而且這種情形只會發生在青少年時期。天普大學心理學家勞倫斯・史坦伯格（Laurence Steinberg）分析了人腦中兩種不同的神經系統，這兩種系統分別在童年初期與成年早期的時候發展，而且這兩種系統的綜合作用會為青少年的生活帶來巨大影響。問題是，這兩種系統之間好像不太調和。第一種系統叫做「誘因處理系統」（the incentive processing system），會讓人更想追求感官刺激、情緒反應更強烈、更注意社交訊息（每個從青少年時期走過來的人，應該都相當熟悉這種情形）。第二種系統稱為「認知控制系統」（the cognitive control system），功能則是調節這些衝動。

史坦伯格表示，青少年時期之所以這麼危險，是因為「誘因處理系統」在青春期早期就發展完成，但「認知控制系統」

要到 20 多歲才會成熟。因此，在這幾年間，青少年的誘因處理系統都像發瘋似的運作，但卻沒有相對應的控制系統來加以制衡。也就是說，這時期的青少年渴望追求感官刺激（誘因處理系統正在活躍），此時如果 HPA 軸（也就是我們的身體調節壓力的機制）再發生負荷過載的問題，就變成問題青少年了。

這些力量的交互作用，正是本章一開頭提到的朵齊兒校長覺得她無法管理芬格高中學生的原因。前面提過，2009 年 10 月間，芬格高中校園內發生了 3 起嚴重幫派鬥毆事件。事後，朵齊兒校長開始實施「暴力零容忍」政策，盡量把打架學生永遠開除。開除名單上排第一的是綽號「穆許」的湯馬士・賈斯東。在朵齊兒校長眼中，穆許是幫派老大，在幫中的地位很高；他在學校內只要用眼神暗示手下，就能掀起一場軒然大波。朵齊兒告訴我：「他簡直是一個人形地獄，只要他踏入學校就會一發不可收拾。他幹的壞事把全校搞得天翻地覆。」

超高風險的孩子更需要幫助

我認識穆許的原因，是他與 20 多位芬格高中學生都參加了一個非營利組織「青少年扶助組織」開辦的密集輔導課程。這個課程由芝加哥公立學校系統出資，交由非營利的「青少年扶助組織」營運。我在 2010 年秋、冬以及次年的春天，花了很多時間與「青少年扶助組織」的輔導員以及參加輔導課程的學生相處，穆許也是其中之一。我在「青少年扶助組織」的主要聯絡對象，是該組織的芝加哥分部副主任史蒂夫・蓋茲。他的外

表看來悠哉自在，快 40 歲，身材魁梧，淡藍色的水漾眼睛，頭髮編成一束束的短辮，留著稀稀疏疏的鬍子。蓋茲與穆許一樣，也住在芝加哥南區的「玫瑰地」，距離芬格高中只有幾條街。事實上，蓋茲就是在這兒長大的，他的成長環境也和穆許類似；他當年犯過的錯誤，與穆許現在犯下的錯誤相同：混幫派、擁槍自重、每天賭命、沒有未來。蓋茲自己經歷過這一段偏差歲月，他因此比別人更瞭解穆許面對的壓力，也讓他更急切想要帶著穆許這一幫青少年參加輔導計畫，希望他們能有更好的前途。

亞恩・鄧肯於 2009 年卸任芝加哥公立學校系統執行長一職後，接任的羅恩・胡伯曼（Ron Humberman）力邀「青少年扶助組織」前來芝加哥成立分部。芝加哥市長戴利非常擔心該市青少年槍枝暴力事件層出不窮的現象，因此他任命胡伯曼接任公立學校系統的執行長後，就交付他一個對教育主管來說相當不尋常的任務：想辦法制止學生彼此殺來殺去。胡伯曼很相信數據分析的效用，他大學畢業第一份工作就是在芝加哥警局上班，在那裡第一次接觸到 CompStat 這套軟體。CompStat 是一套高科技數據分析系統，1990 年代紐約市曾經靠著這套軟體使犯罪率大幅下降。胡伯曼出掌芝加哥市的教育事務後第一件事，就是聘請一群顧問，針對芝加哥市學生的殺人與槍擊案件進行類似 CompStat 的分析。

這些顧問建立了一個統計模型，能夠辨識出未來兩年中有哪些學生最容易捲入槍枝暴力事件。他們的模型找出了 1 千 2

百位芝加哥高中學生，這些學生在 2011 年夏天之前遭槍擊的機率是十三分之一。而這一群學生裡，有兩百人屬於「超高風險」學生，也就是未來兩年中，他們因槍枝暴力致死的機率至少是五分之一。芝加哥學區將這份名單交給「青少年扶助組織」，委託該組織的輔導員每週花 20 時小時輔導他們，幫助他們。

穆許就是兩百人「超高風險」名單上的一員。史蒂夫・蓋茲因此在 2009 年秋天找到他，幫他在「青少年扶助組織」報名，並指定了一位輔導員給他。在此同時，朵齊兒校長正想要把穆許踢出芬格高中校園。穆許報名參加「青少年扶助組織」的輔導課程之後不久，就被芬格高中暫時除名一個學期，流放到距離芬格高中 8 條街外的桑默斯特殊高中。這是一個校園景色陰沈、看來像監獄一樣的小型學校。穆許雖然沒那麼喜歡這所學校，但他在「青少年扶助組織」輔導員的緊迫盯人之下，也在新學校待了下來。一位輔導員替穆許在附近的一間汽車板烤廠找了份工作，讓他在烤漆工作上發展他的藝術能力。那一陣子，穆許似乎已經揮別過去的麻煩，開始過著更有建設性的生活了。

2010 年 6 月有天晚上，輔導員開車送穆許回家時已經很晚了，也理所當然以為穆許不會再出門，沒想到穆許卻溜回街上鬼混。幾個小時後，穆許與朋友布基都進了庫克郡監獄，罪名是加重劫車，也就是持槍劫車，兩人可能因此獲判 21 年的重刑。但「青少年扶助組織」的律師最後還是想辦法說服了法官，把兩位青少年送到軍事化管理的「軍事訓練營」（boot camp，又稱震撼監禁或密集式監禁）待 8 個月就好。在這裡實施的軍事

化管理對穆許來說相當難熬，常常要伏地挺身，每天早上跑 10 英里。但他卻拿出以往在芬格高中沒有展現過的自我要求，成功熬過了刑期。

兒時面對的壓力，導致青少年行為偏差

我剛開始與「青少年扶助組織」輔導員及學生認識的時候，穆許還關在軍事訓練營裡面。我沒見過他本人，但我從蓋茲、朵齊兒以及穆許在「青少年扶助組織」的朋友那邊聽過太多穆許的事情。有天晚上我和蓋茲拜訪穆許的媽媽，她也說了很多兒子的種種事蹟。朵齊兒講到穆許的時候又敬又畏，彷彿他是個能迷惑心智的壞蛋。蓋茲告訴我，連成年男人都怕他怕得要死。穆許的媽媽雖然對兒子混幫派這件事不太喜歡，可是和我談話時，她卻暢談她替穆許買四角內褲的故事。穆許喜歡穿垮褲露出內褲，她就故意買印有卡通「亞瑟小子」（也就是那隻土豚）的四角內褲給他穿，好讓他把褲子拉高一點，不要露出內褲。

等輪到我自己首度和穆許會面前，感覺還是有點緊張，好像要去見名人一樣。真正見面時，才發現穆許本人看起來就是個典型的芝加哥南區青少年，只是體型小一號而已。他身高 150 多公分，雖然在監禁期間被操了 8 個月的伏地挺身，卻還是瘦巴巴的；走起路來四肢僵硬、外八字腳，就像卓別林一樣拖著腳走路。他脖子上掛著一串天主教的玫瑰念珠，頭上戴著一頂洋基隊的球帽，帽簷壓得很低。身上穿一件比他身形大兩到三

倍的特大外套。

我們到西大道上的一家小餐館吃東西喝咖啡聊天。穆許和他其他的朋友一樣,都是從小跟著媽媽長大(就是喜歡買「亞瑟小子」圖案內褲給穆許穿的那位)。「青少年扶助組織」的蓋茲認為,穆許的媽媽基本上是好人,只不過欠缺適當的育兒能力。穆許家族裡面有不少人涉入暴力案件或其他法律上的麻煩,穆許隨口就能夠講出一長串兄弟姊妹、表兄堂弟、其他姑嫂遠房等等的名字,這些人不是已經死了就是正在坐牢。穆許 9 歲時,叔叔被人開槍打死,而且這樁殺人案件就發生在穆許家,「就在我眼前發生,真是瘋了。」我們一邊談,我一邊默默計算穆許的 ACE 分數,他每說到一個童年的創傷,分數就往上增加。

童年遭遇的傷害以不同方式表現在生活中

如果把穆許的個人境遇與孟妮莎的童年經驗拿來比較的話,則兩人只有在細節的部分才有不同:穆許成長期目睹的暴力事件比孟妮莎多很多,但孟妮莎經歷的家庭變動更大(被母親棄養、與父親分開,整個童年都在寄養家庭中度過)。不過整體來看,兩位青少年的童年時期都承受了極其殘酷的壓力,這些壓力也在他們身上造成深刻、持久的傷害。前一個小節講過,康乃爾大學的兩位研究人員替青少年測驗了「適應負荷」指數。穆許和孟妮莎這兩人可能沒有機會(他們也不想)測量自己的「適應負荷」指數,但我們可以推斷,他們的「適應負荷」指

數一定破表。值得注意的是，雖然他們的童年創傷，在兩人的身體與腦部造成了類似的傷害，但這些傷害卻以截然不同的方式表現在他們的生活中。孟妮莎將壓力內化，表現方式是恐懼、焦慮、悲傷、自我懷疑和自我毀滅的傾向等；穆許的表現方式完全相反，他將傷害外化：打架、上課不守規矩，最後做出各種違法的事情。

　　穆許很早就開始惹事，小學時就跟校長吵架被踢出學校。14 歲時發生了另一件事，使他的行為顯著惡化：他哥哥為了離開芝加哥南區的暴戾環境，決定去從軍，卻在科羅拉多泉的陸軍基地附近被搶匪開槍殺死。穆許告訴我：「從那以後我就變了，很多事情我根本不在乎。」根據穆許的說法，他為了要忘記哥哥死亡帶來的痛苦，唯一的方式就是混幫派。他說：「這麼多倒楣事累積在我身體裡，我覺得我就要炸了，我只有在街上幹壞事、手上抓把槍，腦袋才會空一點。」

　　西北大學的研究人員最近針對關押在芝加哥庫克郡青少年臨時拘留中心的一千多名青少年進行精神評估（在「青少年扶助組織」裡參加輔導課程的學生，大部分都曾經在這裡關過一陣子），結果發現，84% 的拘留者經歷過至少兩種以上的嚴重兒時創傷，絕大部分的拘留者有 6 種以上的創傷。75% 的人目睹過殺人事件或者嚴重傷害案件，超過 40% 的少女在小時候曾遭性侵，50% 以上的男孩表示，至少經歷過一次自己或親近的人瀕臨死亡或受重傷的險境。上述這些重覆出現的創傷，會造成以下的結果，一點也不令人意外：在這一千多名關押在臨時

拘留所的青少年當中，三分之二的男性被診斷出至少一項精神疾病。這些青少年的學業成績也嚴重落後，他們的標準字彙測驗成績平均分數落在倒數的 5%，也就是說，全美國有 95% 的同齡青少年成績比他們好。

孩子某些行為是與內在生理有關

我訪問穆許以及其他幾位住在芝加哥南區「玫瑰地」社區的年輕人時，腦裡經常會想起那些改變了娜汀觀點的神經科學和壓力生理學研究。我和她有一天下午開車穿過附近的公有集合住宅大樓區，我們一條條街開過去，邊開邊看著聚集在街角的青少年，那些青少年也一直瞄著我們。娜汀彷彿能看到這些青少年身體、腦袋裡面，有大量的皮質醇、催產素和腎上腺素正在起伏、分泌。她說：「我們看到這些孩子，再看到他們的行為，一切好像都是神祕難解的。但我們早晚會看出的是一連串的複雜化學反應：某些行為的出現，是因為某種蛋白質消失或者某個神經細胞發生作用。重要的是，這些都是可以處理的。當事情可以從分子層次分析時，你就知道治療的方向在哪裡，從哪邊可以找到解決方法。」

娜汀告訴我一個病人的故事。這個青春期的男孩就像許多她的病人一樣，家庭環境充滿壓力，因此他的 ACE 分數累積特別高。娜汀等於是看著這個男孩長大的。他初診的時候才 10 歲，是個不快樂的孩子，來自不快樂的家庭，但畢竟年紀還小，雖然遭受過一些打擊，似乎還有機會擺脫黯淡的命運。不過，現

在這位 14 歲的憤怒青少年身高已經超過 180 公分，成天在街頭惹麻煩當個混混，下一步就會成為罪犯了。如果這種行為出現在一個 10 歲男孩身上，大多數人都會同情與體諒，畢竟他還是個孩子，是個受害者。但是，如果這個 14 歲的男孩幹出壞事情（更別提以後他 18 歲的時候犯案），我們就比較會對他展現出負面的感覺：憤怒、害怕、覺得他沒希望等。可是娜汀有她專業的醫學知識，加上她長期觀察病人，她知道 10 歲與 14 歲的兒童沒有什麼差別，他們會受到相同的環境因素影響，都會被強大的神經化學作用弄得沖昏了頭。

選擇有限的環境、難以承受的結果

我與「青少年扶助組織」的孩子相處時，內心經常陷入內疚或責難的情緒拉扯：小男孩要長大到幾歲才不算無辜，能夠把他們當成可以追究責任的大人？持槍劫車的確是法律上的一條罪，這我不反對，無論任何人幹下這件事，即使是像穆許這種敏感、多慮的人幹下這件事，都應該承擔後果。然而「青少年扶助組織」的史蒂夫・蓋茲所提出的觀點也不無道理：這些年輕男性已經掉進一個可怕的環境中，他們在這個環境中的選擇非常有限，帶來的結果幾乎讓他們無法承受。蓋茲是從事青少年工作的，他講的是社會與經濟的環境；而娜汀是醫生，看到的則是神經化學的環境。我在芝加哥南區的「玫瑰地」待的時間越久，就越知道這兩個觀點會得到一致的結果。

9. 愛心養育的孩子更聰明：鼠媽媽的示範

心理學家、神經科學家已經發現了許多事實，證明貧窮會影響童年。這些資料，足以讓很多想要改善弱勢兒童處境的人感到憂心。我們現在知道，童年時期經歷的壓力與逆境所產生的影響，原來真的會進入身體，造成一輩子的傷害。但科學家的研究也帶來好消息：有一種特效藥可以治療童年壓力引起的負面影響，這種藥不是來自藥廠或兒童教育工作者，而是父母。如果父母與其他負責養育孩童的人，能夠與兒童建立起一種親密、充滿照顧的環境，那麼就可以培養出孩子的應變能力，讓他們免於成長初期惡劣環境的影響。這個說法雖然一方面給人帶來一絲暖意，一方面又有點讓人摸不著頭緒，但這個說法的基礎卻是來自冷硬的、硬梆梆的科學知識。神經科學家說，父母施加在孩子身上的優良教養，不僅僅會影響孩子的情緒或心理，也會在生物化學的層面對孩子產生影響。

教養與壓力的關聯性

加拿大麥基爾大學神經科學家麥可・米尼（Michael Meaney）的研究，擴展了我們的知識，讓我們進一步明白「教養與壓力」這兩件事情的相關性。米尼與其他神經科學家一樣，在實驗室裡養著大量白老鼠。以白老鼠做實驗的原因，是白老鼠與人類的腦部結構相似。米尼的實驗室裡面總有數以百計的白老鼠，關在一個個樹脂玻璃的籠子裡，每個籠子裡通常是一

隻鼠媽媽（母鼠）與她的孩子（小鼠）。

舔舐和梳理可消除焦慮

　　拿老鼠來實驗的科學家們，必須經常檢查小鼠或替牠們量體重。但 10 年前米尼教授實驗室裡的研究人員看到了一件奇怪的事：每當他們檢查完小鼠、放回籠子以後，有些鼠媽媽會匆忙趕過去，花幾分鐘舔舐小鼠、替牠們梳理毛髮。另外也有一些鼠媽媽不理會自己的小鼠。研究人員檢查這些小鼠以後發現，鼠媽媽這些看似不起眼的行為，在小鼠身上會產生明顯的生理效應。每當實驗室助理把小鼠抓出來檢查的時候，小鼠會感到很焦慮，體內激生大量荷爾蒙，而鼠媽媽舔舐和梳理的動作則可以消除小鼠的焦慮，使荷爾蒙消退。

　　米尼和他的研究人員對這種現象很感興趣，想知道更多舔舐和梳理的行為如何運作，以及這些行為會達到什麼效果。因此，這些研究者開始貼著樹脂玻璃，不分日夜長時間觀察老鼠。仔細觀察了幾個星期後，又有了另一個發現：每隻鼠媽媽的舔舐與梳理模式都不一樣，而且不管小鼠有沒有被研究人員從籠子中抓出來檢查，都不會影響舔舐與梳理模式。接著，米尼團隊以一群新的鼠媽媽進行新實驗，實驗目的是量化鼠媽媽的行為模式。他們在這次實驗中完全不檢查小鼠，只是在小鼠剛誕生的前 10 天內，仔細觀察鼠籠裡的生活，每小時一次、一天 8 次，同時計算鼠媽媽在這 10 天中出現的舔舐和梳理行為的次數。10 天後，研究人員將鼠媽媽分為兩組，出現大量舔舐與梳理行

為的鼠媽媽稱為「高舔舐組」,舔舐與梳理行為少的鼠媽媽稱為「低舔舐組」。

研究人員想知道,教養行為不同,會造成哪些長期影響。因此,他們在小鼠 22 天大的時候,就讓牠們斷奶,與母親分開,整個青春期就一直與同性別的兄弟或姊妹關在一起。大約 100 天後這些小鼠完全成熟時,米尼團隊開始進行一系列的測試,比較「高舔舐組」鼠媽媽的兒女與「低舔舐組」鼠媽媽的兒女的行為模式。

米尼團隊使用的的評量方法是動物行為研究中常用的「開闊地實驗」:將一隻老鼠放進一個大的開放圓形箱子裡 5 分鐘,讓牠自由探索。比較緊張的老鼠會靠近箱邊,沿著邊緣繞圈;比較大膽的老鼠則離開箱邊,到箱子各處探索。第二個實驗則是評量老鼠的恐懼程度:將飢餓的老鼠放在一個新籠子中,10 分鐘後再餵食。比較焦慮的老鼠,就像豪華晚宴當中緊張不安的客人一樣,要花更久的時間來克服緊張,然後才會進食,牠們的食量也比那些較為鎮靜、有自信的老鼠來得少。

在這兩個實驗當中,兩組受測老鼠的結果差異相當懸殊。小時候獲得鼠媽媽舔舐和梳理毛髮時間較少的老鼠,深入探索開闊地的平均時間不到 5 秒鐘。小時候獲得鼠媽媽舔舐與梳理毛髮時間較多的老鼠,深入探索開闊地的時間平均為 35 秒,是另一組的 7 倍。而 10 分鐘後餵食的實驗結果則顯示,「高舔舐組」鼠媽媽的兒女們平均約在食物入籠後 4 分鐘就開始進食,吃完食物的時間為 2 分多鐘。而「低舔舐組」鼠媽媽的兒女們

平均約在食物入籠後 9 分多鐘才開始進食，但只吃了幾秒鐘就不吃了。

有安全感，就能更勇敢、更能適應環境

研究人員持續進行了多項實驗，不論哪種實驗的結果都是「高舔舐組」的小鼠們勝出。牠們在迷宮實驗表現較好、更社會化、有更強的好奇心。牠們不容易暴躁、自我控制能力較好。牠們比較健康、活的時間也比較長。米尼和他的研究人員看到實驗結果目瞪口呆。研究人員數十年來從未注意到，原來鼠媽媽舔舐、梳理毛髮這個微不足道的養育方式，竟然可以在小鼠長大之後，在他們的身上造成如此巨大的行為差異。而且，這種養育方式的差異帶來的影響，不單是行為上的，也是生理上的。米尼的研究人員發現「高舔舐組」和「低舔舐組」的小鼠們長大成熟後，腦袋中的壓力─反應機制有著顯著的差異，例如腦部負責調節壓力部位的尺寸大小、形狀以及複雜度，都明顯不同。

米尼想知道，鼠媽媽舔舐與梳理毛髮的頻率多寡，是否只是某種遺傳基因性狀，會從母代遺傳給子代：也許天性緊張的鼠媽媽本來就會生下天性緊張的小鼠，而這些緊張的鼠媽媽剛好比較不喜歡舔舐與梳理小鼠的毛髮。為了驗證這種可能性，米尼與他研究人員進行了「交叉撫養」的實驗：「低舔舐組」的小鼠一出生後就與母親分開，放入「高舔舐組」鼠媽媽的小鼠群中一起成長：「高舔舐組」的小鼠則被放入「低舔舐組」

鼠媽媽的小鼠群中。研究人員發現，不論他們如何組合鼠媽媽
與鼠子鼠女，結果都一樣：生母是否有舔舐與梳理毛髮的習慣
並不重要，重要的是實際撫養的育母是否有舔舐與梳理毛髮的
習慣。從小就在舔舐與梳理行為中得到安全感的小鼠，不論這
種行為是生母或育母提供，牠們長大後都會比沒有接受舔舐與
梳理毛髮的小鼠更勇敢、更大膽、更能適應環境。

10. 父母的愛可以幫助孩子健康成長

　　米尼和其他神經科學家已經發現一些更有趣的證據，證明
人類也能產生類似的「舔舐效應」。米尼與他的研究人員在過
去 10 年間與遺傳學家合作，證明了鼠媽媽舔舐、梳理小鼠毛髮
的行為，不只會影響小鼠的荷爾蒙與腦部化學物質的分泌，甚
至能深入基因表現的控制。舔舐和梳理小鼠這個動作，會影響
某些化學物質附著在小鼠特定段落去氧核醣核酸（DNA）上的
方式，這個過程稱為「甲基化」。米尼團隊利用基因定序技術，
得知小鼠的哪一個基因組因為舔舐與梳理而「打開」，而這個
基因組，也正是控制成鼠腦袋的海馬體處理壓力荷爾蒙的那個
段落。

父母一個微不足道的行為，也會影響 DNA
這個發現在神經科學界引起了轟動。它意味著，至少在老

鼠的世界裡，父母一個多麼微不足道的行為，也會對 DNA 造成長遠、可以預測的影響，而且這種影響是可以追蹤與觀察的。雖然這個發現迄今只在老鼠身上證實，但米尼團隊接下來的後續實驗，卻使得上述發現的意義更加擴大：米尼團隊開始將自殺身亡的人類腦部組織拿來研究。有些自殺者在兒時遭不當對待與虐待，有的自殺者則無。研究人員切開自殺者的腦袋，檢查海馬體中與壓力反應機制相關的 DNA 部位（也就是相當於鼠媽媽的教養行為在幼鼠身上打開、從而深刻影響幼鼠成年後行為的那個 DNA 序列）。他們發現，兒時曾遭不當對待與虐待的自殺者，那一段腦部 DNA 曾受到「甲基化」，但這種「甲基化」的效果卻和鼠媽媽的舔舐與梳理產生的效果相反：鼠媽媽的舔舐梳理打開了正向的壓力—反應機制，自殺者的甲基化卻關閉了此種壓力—反應機制。

母愛是一種有效緩衝

　　這個關於自殺者的研究相當引人注意，但若要據此論定養育方式確實會影響人類的壓力反應，則還嫌不足。但紐約大學心理學家克蘭西・布萊爾（Clancy Blair）進行的一項大規模實驗，提供了更確鑿的證據。布萊爾的研究對象是 1 千 2 百名嬰兒，他從這些嬰兒出生 7 個月開始，每年定期測量他們處於壓力環境時，皮質醇指數升高的狀況，由這個簡單的實驗得到的數據，就像是精簡版的「適應負荷」指數。布萊爾發現，家庭變動、混亂、擁擠等環境風險，的確對這些兒童的皮質醇指數高低產

生影響，但只有在母親疏於照顧或不理會他們的情形下才會發生。如果母親用心照顧子女，子女身上就幾乎看不到環境因素帶來的影響。也就是說，高品質的母愛可能是一種有效的緩衝，保護孩子的壓力─反應機制不要受到逆境傷害，就像鼠媽媽的舔舐與梳理行為能保護小鼠一樣。

康乃爾大學的蓋里・伊凡斯（本章第七節談過他，就是評量紐約州中、北部一群兒童「賽門遊戲」能力近 20 年的那位科學家），也進行了與布萊爾類似的實驗，但伊凡斯的實驗對象是中學生。他從每位學生身上蒐集 3 種不同類型的數據：一、累進風險指標，包含從學生家庭噪音值到家庭摩擦問卷調查結果在內的所有因素；二、每一位學生的「適應負荷」指數，包含血壓、尿液中的壓力荷爾蒙值、身高體重指數；三、母親的應答性（responsiveness，有人稱反應）評量結果。母親的應答性，是由「孩童回答關於母親的問題」加上「研究者觀察母親及兒童一起玩『疊疊樂』玩具」這兩個方式得出的。

父母的關心可保護孩子不受壓力傷害

伊凡斯的結論並不意外：孩童的環境風險指數越高，適應負荷的指數也越高，但若該名孩童母親的應答性特別好，則適應負荷的指數就不會高，而且在這種情形下，幾乎每一種環境壓力指標（包含家庭擁擠、貧窮、屢經變動等）所造成的影響，都會宣告消失。換句話說，如果媽媽在兒女玩「疊疊樂」時，特別關心他們的情緒狀態，那麼，兒女將來一輩子不管遭遇多

少逆境，也不會影響到他的「適應負荷」指數。

我們談到父母的關愛對兒童的影響時，腦中往往浮現的是極端養育狀況下可能產生的極端現象。例如，我們認為身體曾遭到虐待的孩子，表現一定比單純被父母漠視的孩子糟糕很多；如果有一個超級好媽媽，替孩子請了超級多的家教或一對一的輔導，則這樣的孩子表現一定會比其他受到父母細心照顧的孩子來得優秀。但是，布萊爾和伊凡斯的研究顯示，只要父母拿出正常品質的關愛，例如，孩子玩「疊疊樂」時在一旁幫忙他、關心他，就能使孩子的前景變得非常不同。

部份心理學家認為，人類最接近鼠媽媽舔舔、梳理幼鼠毛髮行為的，是一種稱為「依附」（attachment）的現象。依附理論是於 1950 到 1960 年代之間由英國心理學家約翰・鮑爾比（John Bowlby）和多倫多大學的研究員瑪麗・安絲沃思（Mary Ainsworth）發展出來的。當時兒童發展領域的研究方向是由行為學家主導。行為學家的觀點相當機械化，認為只要強化正面或負面的外在壓力，兒童就會跟著適應。他們相信兒童沒有什麼情緒深度，嬰兒老是纏著媽媽，只是因為他有營養或身體舒適的需求。1950 年代的主流教養觀點就是基於這種行為理論，要父母不要特別關心任何一個小孩，也不要一看見小孩哭就立刻前去安慰，以免「溺愛」他們。

父母及時的愛可以替孩子創造一個「安全基地」

安絲沃思在 1960 年代和 1970 年代初期進行了一系列研究，

結果顯示，若孩童早期有接受到父母的關愛，所造成的影響，剛好與行為學家的理論背道而馳。父母如果聽到幾個月大的嬰兒哭聲就立即、確實的回應，等這個孩子長到一歲的時候，會比父母聽到哭聲不理的同齡孩子更獨立、更不怕生。到了孩子學齡前時，這種情況也不會改變：父母一察覺嬰兒有情緒需求就立即反應，等到孩子學齡前時，自理能力也會較強。安絲沃思和鮑爾比認為，父母及時、溫暖的關愛，就是創造了一個能讓孩子探索世界的「安全基地」。

1960 年代的心理學家已經擁有許多評估嬰兒與兒童認知能力的實驗方法，但在評量兒童情緒能力上，卻還沒有可靠的方法。安絲沃思為了瞭解這個問題，設計了一個相當不一樣的實驗，稱為「陌生情境」。安絲沃思當時在約翰霍普金斯大學擔任教授，她邀請一些母親將一歲大的孩子帶到學校一間改裝為遊樂間的實驗室中，母親與孩子一起玩一陣子以後就離開，把孩子留在房間中與陌生人相處，或讓孩子一個人獨處，母親過沒多久會再度回到房間內。安絲沃思與她的研究人員則透過單向鏡全程觀察並記錄孩子的反應。

安全依附型 VS 焦慮依附型的孩子

大多數孩子看到媽媽再度出現時都很高興，跑著回到母親身邊，有的孩子會哭，有的孩子會笑。安絲沃思將他們歸類為「安全依附型」的孩子。心理學家在過去幾十年間進行的實驗顯示，美國屬於「安全依附型」的孩童約佔 60%。有些孩童看

到母親再度出現時的反應並不溫暖，會假裝不理會媽媽、打媽媽、不由自主的大哭，安絲沃思將他們歸類為「焦慮依附型」的孩子。這個「陌生情境」實驗的結果顯示，孩童看見母親出現的反應，與孩童一歲前父母理會他們的程度，有直接相關性。有些父母隨時照顧孩子的情緒，一旦察覺孩子的需求就立即反應，那麼他們的孩子都屬於「安全依附型」。安絲沃思因此認為，兒童在發展早期就與父母建立依附關係，會對孩子產生一輩子的心理影響。

11. 幫孩子儲備自信

　　安絲沃思雖然主張早期依附能夠產生長遠影響，但在當時終究只是一個理論，還沒有人設計出能夠驗證這個理論真偽的可靠實驗。安絲沃思的研究助理艾佛雷特・瓦特斯（Everett Waters）在 1972 年從約翰霍普金斯大學畢業，進入明尼蘇達大學攻讀兒童發展博士。瓦特斯在明尼蘇達大學認識了艾倫・西歐夫（Alan Sroufe）教授，西歐夫教授是該校兒童發展研究所的閃亮新星，他聽到瓦特斯談起安絲沃思的研究後，很快就接受她的想法與實驗方法，於是成立了實驗室，針對母親與孩子進行「陌生情境」實驗。沒多久，該校兒童發展研究所就成為依附理論研究的重鎮。

　　另一位與西歐夫合作的研究人員，是明尼蘇達大學的心理

學家拜倫‧艾格蘭（Byron Egeland），他當時正在進行一項由聯邦經費資助、關於低收入母親與其子女的長期研究。西歐夫與艾格蘭從明尼亞波利市的各公立診所中招募了 267 名孕婦，她們都是首度懷孕、收入在貧窮線以下的女性，其中 80% 為白人，三分之二未婚，半數是青少年。等到她們的孩子一出生，艾格蘭和西歐夫就開始追蹤，此後就一直研究他們（這些研究對象現在快 40 歲，當年兩位研究者艾格蘭和西歐夫不久前也退休了）。兩位研究者的研究，在早期教養關係對兒童發展之長遠影響的研究中，迄今依舊是最為完整的，兩位作者也於 2005 年與另兩位學者共同出版《人類發展》（The Development of the Person）一書，重點呈現了他們的研究成果。

「安全依附型」的孩子社交能力較強、適應力較好

艾格蘭和西歐夫等學者發現，孩童屬於哪一種依附類型，並不代表著這個兒童的命運就此決定，有時候一個孩子所屬的依附類型，會在他成長的過程中改變，有些「焦慮依附型」的孩子後來長大變得很有成就。不過，以大多數孩子而論，在一歲時經由「陌生情境」或其他實驗評量得知所屬的依附類型，是預測未來發展非常有效的指標。「安全依附型」的孩子，社交能力終其一生都比較強，他在學齡前更容易與同齡孩子交往，童年中期更能交到好朋友，青少年時更能面對複雜多變的社會關係網絡。

明尼蘇達大學心理學家艾格蘭的研究對象當中，屬於「安

全依附型」的孩子們進入幼稚園之後，根據老師的評語，有三分之二的人在學校出現了「有效行為」，代表這些孩子們在上課專心聽講並參與課堂活動，不會分心。至於「焦慮依附型」的嬰兒，只有八分之一在幼稚園出現「有效行為」，大部分的「焦慮依附型」孩子在老師眼中都出現了至少一種的行為問題（老師並不知道這些孩子曾經參與「陌生情境」的實驗）。

孩子情緒與需求未受到重視，表現也會不好

在父母教養方式的評估中，那些漠視孩子需求、不照顧孩子情緒的家長，他們的孩子在幼稚園表現最糟糕，老師認為其中三分之二的學生應該參加特殊教育或留級重讀。若要求老師依照學生的依賴程度來給學生評分的話，則屬於「焦慮依附型」的學生當中，有 90% 落在全班依賴程度較高的前二分之一；而屬於「安全依附型」的學生只有 12% 落在全班依賴程度較高的前二分之一。此外，老師和同學對「焦慮依附型」學生的印象，多半是比較壞、反社會、不成熟。

當明尼蘇達大學研究的對象到了 10 歲時，研究人員隨機選出 48 人，邀請他們參加一個為期 4 週的夏令營活動，研究人員全程從旁仔細觀察。根據營隊輔導員的評量（輔導員們也不知道學生所屬的依附類別），比較有自信、好勝心強、比較能克服困難的學生，多半是一歲時呈現「安全依附型」的孩子；而比較不願意與同齡朋友相處、比較願意與年紀較長的輔導員相處、甚至比較願意獨處的學生，多半是一歲時呈現「焦慮依附

型」的孩子。

生命早期受到父母關愛程度越高，成年後越有能力克服困難

最後，研究人員一路追蹤這些孩子直到他們高中畢業。他們發現，生命早期所受到的父母關愛程度，比智商或能力測驗成績更能準確預測某位學生是否能順利畢業。研究人員排除學生個性與能力因素，只以 4 歲前的父母關愛程度來預測某學生是否能從高中畢業，結果正確率為 77%。

加拿大神經科學家麥可・米尼針對小鼠的研究結果，與西歐夫和艾格蘭在明尼蘇達大學研究兒童的結論，兩者之間有很明顯的相似處。這兩組研究中，都有母親以特定的教養行為照顧幼小的子女。鼠媽媽舔舐、梳理小鼠的毛髮，而人類的母親則是一察覺嬰兒有需求，便立即加以回應。這些行為似乎都能以各種方式，對小鼠與人類小嬰兒的未來，產生強烈且持久的影響：生命早期受到更多父母關愛的嬰兒與小鼠，長大後會更好奇、更自立、更沉著、更有能力克服困難。母親在兒女小時候對於養育這件事的重視，能夠在兒女身上培養出抗壓性。不管孩子們碰到日常生活上的挑戰，還是日後在別的情境底下（例如小鼠碰到了開闊地實驗，或是孩子們在幼稚園內與同儕發生爭執時），這些小鼠與小孩都更能夠展現自我，運用他們儲藏在體內的自信，找出自己的路前進。

12. 任何父母都可以培養出好孩子

　　瑪麗‧安絲沃思關於依附理論的研究，與娜汀醫生的診所之間，有一道直接的聯繫。這個聯繫，就是舊金山的心理學家艾麗西亞‧莉博嫚（Alicia Lieberman）。莉博嫚於1970年代中期在約翰霍普金斯大學就讀研究所，跟隨安絲沃思學習，當時安絲沃思正在進行她第一個關於養育與依附理論的大型研究。莉博嫚在安絲沃思的指導下，長時間觀看新手媽媽與嬰兒互動的錄影帶，找尋有哪些不起眼的特定行為能夠強化嬰兒的依附感。莉博嫚目前在加州大學舊金山分校擔任「兒童創傷研究計畫」的負責人，也因此才會在最近幾年開始和娜汀密切合作。

　　莉博嫚告訴我，雖然她欽佩西歐夫和艾格蘭在明尼蘇達大學的研究成果，但她認為他們的分析沒有處理兩個重要的面向。首先，他們沒有正視一個問題，那就是在舊金山灣景獵人角區以及類似的社區中，父母與孩子之間真的很難形成「安全依附」的關係。我趁著她在舊金山一家診所工作時拜訪她，她表示：「母親的生活環境淹沒了她天生的育兒本能，這種情形經常發生。母親一邊要面對接踵而來的貧窮、不確定、恐懼等問題，同時又要提供讓孩子安全依附的環境，恐怕只有超人才做得到吧。」此外，母親自己的依附經驗，則是她養育子女時的更大挑戰。明尼蘇達大學的研究以及其他研究都顯示，若是新手媽媽從小就從她的父母那裡得到不安全的依附經驗（這與她的社經地位無關），等到她當了媽媽，想要讓孩子在較為安全的環境中成

長，就會難上加難。

父母可以改變育兒方式，改變孩子的未來命運

莉博嫚說，西歐夫和艾格蘭沒有談到的第二個問題是，父母其實可以克服自己的創傷歷史與不良的依附經驗；**父母其實可以改變自己養兒育女的方式，拋棄那種會產生焦慮依附的育兒方式，轉而採取能夠促進安全依附與健康互動的育兒方法。**莉博嫚表示，為了達到這個境界，有些父母可以靠自己獨力改變，但大部分家長需要外在幫助。她職業生涯大部分的時間，都在找出最好的方法，幫助父母們改變自己的育兒方式。她從約翰霍普金斯大學畢業後的幾年間，發展了一套稱為「兒童／家長心理治療」的療法，這種療法結合了安絲沃思關於依附理論的研究成果，與一些關於創傷壓力的新研究結論。在這種療法中，心理治療師同時與高風險的父母和他們的嬰兒合作，以提高正面的依附關係，同時保護父母與孩子不受創傷影響。莉博嫚研究計畫裡的兩位治療師並在娜汀的診所提供數十名病人治療服務。

莉博嫚的治療方法比較密集，每週都需要諮商，療程甚至可以持續一年。即使如此，這種心理治療背後的主導原則（也就是促進孩子與父母的關係，以便提高孩子的表現）已經逐漸變化成不同的介入形式，在各地廣獲採用，而且針對這些介入形式所進行的評估都發現，效果非常好。

任何父母都可以培養出正面的育兒方式

明尼蘇達大學的心理學家但丁・齊伽堤（Dante Cicchetti）在一項研究中，追蹤了137個曾經因「惡待兒童」而有案可查的家庭。換句話說，這些家庭的孩子都屬於高風險群。每個家庭都有一位一歲的嬰兒，也就是這個實驗要介入的對象。研究開始時，先針對所有嬰兒進行「陌生情境」實驗，結果想也知道是非常可怕的：137位嬰兒中，只有一位屬於「安全依附型」；有90%的嬰兒屬於「紊亂依附型」──這是「焦慮依附型」當中最嚴重的型態。然後齊伽堤將這些家庭隨機分為「治療組」與「對照組」，「治療組」接受莉博嫚的「兒童／家長心理治療」，為期一年，「對照組」按照一般狀況處理，亦即和其他惡待兒童的家庭一樣，獲得一般的社區例行協助。

一年後，「治療組」中有61%的孩子與母親發展出「安全依附」關係，但是「對照組」只有2%的孩子能安全依附母親。齊伽堤的實驗顯示，就算是所處環境最糟糕的父母，也可以學會如何培養出正面依附關係的育兒方式。這樣不僅孩子一輩子受用，對父母也會產生深遠的影響。

父母的教養方式會影響孩子對壓力的反應

其他學者的研究也顯示，若父母採用較佳的教養方式，不僅會改變孩子的依附關係類型，更能促進孩子們壓力─反應機制的健康情況。就算父母的教養介入方式，其密集的程度比不上莉博嫚的治療方式，依舊可以得到成效。奧瑞岡州尤金市的

心理學家菲利浦‧費雪（Philip Fisher）採用了「寄養家庭照護學齡前兒童的多面向療法」（Multidimensional Treatment Foster Care for Preschoolers），先讓寄養家庭的監護人接受 6 個月的培訓和諮商，學會處理衝突以及處理其他困難的技能。儘管寄養家庭的兒童往往無法調節自己的壓力—反應機制（就像孟妮莎的情況一樣），但是費雪在一項實驗中發現，寄養家庭完成 6 個月的治療之後，他們負責監護的兒童不僅會表現出越來越強的安全依附關係，他們的皮質醇運作也從失常狀態轉變成完全正常。

　　另一個針對寄養兒童的監護人所設計的介入方式，是由德拉瓦大學的心理學家瑪麗‧多齊爾（Mary Dozier）開發出來的「依附與生物行為補完計畫」（Attachment and Biobehavioral Catch-up，簡稱 ABC 計畫）。ABC 計畫鼓勵監護人以更專注、溫暖、平靜的方式回應兒童的需求，然後研究人員只訪視了參加 ABC 計畫的寄養家庭 10 次，就發現寄養兒童表現出較高的安全依附關係，他們的皮質醇指數也與一般的、正常的非寄養兒童沒有兩樣。也許瑪麗‧多齊爾的介入計畫最特出的地方，是接受治療的對象只有監護人，而非受他們監護的孩子，即使如此，這種治療方式還是對孩子的 HPA 軸運作產生深遠的影響。

13. 都有機會成為最好的父母

不久前，在一個春天的下午，我前去芝加哥南區拜訪一位
16 歲的年輕母親賈姬與她 8 個月大的女嬰瑪凱拉，當場目睹了
親子間如何加強依附關係的過程。賈姬母女與賈姬的媽媽住在
一起，而陪同我前往的是一位年紀稍長的非裔女士安妮塔・史
都華・蒙哥馬利。安妮塔是天主教慈善機構的員工，負責的工
作是定期訪視高風險父母（大多數是單身媽媽）。這個定期訪
視計畫，是由芝加哥的慈善組織「預防重於治療基金」贊助的。

我結束拜訪賈姬母女的行程後，訪問了「預防重於治療基
金」的嬰兒發展專家尼克・韋克斯勒。尼克 20 多年來都負責
該基金家庭訪視計畫。他表示，過去的家庭訪視人員前去訪視
新手父母時，討論的問題不外乎嬰兒營養、免於菸害、增進字
彙能力等；尼克與訪視計畫的工作者當然也很重視這些問題，
但是學界的研究結果使他們更相信，為了要增進孩子的表現，
最有效的方法其實是建立一個正面的依附關係。因此，他們進
行家庭訪視時，會特別強調依附關係的重要性。

建立父母內心的力量與韌性

尼克說，他經常提醒同仁，進行家庭訪視時一定會看到年
輕父母的生活中存在著許多問題，可是他們的工作不是去解決
這些父母的問題，而是要解決教養孩子的問題。尼克告訴我，
「這對家庭訪視人員來說是一個大挑戰，因為他們的直覺就是

想要多幫助父母一點。但是，即使他們沒有辦法改善這些家庭的居住環境、改善孩子的學校環境，至少他們可以幫助那些父母，建立內心的力量與韌性，使得這些父母有機會努力成為最好的父母。」

小女嬰瑪凱拉的生活環境中，的確有很多亟待解決的問題。我一邊看著她、賈姬、訪視員安妮塔在客廳地毯上玩遊戲、聊天，心底卻希望她們這家人能住在安靜一點的房子裡，室內的家具尖角也應該處理一下。瑪凱拉和媽媽、外祖母住在一個看起來很危險的地段，隔壁就是一塊廢棄的空地，她們實在不應該在這種環境中生活。還有，另一邊一直傳來陣陣菸味，這件事也應該想辦法解決。但是，訪視員安妮塔卻完全不為所動，這點令我印象深刻。我看著她與瑪凱拉玩遊戲、讚美她，同時以溫暖的方式鼓勵、支持賈姬，這也就是她希望賈姬用來養育瑪凱拉的方法。

依附關係的成長與改善，對孩子更重要

上一代有關兒童教養的介入觀念，重點放在鼓勵父母幫忙增加孩子的字彙。這個觀念是受到貝蒂・哈特與塔德・萊斯利這兩位兒童心理學家的影響（參見本書「序幕」）。這兩位兒童心理學家，對兒童早期語言的重要性曾經進行過很多研究。但這種介入方式卻有個令人感到相當挫折的結果，因為很多低收入家庭的父母，自己本身的詞彙就很有限，因此他們很難教導孩子增加詞彙。經常唸書給孩子聽當然有幫助，但嬰兒學習

語言是不限時段的，他們不會只在聽故事的時間才從父母身上吸收語言。這也就是「詞彙不足」的問題經常是一代傳一代的原因。良好的學齡前教育與幼稚園教育可以有效改善這種惡性循環，但要完全打破這種循環，只靠父母的介入是不夠的。

不過，前面提過的那些學者如費雪、瑪麗・多齊爾、齊伽堤和莉博嬤等人，他們的研究在在顯示，依附關係的成長與改善潛力，其實是更可觀的。父母這一輩的字彙能力欠佳，這是無法逆轉的現象，但若父母們的養育方式會製造兒童的焦慮，則只要靠低度的介入就能消除。這意味著，透過不良的依附關係造成的惡性循環，其實是能夠完全消除的。如果一位低收入母親本身有依附問題，則只要運用正確的介入方式，就可以讓她變成一位能夠讓孩子安全依附的母親，孩子的未來也可能因此發生巨大的變化。如果訪視員安妮塔能夠幫助賈姬和瑪凱拉母女發展出安全的依附關係，瑪凱拉不僅會成為快樂的孩子，她也有可能能順利從高中畢業、不會入獄、不會年紀輕輕就懷孕，並且以後能夠與自己的孩子相處得更好。

14. 孩子都需要家庭的支持

本章第 7 節說過，芝加哥公立學校系統邀請了「青少年扶助組織」前來芝加哥設立分部，協助芝加哥的超高風險青少年。可是這件事情發生後不久，保守派智庫「曼哈頓研究院」的研

究員海瑟・麥克・唐納（Heather Mac Donald）在該智庫的季刊《城市》發表了一篇關於芝加哥市青少年暴力問題的文章，該文大力批評「青少年扶助組織」以及芝加哥公立學校系統（順便把總統歐巴馬也罵了一頓），認為這些機構忽略了芝加哥的「玫瑰地」等社區機能不振的主要原因：非洲裔雙親家庭都消失了。她在文章中還將「青少年扶助組織」比擬為 20 世紀左派政治運動人士索爾・艾林斯基（Saul Alinsky），指責該組織輔導員介入的方式就像「無頭蒼蠅、漫無章法」。接著，她提出自己的介入方法。她說，輔導員要像「以身作則的童軍團長，孩子才能從他身上學習到自律與毅力；輔導員要以男子漢的特質燃起孩子的想像力，時時對孩子講述誠實、禮貌、大是大非的重要性。」海瑟說，「想要拯救芝加哥南區社區免於瓦解，這種頂天立地的言詞可能幫得上忙。」

家庭問題與孩子的表現有直接關係

奇怪的是，雖然海瑟憑著她片面的理解而嚴詞批評了「青少年扶助組織」的所作所為，但我從「青少年扶助組織」輔導員身上所聽見、所看見的現實情形，卻與海瑟建議的作法相去不遠。該組織芝加哥分部副主任史蒂夫・蓋茲和其他輔導員絕不會避談家庭瓦解的話題，相反的，他們好像把所有心力都放在這個問題上。他們的態度非常明確，如果玫瑰地社區的家庭能夠像其他地區的正常家庭一樣，那麼他們也不必在這裡做他們的工作了。

　　有天早上蓋茲告訴我：「你仔細觀察一下這些孩子的家庭結構，你就會明白為什麼他們會落到今天這個地步。」蓋茲表示，「家庭問題與孩子在學校的表現有直接關係。家裡疏於教養，孩子就會失能，造成的後果影響了孩子，然後孩子無論是在學校、在街頭，不管到哪裡，身上都會帶著這些影響。」

改善兒童表現最有效的管道是家庭

　　蓋茲並非不知道玫瑰地社區的年輕人還要面對其他問題。他相當清楚是哪些社會、經濟與政治力量，摧毀了這個他一輩子熟悉的社區。事實上，他經常覺得自己也是受害者。例如，蓋茲的父母搬到玫瑰地時，蓋茲還是個小嬰兒，當時玫瑰地根本沒有幾戶黑人家庭，但沒多久之後白人就開始大批搬離玫瑰地。蓋茲告訴我：「到了我會走路的年紀，這地方連一個白人小孩都沒有。」而且不是只有他住的那幾條街的白人搬走：1960 年時，有 4 萬 5 千多個白人住在玫瑰地，到了 1990 年，只剩下 493 個白人住在那裡。此外，玫瑰地原本是芝加哥南區的製造業重地，蓋茲的祖父、父親與和叔叔都在當地工作，後來隨著工廠一家家關門或遷移，當地的製造業就此消失。剩下的，只有糾結成團的各種社會疾病，越來越多人依賴社會福利過活，毒品問題與幫派暴力層出不窮。而且隨著時間一年年過去，情況也逐漸惡化，每種可怕的情況一面惡化的同時，一面滋生出其他問題。

　　蓋茲雖然小心翼翼，避免將社區的危機怪到居住在玫瑰地

的家長頭上，但他的信念卻是，改善兒童表現最有效的管道不是學校、教會，也不是就業中心，而是家庭。如果有兒童失去了家庭，那就要替他們創造替代家庭，或彌補他們家庭結構的缺失。這種方法的成功率當然不可能百分之百。我採訪蓋茲的那幾個月中，就親眼見到他歷經無數挫敗，甚至面對悲劇：他輔導的青少年被捕、入獄、遭槍擊，甚至被殺害，但他也有成功的時候。從成功的例子來看，「青少年扶助組織」輔導員帶給這些青少年的劇烈轉變，往往令人驚訝。

15. 最痛苦的人生故事，最有希望的未來前途

我發現，接受「青少年扶助組織」輔導的學生當中，那些未來最有希望的人，往往也是人生過得最痛苦的。我在 2010 秋天認識琪莎 · 瓊斯時，她 17 歲，在芬格高中讀高三。她的外表很強悍，兩隻手臂上都是刺青，下唇穿刺，滿頭捲髮，頭髮正中央染成一抹奪目的豔紅色直下前額。她住在帕奈爾大街與113 街交叉口一棟狹小、破舊的平房裡，這是她生母的房子，位於玫瑰地社區一處當地人稱為「一百多街」的區域，芬格高中就在北邊幾條街不遠處。

殘酷的童年傷害

琪莎在這間房子裡長大。成長過程中，家裡總是又吵又擠，

衝突從沒停過，住在裡面的人來來去去，從親兄弟姊妹、同父異母或同母異父的兄弟姊妹、伯父、叔父、姑父、舅父、姨父、堂表兄姐弟妹都有。她的生父和生父自己的太太及小孩住在幾條街外不遠處，生父就在這社區當機械工，偶爾也會到琪莎家住個一、兩天。琪莎說她生父是個花花公子，在附近到處拈花惹草（琪莎的媽媽也是女友之一），總共生了 19 個小孩。琪莎長大的那幾年，有時候會在路上遇見跟自己長得很像的女孩，她會想：喔，又來了個妹妹了。

琪莎的媽媽在 1980 年代也在芬格高中唸書，到了高年級有天上午因為抵校時已經酒醉，遭到退學。琪莎告訴我，她媽媽現在染上「快克」，她家親戚中也有很多人都有毒品上癮的問題，有些親戚則販賣古柯鹼。琪莎還記得她小時候，警察經常到她家搜查槍枝或毒品，一進門就把家裡的梳妝台翻倒，弄得鍋碗瓢盆散落一地，最後總有親戚被警察上了手銬帶走。

琪莎六年級時，被一個親戚性侵。這個她稱為「安傑洛表哥」的人年紀比較大，也染上快克。這位「安傑洛表哥」從琪莎還小時就老是住在她家裡。她說：「我當時還小，非常怕。所以只能告訴自己，不管怎麼樣，我都要撐過去。」她就這樣被性侵了好幾年。她曾經希望媽媽會注意到這件事然後出面阻止，但她自己從來沒有主動說出來過，因為她怕就算說了，媽媽也不會相信，她沒辦法承擔這種打擊。她保持沉默的結果是自己越來越憤怒，動不動就和媽媽就吵架，但她從來沒有動手打過媽媽。她覺得動手打大人是不對的，「我只好到學校打同

學。那是我舒緩壓力的方法。我從來不跟別人說我有什麼問題，結果問題在心裡越堆越多，最後我整個人就要炸了。所以我一到學校，只要有人說了令我不爽的話，我就一股氣出在他頭上。都是因為我不能打媽媽。」她在芬格高中讀高一的時候就有一大堆違紀事件，也屢次遭到懲處，強制休學 10 天，最後，她在大家眼中變成最兇狠的學生，就讀最暴力的學校。她說：「大家都說我狠。我幹架幹出名號了，爽哪，到處炫耀。」

到了 2010 年 6 月，芬格高中校長朵齊兒要求「青少年扶助組織」替琪莎安排一位輔導員。第一位輔導員跟琪莎很不對盤，琪莎認為那個輔導員「太老古板」。於是蓋茲又找了一位兼職輔導員娜妮塔 · 里德。31 歲的娜妮塔也住在玫瑰地，過去只輔導過一個學生。她經營一家叫做「天生好手藝」的美容院，店裡舒適、溫馨的氣氛，替周遭荒涼、蕭索的 103 街帶來不少生氣。琪莎一直很想學剪頭髮，但從沒對人提起過，所以娜妮塔讓琪莎在美容院做洗頭與打掃的工作，偶爾幫忙定型、替女性顧客編頭髮或替男性顧客編當地男孩流行的辮子頭。

娜妮塔是一位虔誠的基督徒，定期上教堂，但她認為年輕女孩的外表也很重要，所以她開始從裡到外改造琪莎。我第一次與琪莎見面時，一點都不覺得她會是個喜歡保養指甲的女孩，但是娜妮塔要她修指甲、改變髮型，還教她怎麼化妝、戴假睫毛、穿漂亮衣服。她們兩人有時一起待在店裡好幾個小時，或者到附近吃東西、打保齡球，有時甚至只是坐著聊天。兩人的互動，就像一種長時間、不間斷的美容院式治療療程。

人生態度的轉變

琪莎告訴我，娜妮塔就像是完美的大姐姐。娜妮塔每週日晚上邀請琪莎與其他幾個參加「青少年扶助組織」輔導課程的女孩到美容院晚餐，邊吃邊聊自己的故事，例如媽媽怎麼疏於照顧她們、爸爸怎麼不見人影、和男孩交往的事、毒品問題，以及她們的憤怒。琪莎向來對任何人都沉默不語，在美容院裡也漸漸敞開心胸。她說，「我對人生的看法就這樣改變了。」

娜妮塔建議琪莎向上帝禱告，琪莎也接受了。她說，「我只有請上帝醫治我，原諒我做的壞事。」她從此再也不跟母親吵架，也不在學校裡打架。有一次兩個高二女生在學校走廊上用髒話罵她，她也沒動怒，只是回去問娜妮塔該怎麼辦。娜妮塔安排那兩位女同學一起去朵齊兒校長的辦公室，和琪莎坐下來面對面談。琪莎從來也沒想到，她竟然可以用這種方式解決問題。她告訴我，「我們坐下來開始談以後，才知道根本沒有什麼大不了的事情。」

接著發生了另一件讓人痛心的事情。那年秋天，琪莎最小的妹妹告訴她，「安傑洛表哥」想要摸她。當時她妹妹才只有六歲。琪莎說，「她一說，我就一直哭一直哭，心裡充滿了罪惡感。如果我小時候就把這件事說出來，或許他今天就不會在這裡了，現在我妹妹也不會碰上這件事。」琪莎把她妹妹的遭遇告訴娜妮塔，娜妮塔又告訴了蓋茲。蓋茲對娜妮塔說，她的責任是通報伊利諾州「兒童與家庭服務部」。「青少年扶助組織」輔導員跟社會工作者和老師一樣，一旦知悉輔導對象遭遇身體

侵犯或性侵時，依法必須向相關單位通報。但是娜妮塔有點猶豫，原因是玫瑰地社區的居民普遍認為「兒童與家庭服務部」是個很壞的政府機關，是把孩子搶走的人。娜妮塔雖然知道琪莎的家庭有問題，但她認為琪莎和她的兄弟姊妹應該待在媽媽身邊，而不是被送去寄養家庭。

於是娜妮塔告訴蓋茲，她決定不要通報當局，同時揚言，如果被逼著要向政府通報，她就辭職。其實，她也不知道該怎麼辦。娜妮塔後來告訴我，「我真想就這樣衝出去，逮住那個叫安傑洛的傢伙，狂扁他一頓。但是，上帝告訴我，妳要盡可能的好好處理這件事。」到最後，娜妮塔終於被蓋茲說服，打電話通報當局，並且與「兒童與家庭服務部」的社工交涉出一個折衷的辦法：安傑洛被強制搬離琪莎家，且因性侵未成年人入獄，琪莎和她的兄弟姐妹依舊能與媽媽住在一起。

下定決心改變自己的人生

不過，琪莎的擔心果然成真：她媽媽不贊成她舉發安傑洛，因為這樣一來每個月就少了安傑洛的 300 美元房租收入。琪莎有時候覺得她媽媽似乎更關心安傑洛能不能平安出獄，比較不關心遭他性侵的兩個女兒。但琪莎已經決心改變自己的生活，這次事件讓她更加堅定自己的方向。她告訴我，「我不會讓過去影響我的未來。當然，三不五時我也會想起過去發生的事情，但是，我不會讓那些事情影響我。最壞的情況已經過去了，我現在要積極，我已經對眼前的日子厭煩透了，現在起我要盡一

切力量改變。」

雖然琪莎的學分還達不到畢業標準，但是她下定決心要在2011年夏天跟同班同學一起畢業，校方也答應幫助她。美國大都市裡的學生如果表現不佳，有很多快速補足學分的管道：補課、上夜間課程、報名網路重修學分課程（例如 Aventa 公司就提供這種服務）等等，學生可以在一、兩個月內修畢一整個學期的課程。

許多熱心教育人士對這些作法抱持懷疑態度，因為這些作法好像只是讓學校可以趕快擺脫最難教的學生，而學生雖然帶著畢業證書進入社會，其實根本沒有受到教育。但對於想盡快畢業的琪莎來說，這些課程無疑是天賜良機。她一輩子上學從沒有像現在這樣用功過：一個星期五天都上夜間課程，經常每天上午 8 點到校，晚上 7 點才回家。2011 年 6 月她終於順利從芬格高中畢業，進入芝加哥北區的社區大學「杜魯門學院」就讀美容學位。

畢業前沒多久，有天我和琪莎在芬格高中的餐廳聊天。快要畢業的她把自己的計畫告訴我：從杜魯門學院畢業後先取得證照，娜妮塔已經答應到時候會全職雇用她。「我的目標是 5年後存夠錢買一間公寓，妹妹們就可以一起過來和我住。」

夢想找到人生的出路

這也是我對琪莎印象最深刻的地方：她的夢想是要找到出路，但不只是為自己，還包括家人。她那天在學校餐廳告訴我：

「我想讓妹妹們看到，她們可以過得比現在更好。她們可能會想，自己這一輩子也就是這樣了，因為她們除了家裡附近的環境之外，對其他地方一無所知。但在外面可以過不一樣的生活，不是只有打架、殺人這些事情。外面不一樣，非常不一樣。」

幼兒時期是腦部發展的黃金期，會影響孩子的未來

　　兒童發展的早期介入理論已具有紮實的科學基礎：孩子成長的頭幾年是腦部健康發展的關鍵期，也就是說，這段時間是黃金時期，可以影響孩子的未來。可是針對情緒、心理與神經路徑的教養與治療方式，最令人感到興奮的是，這些方式可以在孩子年紀比較大的時候，依舊發揮很好的效果——甚至比訓練認知能力的介入方式所能發揮的效果更大。孩子到 8 歲以後，智商就絕對不會進步了，但是管控功能、應付壓力與管理強烈情緒的能力卻是可以改善的，甚至在青少年或成年時期都可以大幅進步。

青春期是人生重要轉振點

　　對絕大部分的十幾歲年輕人來說，青春期是段難過的日子，對逆境中長大的青少年來說尤其如此，他們經常在這個時期轉向，走上一條可怕的人生道路。早期創傷讓他們做出各種錯誤決定，錯誤決定又帶來慘痛後果，這些事情都在青春期發生。但青少年有能力、至少有潛力重新思考自己的生活，重新改造自己，這是年紀更小的孩子們做不到的。琪莎的故事（以及本

書後續章節裡更多的故事）告訴我們，青春期是一個關鍵的時刻，青少年可以在此時做出最重大的轉向：從註定失敗的邊緣轉回來，朝著成功的方向前進。

第二章

如何培養成功的人格特質

2

1. 全浸式的教育

1999 年春天畢業於紐約市南布朗區「知識就是力量計畫（Knowledge Is Power Program，以下簡稱 KIPP）」國中的 38 位青少年，可能會成為美國公立教育史上最有名的八年級學生。

這 38 位青少年全部都是非洲裔與西班牙裔學生，絕大部分來自低收入家庭。4 年前，當他們還在讀小學四年級的時候，有一個名叫大衛・列文的人說服了這些孩子和他們的家長，轉學參加 KIPP。列文畢業於耶魯大學，當年才 25 歲，身材瘦長又有點神經質，而且是個白人。列文對家長及孩子們保證，只要進入他的 KIPP，就可以朝著大學之路邁進，從此再也不會像其他布朗區地區的公立學校學生一樣，課業表現不佳。這群學生在 KIPP 讀了 4 年，體驗到一種全新的、全浸式的教育風格，這種教育風格有時彷彿是列文看情況臨時拼湊出來的：學生每天長時間待在學校裡，老師上課時熱情洋溢，要求超高。此外，學生們必須參與一個內容繁複的計畫，來調整他們的態度和行為。

紐約時報的報導與 Gap 資助

列文的這種辦學方式似乎已經奏效，在驚人的短時間內就看到成果：1999 年全紐約市的八年級學業成就測驗當中，KIPP 的學生成績高居全布朗區學校首位，在全市排名第 5。對任何一所位於貧窮社區、入學沒有限制的學校而言，這種表現簡直是空前。這件事情立刻登上紐約時報頭版新聞，麥克・華勒斯主

持的「60 分鐘」新聞節目也跟進報導，著名連鎖服飾公司 GAP 的兩位創辦人更因此決定投資數百萬美元，資助 KIPP 擴展至全美國。

10 年內，KIPP 在全美國成立了 100 多所全新的特許學校。這種擴展對 KIPP 的發展到底是好是壞，姑且不論，但此後每逢討論到特許學校、教師組織工會、標準化測驗、貧窮對學習的影響等問題時，話題都會圍繞著 KIPP 打轉。

KIPP 學校打從 1995 年的第一批學生入學後就提醒他們（有些學生認為是恐嚇他們）：升學非常重要。這批學生預計會在 2003 年進入大學，因此學校就稱呼他們「2003 年班」。學校走廊上掛著各大學的校旗，每一位老師用自己母校的紀念品佈置教室，樓梯間還掛著一幅用大寫字母拼出的巨大標語：「超越顛峰，進入大學。」以此提醒學生這就是他們的目標。等到這群學生畢業時，似乎真的已經朝著大學之路邁進了：他們不僅成績優異，而且大部分人都順利進入競爭激烈的私立高中或天主教高中，獲得全額獎學金的人也不在少數。

考試成績不等於未來的成功

怎知，這群學生最後的發展卻不如預期。列文告訴我，「當時我是這麼想的：『好啦，我們的學生是全紐約市第 5 名，90% 的人上了私立高中和教會學校，他們的未來不會有問題的。』沒想到事與願違。」幾乎每位「2003 年班」的畢業生後來都完成了高中學業，大部分人也進到大學，只是大學這座顛峰卻越

來越難爬。他們從高中畢業 6 年後，只有 21% 的學生（也就是 8 個人），順利從四年制大學畢業。

萬斯的例子

「2003 年班」的學生泰瑞爾・萬斯在 KIPP 的求學經驗就是典型的例子。他進入 KIPP 沒多久就覺得茫然不知所措，學校的儀式、規矩與動起來的氣氛反而讓他不知如何是好。他告訴我，「我好像遇上文化衝擊，從來沒碰過這種事。」舉例來說，萬斯以前的經驗是，有沒有做完家庭作業其實無所謂，但 KIPP 規定一定要做家庭作業，他和校方因此衝突不斷。「2003 年班」七年級的時候舉辦校外旅行，地點是佛蒙特州，萬斯甚至因為家庭作業沒做完而不能去。即使如此，KIPP 的老師仍然盡全力輔導萬斯與其他同學，萬斯也沒讓他們失望，使出全力配合老師。萬斯說，「老師跟家人沒有兩樣。我們的感覺就是這樣，就像是一家人。」

萬斯和班上很多同學一樣，數學特別好。他在全紐約市數學測驗中拿到最高分，八年級時就通過全紐約州九年級數學檢定考試。但他告訴我，離開 KIPP 那個鍛鍊雄心壯志的高爐，進入高中之後就洩了氣。他的解釋是，「我以前在 KIPP 念書的那股勁沒了。」他的成績開始下滑，沒多久成績單上都是 C，而不是在 KIPP 唸書時拿的 A 或 B。事後回想，萬斯覺得 KIPP 的環境只能讓他在功課上準備好面對高中課業，可是情緒上或心理上卻完全沒有準備。「在那裡我們就像是個緊密的家庭，每

個人都知道你在做什麼,可是上了高中之後就沒人管你,沒人會來檢查你有沒有做家庭作業。我們自己面對每個高中生都要面對的事情,就是學著長大。可是我們這一班畢業的同學,好像沒人真正準備好面對這些。」

萬斯高中畢業後,進入紐約州一所四年制公立大學主修電腦資訊,但他覺得電腦很無趣,於是轉到賭場與博彩管理系,卻又看系主任不爽,所以休學。休息了一陣子後,他到鞋店上班,另外申請進入一所紐約州立大學,準備主修歷史,可是沒多久他就沒錢繳學費,只好又休學,而且以後不打算回學校唸書了。萬斯現在 20 多歲,在 AT&T 與時代華納有線電視的語音客服中心做了幾年事,接聽顧客來電,回答問題。他還蠻喜歡這種工作,而且覺得自己表現得也不錯,但想到過去還是會有點遺憾。他告訴我,「我的實力其實不錯,我那時候該多堅持一下。」

2. 樂觀可以後天學習

大衛・列文眼看著 KIPP 第一屆的學生從高中到大學一路跌跌撞撞,覺得相當難過,好像每隔一個月就會聽到又有一個學生輟學的消息,感受實在太深刻了。列文心想:「當初到底該怎麼做,才會讓結果不一樣?」KIPP 辦學的目標只有一個:凡是能讓學生上大學、表現良好的知識,KIPP 就教。現在出現

這種結果，到底他做錯了什麼？

人格特質的差異

列文聽到的輟學消息越來越多，而且除了第一屆，第二屆和第三屆的學生都陸續傳來從大學輟學的消息。這時列文才注意到一個奇怪現象：能夠堅持唸完大學的學生，不見得是在KIPP唸書時成績優異的學生。**這些唸完大學的學生似乎具備一些特質，例如樂觀、韌性與靈活的社會能力。**他們能夠擺脫壞成績的陰霾，下定決心下一次要拿到更好的成績；他們能走出父母離異或代溝衝突的惡劣情緒；他們能在課後纏著老師，要老師多告訴他們一點；他們能夠忍住出門看電影的衝動，留在家裡唸書。

列文當然知道，只靠這些特質不足以讓學生取得學士學位，但這些年輕人的家庭沒辦法給他們什麼資源，他們也不像有錢同學一樣無後顧之憂，在這種情形下還能順利從大學畢業，證明了人格特質是不可或缺的因素。

經濟學家發現的非認知技能

列文在這些大學畢業生身上發現的特質，與赫克曼等經濟學家發現的「非認知技能」大致相同。但列文喜歡用「品格力」稱呼這些特質。列文與KIPP共同創辦人麥可·范博格於1990年代在休士頓成立第一家KIPP國中時，宗旨非常明確，亦即除了學業課程，也要教授品格課程。他們在牆壁上貼滿了諸如「努

力用功」、「和睦相處」、「成功無捷徑」等標語，又建立一套獎懲制度，引導學生除了在數學、代數等科目要努力用功以外，也要培養團隊精神、同情心與毅力。KIPP 學生穿的 T 恤上印著標語寫道：「一所學校，一個使命，兩種能力：功課與品格。」

列文和范博格當年剛從常春藤盟校畢業沒多久，就參加「美國志願教師」組織（Teach for America）培訓的第三期老師，受訓後便先到休士頓一所學校工作。兩人毫無教學經驗，一開始先從有創新教學法的老師身上取經，學習教學技巧與方法。這些老師中最有創意的是資深教師哈麗葉・波爾。哈麗葉老師與列文的班級遙遙相對，她自編的口訣、歌謠與課堂練習等教學方式，教起來輕鬆愉快，無論是乘法表或莎士比亞課程都無往不利。但是論到教導「品格」，列文和范博格就找不到像哈麗葉老師這麼厲害的學習對象了。教導品格這件事沒有前例可循，甚至連如何談論品格也得各憑本事，換句話說，每年 KIPP 學校開學時，教職員又要從頭開始溝通，一再辯論這學期要培養學生哪些價值觀或行為、理由何在、培養的方法。

改變思考風格可以讓人更快樂、更成功

2002 年冬天，紐約 KIPP 的第一屆學生即將高中畢業。列文的弟弟是財務顧問，送了他一本賓州大學心理學教授馬丁・塞利格曼（Martin Seligman）寫的書《學習樂觀，樂觀學習》。塞利格曼是「正面心理學」派的大將，《學習樂觀，樂觀學習》於 1991 年初版，是正面心理學的奠基之作，書中主張樂觀是一

種可以從學習獲得、而非與生俱來的能力。塞利格曼說，悲觀的人，不論大人或小孩，都可以靠自我訓練讓自己更樂觀，也會從此更快樂、更健康、更成功。塞利格曼在書中表示，大多數人的憂鬱其實不是病，只是「以悲觀想法解釋挫折的原因，導致心情惡劣」而已，這也是多數心理學家的見解。塞利格曼建議，要避免憂鬱、改善生活，就要重新打理自己的「思考風格」；用比較樂觀的態度，解釋自己遇上的好事與壞事。

塞利格曼在書中用「3個P」來形容悲觀人的3種態度：自己遇到的壞事是不可改變的（permanent），不管到那裡都會發生（pervasive），而且只發生在自己身上（personal）。考試不及格？不是自己沒有好好準備，而是自己笨。約會被拒？反正我沒人愛，算了，也甭再約其他人了。樂觀的人則相反，他們往往認為壞事很快就結束，自己也不會隨處都碰到壞事，就算碰到壞事，也是事出必有因，不見得只發生在自己身上。因此，他們面對挫折時更容易振作起來，再試一次。

不傷害學生的教導

列文在自己、KIPP 的老師與學生身上，隨處都可看見塞利格曼筆下形容的負面思考模式。KIPP 的師生當時都知道列文是出了名的大聲公，碰到行為不檢或成績不好的學生，他都大吼大叫，囉唆萬分（萬斯笑著說，「那傢伙老是用吼的」）。列文讀完這本書後開始反省：自己那些罵人的話，如果聽在習慣以「3個P負面模式」思考的學生耳中，會變成什麼樣。他吼出

來的「你為什麼不寫功課？」很容易會變成「你到底是怎樣？什麼事都做不好！」列文替學校裡每一個老師都買了一本《學習樂觀，樂觀學習》，並依照書中內容，草擬了一份名為「應該反省與關心的問題」的問卷。

2002 年夏天，在 KIPP 教師研習的「專業技能發展日」當中，列文將這份問卷交給與會老師討論。問卷中有些問題，使得現場每個人都覺得不舒服，例如，「為什麼有些學生覺得沒人喜歡他、沒人重視他、沒人相信他？」「為什麼有些家長覺得有人小看他、不尊重他、用頤指氣使的語氣跟他說話？」「哪些方法既能培養學生的精神與品格，又不會傷害他們？」對列文來說，這次會議開啟了日後一連串評估、再評估的漫長過程。到目前為止，他已經花了近 10 年的時間，運用各種方法培養學生的品格。但是，萬一這些方法都沒用，怎麼辦？

3. 精英教育的潛在問題

列文跟他的學生一樣，國中也是在布朗區地區上學，但他的學校不僅地點不同，性質也差很多。從紐約 KIPP 學校往西走，經過洋基球場，接上迪根上校快速道路轉往北，不久之後就會抵達河谷區。映入眼簾的是一個鬱鬱蔥蔥的社區，陡峭的山丘和蜿蜒的街道。河谷區一百多年來一直是紐約市的首富住家所在，該區有 3 所紐約市最有名的私立學校，座落在歷史悠久的

豪宅群中：「霍瑞斯・曼學校」、「倫理文化費斯東學校」，以及位於山上、俯瞰公園與紐約市全景的「河谷鄉村學校」。列文從小在曼哈頓的公園大道家中長大，到了八年級才轉學到河谷鄉村學校。他在校表現出色，數學和科學成績優異，也是籃球校隊隊長。

今天來到「河谷鄉村學校」訪問的人，第一個印象深刻的就是校園。校地綿延 27 英畝，有石砌校舍與精心照料的球場，校園之大，在全紐約市排名第一。該校沒有制服，但國中與高中生的衣著打扮不約而同都是貴氣休閒風：Abercrombie & Fitch 的品牌夾克，背上揹著 The North Face 背包（有次我在一個寒冬的下雨天到該校十年級的英語課採訪。班上除了一位女生，其餘每一位女學生腳上都穿著一模一樣、要價高達 125 美元的 Hunter 牌及膝雨靴）。前總統約翰・甘迺迪總統與他的弟弟、前司法部長羅伯・甘迺迪都是該校的校友，不過兩人在此地的時間不久。

目前該校的學生絕大部分出身自曼哈頓的上東城與威徹斯特郡的名流社區。它是主流與精英家庭孩子唸書的學校，孩子在這裡可以增長主流精英階層的見識。學費一年從 3 萬 8 千 5 百美元起跳——這只是在此上托兒所的學費而已。

第一次見到多米尼克・蘭道夫的人，都會覺得他不太像是這所歷史悠久、地位崇高學校的校長。他看起來有點叛逆，像是個愛唱反調、甚至有點古怪的人。上班時總是穿一件黑西裝搭配細領帶，加上他一臉酷樣與一頭灰白亂髮，給人一種印象，

彷彿他應該是 1980 年代某個拉丁音樂風的樂團薩克斯風手才對
（他的純英式口音更強化了這個印象）。其實蘭道夫長於思考，
喜歡吸收新觀念，言談間不時引用行為心理學家、管理大師與
設計理論家的最新研究成果，跟他聊天時會覺得是在聽一場單
人 TED 演講。

他 2007 年接任「河谷鄉村學校」校長後，就跟秘書對調辦
公室，她搬進歷任校長幽靜隱密的辦公聖殿，蘭道夫則將外面
的接待區改裝為他自己的開放式辦公空間。他在牆上掛了好多
白板，想到點子與標語就寫在上面。有次我訪問他時，見到一
面牆上光禿禿的只有一張白紙，上面印著一個黑色問號。

過於偏重智力評量，會忽略成功者的重要特質

50 歲出頭的蘭道夫，雖然在這所極具競爭優勢的學校擔任
校長，但令人訝異的是他對於當代美國這種「高風險」教育制
度中的許多作法，抱持著質疑的態度。他到任沒多久，先取消
在校內開設大學先修課程，接著勸說老師減少家庭作業的份量。
他認為，「河谷鄉村學校」與其他私立學校以標準化的測驗來
挑選幼稚園與國中學生，「很明顯是不公平的方式」，因為這
些測驗幾乎都是以智商做為評量項目。有一年秋天他在辦公室
告訴我：「過份強調這些測驗，會忽略了成功的人身上具有的
其他重要特質。」

自滿會讓人未來失敗

蘭道夫解釋，被忽略的特質當中，最重要的是品格：「不管是當年駕駛拓荒篷車的人，或 1920 年代從義大利南部移民到美國的人，他們的想法都是：只要努力工作、咬緊牙關拼下去，就會成功。」他說：「奇怪的是，我們現在全忘了這件事。那些考試無往不利的人、學術評量測驗（SAT）拿到 800 分的人，我擔心周圍的評價會讓他們太過於自滿。這樣的話，我們等於在害他們未來會失敗。要是這些人的人生突然出現了困難，說實話，我覺得他們會承受不起。我不認為他們有能力處理這種情況。」

蘭道夫和列文一樣，他在教育工作生涯中，經常思考學校是否以及應該如何培養學生的優良品格，但他也經常覺得自己在這條路上形單影隻。他小時候在英國就讀寄宿學校，老師除了教數學與歷史，也要教他們正面的人格特質，而且老師認為這是理所當然的事情。蘭道夫搬到美國以後，卻發現美國老師和英國老師不一樣，美國老師比較不願意多談品格問題。他多年來一直關心美國討論了哪些關於品格的問題，或者，換個方式說，美國沒有討論到哪些品格問題，但他老是覺得這些討論跟不上學校實務的需求。1980 年代，保守派的教育部長威廉‧班耐特強調德行教育的重要，但是蘭道夫認為班耐特的主張太過政治考慮。1990 年代，作家丹尼爾‧戈曼提出 EQ 理論時，蘭道夫也一度感到好奇，但是這個理論太模糊，太訴求情緒，沒辦法用在實際教學上。蘭道夫告訴我，「我要找的是嚴肅的、

不會流行一陣子就沒了的東西，只有這樣的理論才能真正改變學校的文化。」

2005 年冬天，蘭道夫讀了《學習樂觀，樂觀學習》這本書，開始對正向心理學產生興趣，除了涉獵該書作者塞利格曼的研究外，也開始研讀兩位經常與塞利格曼合作的研究學者著作。一位是密西根大學的克里斯多福 • 彼得森（Christopher Peterson），另一位是塞利格曼在賓州大學任教時最傑出的學生安潔拉 • 達克沃斯（Angela Duckworth）。蘭道夫當時在另一家位於紐澤西州普林斯頓附近、兼收寄宿生與通學生的私立高中擔任助理校長，他與塞利格曼約好，親自前去賓州拜訪。當天早上他開了 40 哩到了賓州，才發現塞利格曼也跟列文約好在同一時段見面。這兩位教育工作者幾乎同時出現在塞利格曼的辦公室，塞利格曼也沒想太多，當下決定 3 人一起聊聊，同時邀請剛好當天在賓州訪問的彼得森過來參與談話。於是蘭道夫、列文與彼得森 3 人在塞利格曼的辦公室天南地北的聊著心理學與教育問題，這一天就是他們日後長期合作、獲致豐碩成果的開始。

4. 品格力

列文和蘭道夫這兩位教育工作者前來費城，不約而同都是想和塞利格曼談談「樂觀」這件事，但塞利格曼拿出來的卻是

一本完全不同的書《品格力與德行手冊和分類法》（Character Strength and Virtues: A Handbook and Classification），讓他們嚇了一跳。這本書才剛出版沒多久，由塞利格曼與彼得森合著。塞利格曼過去撰寫的暢銷書，都是比較輕薄短小的大眾心理學書籍，副標題都很搶眼，放在機場書店也能吸引匆忙旅客的目光（例如：如何改變你的想法與生活！），但《品格力與德行手冊和分類法》卻是一本 800 頁的大部頭學術著作，重逾 1.5 公斤，零售價高達 80 美元。歷來精神治療師與精神病學家人手一冊、講述精神疾病分類的權威之作是《精神疾病診斷與統計手冊》（簡稱 DSM），可是塞利格曼與彼得森這兩位作者刻意倒轉 DSM 的字義，說他們的新書是一本「精神正常者手冊」。他們撰寫《品格力與德行手冊與分類法》的目的，是要建立一種關於「優良性格的科學」，換句話說，這正是蘭道夫和列文數年來各自努力追尋的目標，但直到現在他們才知道答案就在眼前。

如何定義「品格」

一講到「品格」這個詞，往往人言人殊，各有各的想法，每個人腦海裡都各有一套價值觀。也就是說，「品格」的定義必然會隨著時代而改變。維多利亞時代的英國人講到某人品格優良，代表這個人是貞潔、節儉、整潔、虔誠，而且擁有得體的人際關係。在美國拓荒時期，優良品格強調的則是勇氣、自力更生、機靈、勤奮與毅力。但是塞利格曼和彼得森的目標是

超越過去「品格」各種異變的定義，找出一種在每一個社會、每一個時代都重視的特質。

他們翻找的材料從亞里士多德到孔子，從奧義書到摩西五經，從童軍手冊到神奇寶貝的角色定位，最後列出 24 種他們認為普世讚許的特質，包含一些傳統的高貴情操，如勇敢、善盡公民責任、公正、智慧和正直，另有一些情緒層面的特質，如愛、幽默、熱情、喜愛美的事物，以及日常生活中的人際互動特質，譬如，社會智能（指能夠看出人際互動方向，並且快速適應不同社會狀況的能力）、仁慈和感激。

品格力可以帶來快樂的生活

塞利格曼和彼得森寫道，大多數社會認為品格力有其道德價值，並且經常與宗教律法和約束重疊。但是，道德律法往往將人的品格舉止簡化為服從權威，這是道德律法的缺陷。他們在書中寫道，「品格比律法有意思多了。」這 24 種品格力的價值，並非來自它們與某種道德體系的關係，而是來自它們帶來的實際好處，也就是擁有、使用這些品格力能夠得到的利益。培養這些品格力是獲得「美好生活」的可靠方法，而且這些品格力不只會帶來快樂的生活，還可以讓人過得有意義、充實。

對大部分人來說，「品格」指的是一組內心的、不會改變的核心特性，用來定義人的本質。但是塞利格曼和彼得森的定義則不同，他們認為品格是一組會變化的能力或力量，甚至是百分之百可塑的。對他們來說，品格是可以靠學習獲得、可以

練習、可以傳授的技能。

但教育工作者實際教導品格時，卻經常與道德律法產生牴觸。美國在 1990 年代推動過一波全國性的品格教育，背後的部份原因是當時總統柯林頓與第一夫人希拉蕊發表的談話。柯林頓在 1996 年的國情咨文中說：「我希望全美國的學校都推動品格教育，教授學生良好的價值觀，以及如何成為一個好公民。」但沒多久，政治立場不同的人士就開始把品格教育拿來相互指責，彼此猜疑。右派人士懷疑，品格教育只是一個幌子，目的是遮掩暗地推行的左派政治正確理念；左派則懷疑品格教育的目的是要暗地裡灌輸基督教義。

目前全美國有數百所公立學校開設性質不一的品格教育課程，但大多數的課程內容不僅模稜兩可，而且敷衍了事。仔細研究許多品格教育的課程，也能發現這些課程效果很差。隸屬聯邦教育部的「國家教育研究中心」於 2010 年發表了一份全國品格教育評鑑報告指出，該中心針對 7 種小學階段的品格教育課程進行連續 3 年的研究，結果顯示沒有一種課程對學生行為、學業成績或學校文化產生明顯的影響。

品格力著重於個人的成長與成就

塞利格曼正在進行的研究吸引列文和蘭道夫的原因，是他把重點放在個人的成長與成就之上，而非這也不准、那也不行的道德觀。無論是支持或批評 KIPP 辦學理念的人，不約而同都同意 KIPP 是道德掛帥。一位名叫大衛・惠特曼（David

Whitman）的記者在 2008 年出版了一本名為《為小事抓狂》（Sweating the Small Stuff）的書，在書中將 KIPP 與其他類似的特許學校使用的教學方法，貼上「新父權主義」的標籤。惠特曼在書中說，這些學校「不只教導如何思考，還教他們如何依照傳統中產階層價值觀做人處事」。

列文對這種說法不以為然，他不同意 KIPP 的目標是灌輸學生中產階級價值觀的說法，因為這種說法意味著有錢人家學生比低收入家庭學生的品格更好。他告訴我，「我覺得從品格力來切入，優點在於它沒有任何價值判斷的味道。但是如果從價值觀與道德規範來切入，則必然要面對『誰的價值？』以及『誰的道德規範？』的問題。」

5. 自主力與意志力

列文和蘭道夫在塞利格曼的辦公室第一次見面後，就一直透過電話、電子郵件、文章與網站連結等方式聯繫。他們很快發現，雖然他們工作的學校環境差異懸殊，但兩人的想法與興趣非常相近，於是他們決定聯手解開人格特質的奧秘。

他們找了當時正在賓州大學心理系（塞利格曼所屬系所）進行博士後研究的安潔拉 · 達克沃斯幫忙（安潔拉現在是賓州大學的助理教授）。2002 年，32 歲的安潔拉進入賓州大學研究所的時候，年紀比一般研究生大，她是中國移民的第二代，青

少年時的課業與 20 多歲時的工作表現都十分優異，是位佼佼者。她就讀哈佛時就已經利用課餘時間，在哈佛大學所在地劍橋鎮成立了一所服務低收入家庭孩子就讀的暑期學校。1990 年代中期畢業後，她靠實力一步步出頭，先在白宮撰稿人辦公室實習，然後申請到馬歇爾學者獎學金，到英國牛津大學攻讀神經科學，接著到麥肯錫管理顧問公司擔任管理顧問，還擔任過特許學校顧問。

品格與智力一樣重要

安潔拉多年來一直想開辦一家特許學校，但她最後發現，特許學校不是改變貧窮兒童環境的正確方式，至少不是適合她使用的方式。她申請賓州大學博士班時，在申請計畫上表示，她這些年在學校工作的經驗，加上她 20 多歲開辦暑期學校的經驗，使她產生了「非常不一樣的教育改革想法」。她寫道，「我認為，問題不僅出在學校，也出在學生。原因是，學習這件事十分困難。當然，學習是有趣、愉快、值得的，但往往也是困難、費神的，有時難免會氣餒。如果教育工作者和家長想要幫助聰明但表現不佳的孩子，他們需要先知道，品格與智力至少一樣重要。」

安潔拉在賓州大學一開始的研究主題是自律。研究所一年級撰寫論文時，她找了 164 位馬斯特曼中學的八年級學生（馬斯特曼中學是位於費城市中心的一所重點發展學校），用傳統的智力測驗和標準自律測驗測試他們。等到一學年結束後，再

以多種指標評估他們的學業表現。結果讓許多人大吃一驚。安潔拉發現，「自律測驗成績」比「智力測驗成績」更能準確預測學生全學年學業平均成績的高低。

棉花糖實驗

安潔拉接著開始與哥倫比亞大學心理學教授瓦特・米書爾（Walter Mischel）合作。米書爾在社會科學研究領域裡面非常有名，因為他設計了一個俗稱「棉花糖」的實驗。1960年代末期，米書爾在史丹福大學擔任教授，他為了測試4歲小孩的意志力，設計了一個巧妙的實驗。研究人員將一位史丹福大學附設幼稚園的小朋友帶進一個房間，讓他坐下，拿出零嘴給他，比如說一顆棉花糖。房間桌上則有一個敲鐘。研究人員跟小朋友說她要先離開一下，等到她回來時，他就可以吃棉花糖。接著她對小朋友說，他想吃棉花糖的話，只要敲一下鐘她就會回來，然後他就可以吃糖。但是，如果他一直等到她回來都沒有敲鐘，就可以吃兩顆棉花糖。

延遲滿足能力與學業表現

米書爾設計這個實驗的目的，是觀察孩童會用哪些方法抗拒誘惑。但這個實驗結束十多年後，米書爾想知道這些孩子當年抵抗誘惑的能力高低，是否能預示未來學業成就的高下，這個實驗也因此意外展露了一個全新的面向。1981年起，米書爾開始追蹤當年參加實驗孩童的下落，能找到多少算多少，然後

再花好幾年觀察他們在學業等方面的表現。他發現，這些人長大後在學業等方面的表現，可以靠小時候延遲滿足能力的高低，來加以預測。小時候等待吃棉花糖的時間與長大後學業表現的相關程度非常驚人。能夠等待 15 分鐘不吃棉花糖的兒童，他們的 SAT 成績比那些 30 秒後就敲鐘要吃棉花糖的兒童，平均高出 210 分。

米書爾的實驗結果引起了安潔拉的好奇，她自己在賓州大學的實驗似乎也證實了米書爾實驗的結果。事實上安潔拉更感興趣的是米書爾實驗的原始假定：哪些技巧與方法，能夠將自我控制的能力予以最大化？這些技巧可以傳授嗎？米書爾的實驗找到了一些有趣的答案。比如，以往的心理分析理論和行為理論都認為，孩子要求自己多等一下才能得到兩個棉花糖的最佳方法，是集中注意力看著獎品，同時不斷告訴自己這兩個棉花糖有多好吃，只要耐心等下去就有機會吃到。

但事實上，安潔拉發現相反的情形才是真的：孩子看不到棉花糖時所達成的延遲滿足時間，比眼睛看著棉花糖的延遲滿足時間更久。此外，延遲滿足實驗成績最好的孩子能夠自己發明分心的方法：他們一邊等研究人員回來，一邊講話或唱歌給自己聽，有些孩子轉頭不看棉花糖，或用手遮住眼睛。還有一位孩子更厲害，堪稱是自我控制大師：他竟然想辦法讓自己睡著了。

米書爾發現，另一個達到延遲滿足的簡單方法，是教孩子把棉花糖想成別的東西，而且越抽象效果越好。例如，研究人

員告訴孩子可以把棉花糖想成是一朵蓬鬆的雲,這時延遲滿足時間就可以增加 7 分鐘。而讓孩子看一張棉花糖圖片,延長滿足時間也可以增加。研究人員甚至讓孩子看著真正的棉花糖,但是告訴孩子想像這個棉花糖有個外框,就好像一幅畫一樣,在這種情況下,孩子的延遲滿足時間接近 18 分鐘。

安潔拉始料未及的是,她將米書爾的發現應用在學校教學時,卻遇上了困難。2003 年,她和同事在費城一所學校,以 40 位小學五年級學生進行了 6 週的實驗。他們帶著孩子們練習自我控制,只要孩子能夠做完家庭作業,就給予獎勵。實驗結束時,這群孩子都很乖的回報說,自己的自我控制能力比實驗前進步了。但事實上,他們的自我控制能力並沒有提高。安潔拉採用好幾個指標進行檢視之後發現,參與這次實驗的孩子,表現並沒有比同校的控制組孩子好。她告訴我,「我們發現,不管是老師對這群孩子的自我控制評量結果、家庭作業完成度、標準成就測驗成績、學業平均成績,還是遲到的次數等,在在顯示這個實驗毫無影響。」

6. 讓孩子學習培養內在「動機」

棉花糖實驗的問題是,抵抗誘惑的技巧(正如那些面對棉花糖的孩子們所使用的技巧),只有在孩子們「知道自己到底要什麼」的情況下,才能發揮功能。而安潔拉希望孩子們立下

志願去達成的長遠目標，比起等 20 分鐘就可以拿到的棉花糖來說，比較不具體、沒那麼快得到、也沒那麼有吸引力。那麼，如果孩子要達成的是長期、抽象的目標，例如考試及格、從高中畢業、在大學有好表現等，我們應該如何幫助他們學習專心致志、堅持不懈？

動機＋自主決定

安潔拉發現，幫助孩子達成目標時，如果把「動機」與「自主決定」（volition）這兩種不同的東西分開處理，是個不錯的方式。她說，要實現長期目標，動機與自主決定缺一不可。大多數人都知道「有動機但沒有自主決定」會造成什麼結果，例如，雖然減肥動機非常強，但沒有自主決定（沒有意志或自我控制），無法放下櫻桃餡丹麥千層派並且拿起啞鈴，結果就是失敗。如果參加她實驗的五年級小朋友具有強烈的動機，那麼安潔拉接著教導他們自主決定的技巧，再加上練習，就可能非常有用。但是，如果學生根本缺乏動機去實現老師或家長希望他們完成的目標呢？安潔拉表示，遇上這種情形，再多的自主決定技巧都幫不上忙。

但是，這並不代表人的動機是無法改變的。事實上，如果要實現的是短期目標，則改變動機是非常容易的事。我們再看幾個多年前進行、以 M&M 巧克力做誘因的智力實驗。第一個實驗是在 1960 年代末期由卡爾文・埃德倫（Calvin Edlund）在北加州進行，他從中產階級底層家庭及低階層家庭之中各挑選

了 79 位 5 到 7 歲的兒童，將他們隨機分為實驗組和對照組。實驗開始先以標準版本的智力測驗請這些兒童作答，7 週後，進行第二次的智力測驗，但是這次告訴實驗組的兒童，只要答對一題，就可以得到一顆 M&M 巧克力。第一次測驗結果顯示，實驗組與對照組的成績大致相當。但第二次測驗的結果顯示，巧克力實驗組兒童的成績大幅超前，平均比對照組兒童的成績高出 12 分。

智商是可塑的？

幾年後，兩位南佛羅里達大學的研究人員把埃德倫的實驗設計得更精細來進行。這一次，所有兒童進行第一次智力測驗後，根據成績高低分為 3 組。高智商組第一次智力測驗成績平均約為 119 分，中智商組的平均成績約為 101 分，低智商組的平均成績約為 79 分。進行第二次智力測驗時，採用了巧克力獎勵的作法，對高中低各組的半數兒童說，只要答對一題就可以得到一顆巧克力，另外一半則沒有巧克力。結果顯示，中智商和高智商組得到巧克力的兒童，成績並沒有進步，但低智商得到巧克力的兒童，平均成績進步到 97 分，與中智商兒童的表現幾乎一樣。

傳統上，關於智商的見解是，智力測驗評量的標的是真實、永久的，不會因為幾顆裹著糖衣的巧克力就大幅變化。但是，這兩個以巧克力做誘因的研究結果，嚴重衝擊了有關智商的傳統見解。而對於那些所謂的低智商兒童，這兩位南佛羅里達大

學的研究人員還提出了一個很重要、而且很難解釋的問題：這些孩子的智商真的很低嗎？或是其實並不低？他們真正的智力分數是 79 還是 97？

學校老師，尤其是極度貧窮地區的學校老師，就經常會遇到前述這種讓人難過、也想要解開的謎題。他們相信學生比表面看起來更聰明，他們也知道只要學生認真以赴，就會表現更好。但是要怎麼讓他們認真？難道要他們一輩子答對一題就拿一顆巧克力嗎？這樣似乎不太實際。事實上，對於低收入家庭的中學生，若是成績表現優異，早已有非常可觀的回報在等著——雖然這個回報無法立即擁有，也不是每答對一題就能得到；這個回報是要經過長期努力才能獲得的獎勵。如果一位國中或高中學生認真以赴，在學校的考試成績與學業平均成績反映出他的智商是 97（而不是 79），那麼他順利從高中與大學畢業、並且找到一個好工作的機會，也就會大大增加。到那個時候，他就可以隨自己高興，想買多少包巧克力都可以。

但每一位中學老師都知道，想拿這種邏輯去說服學生，恐怕是說起來容易，做起來難。事實證明，動機的運作不僅相當複雜，而且有時候以獎勵刺激動機還會適得其反。舉例來說，《橘子蘋果經濟學》的兩位作者在書中提到一個 1970 年代進行的研究。研究的目的是想要知道，如果捐血可以得到金錢回報，捐血量是否會增加，結果研究人員發現，如此一來捐血的人反而更少。

雖然巧克力的實驗顯示，物質誘因的確可以顯著提升孩子

的表現，但這種方式付諸實行時往往不如人意。近年來，哈佛大學經濟學家羅蘭・傅萊爾（Rolan Fryer）開始把巧克力實驗的規模擴大，以大都會區學校的學生為對象，展開實驗。他在公立學校中提供多種誘因，例如，全班考試成績進步，老師就可以得到獎金；學生考試成績進步，就幫他的手機免費儲值；小孩表現進步，他的家庭就可以得到金錢獎勵等。

可惜傅萊爾耗費心力、細心進行的實驗，結果沒有一個成功。他在某些城市的實驗的確出現了零星的好消息，例如，德州達拉斯市的小朋友每讀完一本書就可以得到金錢獎勵，結果以英語為母語的學生，其閱讀成績因為這個實驗計畫而進步。但大多數時候，傅萊爾的實驗都以失敗告終。他進行的最大規模實驗是一項為期 3 年、耗資 7 千 5 百萬美元、提供紐約市教師誘因的計畫。根據傅萊爾在 2011 年提出的報告，這個實驗並沒有取得正面結果。

7. 智商與求取表現的動機

動機的問題正在於此：沒有人真正知道該怎麼做，一個人才會受到鼓勵。這也說明了為什麼勵志海報四處可見，心靈勵志類的書籍熱銷，心靈導師演講大受歡迎。我們往往難以解釋，也難以衡量，到底是是什麼激勵了我們。

性格與誘因的互動

這個問題很難回答,原因在於,由於每個人的個性不同,所以對各類動機的反應也不相同。我們是從學者卡蜜特·西格爾(Carmit Segal)在 2006 年進行的一系列實驗結果,才得知這個事實。她當時在哈佛大學經濟系進行博士後研究,現在已在蘇黎世一所大學任教。卡蜜特的實驗目的是想找出「個性」與「誘因」的互動過程,她挑選的實驗方法叫做「代碼速度考試」,這種測試非常簡單,原本是用來評估軍用基本文書工作技能。測試方法也很容易,受測人員拿到一張對照表,上面有一些簡單的英文單字,以及由 4 個數字組成的單字對應碼,例如:

game	2715
chin	3231
house	4232
hat	4568
room	2864

表的下方則是選擇題,每一題有 5 個選項,都是由 4 個數字組成的單字對應碼,但只有一個是正確答案。就像這樣:

問題	答案				
	A	B	C	D	E
1. hat	2715	4232	4568	3231	2864

| 2. house | 4232 | 2715 | 4568 | 3231 | 2864 |
| 2. chin | 4232 | 2715 | 3231 | 4568 | 2864 |

　　受測者只要從對照表中找到正確答案，然後將正確答案圈出來即可（例如第一題的答案是 C，第二題的是 A，第三題是 C 等等）。只要受測者沒有被這些數字弄得昏頭轉向，這其實是一個非常簡單的測試。

　　卡蜜特找到兩個大型資料庫來利用，這兩個資料庫都是數千位年輕人參加代碼速度考試與標準認知能力測試的成績。其中一個資料庫是「全國青年縱向調查」（簡稱 NLSY）。這是從 1979 年起開始追蹤一萬兩千多位同世代年輕人的大型調查計畫。另一個則是國防部招募新兵考試成績的資料庫，新兵必須通過代碼速度考試等一系列考試，才能如願進入軍中。NLSY 資料庫中的高中和大學生，並沒有盡力通過考試的誘因，因為考試成績只用做研究之用，不會影響他們的學業成績；但對於新兵來說，這項考試非常重要，因為成績不好，可能就會無法進入部隊。

　　卡蜜特比較兩個資料庫中受測者各項測驗成績之後發現，一般來說，高中和大學生的認知測試成績比新兵好，但在代碼速度考試成績上，新兵的表現較佳。當然，原因可能是選擇從軍的年輕人天生就擅長將數字與單字配成對，但這種可能性似乎不太高。卡蜜特瞭解，代碼速度考試真正能夠測量的能力，其實是比文書工作能力更基本的東西，也就是「逼使自己專心

從事世界上最無聊的考試的意願與能力」。對新兵來說，代碼速度考試失敗的話，要付出的風險比較高，所以他們也比 NLSY 的年輕人更認真答題；而新兵在這種簡單考試上付出比較多的精神和腦力，就足以讓他們打敗那些教育程度比較高的同輩人。

別忘記，NLSY 並非一次性的調查、而是長年追蹤這群年輕人進展的計畫。卡蜜特回頭檢視 NLSY 的受測學生在 1979 年的認知能力與代碼速度考試成績，然後把他們 20 年後（40 歲時）的收入與當年的成績加以比較。結果正如預期：認知能力測試成績較好的學生，20 年後的收入也比較高。

在另一方面，卡蜜特也發現，在超級簡單的代碼速度考試得到高分的學生，20 年後的收入一樣比較高。事實上，卡蜜特進一步分析那些大學沒畢業的 NLSY 受測者成績時發現，這些學生當年的代碼速度考試成績，也能可靠預測他們成年後的收入，而且預測的準確度，與認知能力測驗成績不相上下。這一群學生中，代碼速度考試得到高分的人，成年後的年平均薪資比低分學生高出數千美元。

內在動機的重要性

為什麼？難道現代美國勞動市場真的這麼重視如此無聊的正確對應單字與數字的能力嗎？當然不是。事實上，卡蜜特也不相信代碼速度考試得到高分的學生，他們的代碼對應能力比成績差的學生好。**他們得到好成績的原因很簡單：他們更努力。勞動市場真正重視的是，明知考得好也不會得到外在獎勵、但**

仍然盡力求取表現的內在動機。也就是說，代碼速度考試評量的是一種重要的非認知技能，這種能力在成人世界非常重要，但當時卻無人注意到這一點。

不管如何都要努力的珍貴特質

卡蜜特的研究結果讓我們重新思考，在南佛羅里達州進行的 M&M 巧克力實驗中，那些所謂低智商兒童到底是怎麼一回事。請記住，他們在第一個智力測驗當中的成績很差，但在第二次測驗，也就是有巧克力做為誘因的那次測驗中，進步很多。所以，我們該問的是：這些平均智商屬於「低智商」的學生，真正的智商是多少？是 79，還是 97 ？我們當然可以斷定他們真實智商肯定是 97，因為參加智力測驗時本來就應該盡力，而那些被 M&M 巧克力激勵的低智商孩子也真的盡力了。這並不是因為 M&M 巧克力帶來了魔法，突然變出智力，讓他們找到正確答案，而是他們早已擁有這種智力。所以，他們事實上並不是低智商，而是中智商學生。

但卡蜜特的實驗結果也顯示，79 分，也就是這些學生的第一次智力測驗的成績，與他們的前途更息息相關。這個分數就等於是代碼速度考試所得的分數，也就是能夠預測一個人未來表現優劣與否的低風險、低獎勵測試。這些學生的智商也許不低，但他們缺乏的是一種特質，一種「明知沒有明顯誘因、仍然在智力測驗中盡力作答」的特質。卡蜜特的研究告訴我們，這是個值得擁有的珍貴特質。

8.「認真」是人生最珍貴的特質

所以，在卡蜜特的實驗中，那些積極進取的學生，那些不論是否會獲得獎勵都全力以赴的孩子，他們表現出來的特質，我們該如何稱呼呢？人格心理學家以「認真」這個詞語來描述這種特質。在過去的幾十年裡，人格心理學家們達成了一個共識，就是運用俗稱「五大」的五個向度來分析人格特質最有效，這「五大」是指：親和（友善）、外向、情緒不穩定（神經質）、開放、認真（嚴謹）。當卡蜜特以標準人格量表測試男學生時，對物質誘因不為所動的受測者，也就是那些不論是否有巧克力、考試成績都很好的人，在他們的人格測驗量表中，「認真」的程度也特別高。

人格心理學界裡面，研究「認真」的頂尖專家是伊利諾大學香檳分校的布倫特・羅伯茲（Brent Roberts）教授。他曾經與本書「序幕」中提到的經濟學家赫克曼以及心理學家安潔拉・達克沃斯合作進行研究。羅伯茲告訴我，他在 1990 年代後期從研究所畢業後，還沒有決定該專注在哪個研究領域。當時沒有人想研究「認真」，大多數心理學家對「認真」這個領域敬而遠之，其實許多人格研究的專家到現在聽到「認真」還是敬謝不敏。

羅伯茲解釋，這是文化因素使然，因為在學術圈外，「認真」這個詞就像「品格」這個詞一樣，帶有非常強烈、未必永遠是正面的意義。他告訴我，「研究人員比較喜歡研究他們重視的

東西。社會上重視『認真』的人不是知識分子，不是學者，也不是自由派人士，重視『認真』的人往往是宗教右翼保守派人士，他們認為人心不古，因此該多管管。」（根據羅伯茲的說法，心理學家比較喜歡研究『開放』。他用帶點後悔的語氣說：「『開放』就讓人覺得很酷，因為它跟創造力有關。還有，它跟自由主義意識形態的關係也最密切。人格心理學界大多數人——我自己也一樣——是自由派的，我們這些人喜歡研究自己。」）

認真的特質可預測職場表現

大部分學術圈內的人格心理學家（除了羅伯茲外）最近才開始涉入「認真」的領域，但早在 1990 年代，一個不太有名氣的專業心理學領域「工業／組織心理學」（簡稱 I/O 心理學）就已經涉入「認真」的研究。這個領域的研究人員幾乎沒有人在著名大學任職，大多數都是在大型企業人力資源部門擔任主管，因為這些企業的需求非常具體，也與深奧的學術討論無關：他們要僱用生產力最高、最可靠、最勤奮的員工。這些企業運用 I/O 心理學的各種人格評量方式，尋找具有生產力高、可靠、勤奮特質的員工，結果發現「五大」裡面的「認真」特質，最可以預測職場傑出的表現。

羅伯茲對「認真」最感興趣的部份，是它能預測許多其他與職場毫無關係的表現。認真程度高的人，能夠在高中與大學得到更好的成績、更不容易犯罪、不容易離婚。他們活得更久，原因不只是因為少抽菸、少喝酒。他們比較不容易中風，血壓

比較低，也不容易罹患阿茲海默症。羅伯茲告訴我，「要是有一些負面東西跟著『認真』一起出現，我其實也覺得很蠻好的。但『認真』在人格心理學的發展中，已經成為左右一個人一輩子是否成功的主要面向了，它還真是個從搖籃到墳墓都能影響人類表現的因素。」

9. 自我控制

當然，這並不代表每個人都同意「認真」是一件完全正面的事情。事實上，「『認真』與一個人在學校或職場表現有關聯」，這種說法最早的實質證據，部份來自不太重視學校或職場的人士。馬克思主義經濟學家塞繆爾・鮑爾斯（Samuel Bowles）與赫伯特・金蒂斯（Herbert Gintis）在他們 1976 年出版的《美國資本主義下的學校教育》（Schooling in Capitalist America）一書中主張，美國設立公立學校的目的，是為了確保社會階級的劃分永遠不會改變。他們寫道，資本家為了讓無產者停留在自己的階級，「教育制度必須教導學生正確服從」。

品格特質可預測學生未來表現

鮑爾斯和金蒂斯列舉出一位同時代心理學家基尼・史密斯（Gene Smith）的研究來支持他們的看法。史密斯發現，如果有哪種最可靠的測驗，可以預測高中生未來的表現，那麼這個測

驗所要測試的不是智商,而是同儕們對該學生「品格力量」的評價。「品格力量」指的是一組特質,包含:「認真、負責、總是井然有序、不會做生白日夢、有決心、能持之以恆。」而用這種評量方式預測高中生進入大學後的表現,準確度比綜合考慮所有認知能力的評量方式(包含 SAT 學術評量測驗與班級排名)高出 3 倍。

鮑爾斯和金蒂斯對史密斯的評量方式所獲致的結果,感到相當好奇,便和另一位學者以史密斯的研究成果為基礎,開始進行一項新的研究計畫。他們 3 人針對紐約州一所大型高中裡所有的三年級學生,共 237 人,進行多項智力與人格測驗。結果正如預期,他們發現認知測驗成績是預測學業平均成績非常有用的指標。但他們另外也以 16 種人格評量標準(包含「認真」在內)製作出了一個指標,這個指標的預測能力,也與認知測驗的不相上下。

品格對於學業表現十分重要

對於心理學家如塞利格曼、彼得森、安潔拉和羅伯茲等人來說,這些研究結果明確證明了品格對於學業成功的重要性。但對於馬克斯主義經濟學家鮑爾斯和金蒂斯來說,這些研究結果卻證明了,學校制度受到操弄,以便培育出很順服的無產階級者。鮑爾斯和金蒂斯的論點是,學生如果表現得像行屍走肉,就會得到老師的獎勵;學業平均成績最高的學生,他們的創意與獨立性最低,而且也是最守時、延遲滿足時間最長、最穩定、

最可信賴的學生。

鮑爾斯和金蒂斯接著以類似的量表檢視上班族，發現公司主管用來評價員工的標準和學校老師是一樣的：有創意與獨立性高的員工考績差，拿到好考績的是行事圓融、準時、可信賴、延遲滿足時間長的員工。鮑爾斯和金蒂斯認為，這些發現證實了他們的觀點：美國產業界的統治者希望僱用像綿羊一樣溫和可靠的員工，所以他們建立學校制度的目的，就是要能夠培育出具有這些特質的學生。

根據羅伯茲的研究，「認真」程度高的人具有一些共同的特質：井然有序、工作勤勞、可信賴、尊重社會規範。但「認真」最重要的元素也許是自我控制。而講到自我控制，馬克思主義經濟學家並非唯一質疑自我控制價值的人。

彼得森與塞利格曼在《品格力與德行手冊和分類法》一書中主張，「自我控制不嫌多，因為這個特質沒有真正的缺點。」它就像力量、美或智力一樣，是一種沒有內在缺陷的能力，這種能力越多越好。

反對這種說法的代表人士，則是已故的加州大學柏克萊分校心理研究員傑克‧布拉克（Jack Block）。這些反對人士主張，自我控制能力過強與過弱，都可能造成嚴重問題。布拉克與另兩位同事在一篇論文中寫道，自我控制過強的人會過度壓抑，「他們很難做決定，他們的延遲滿足時間雖然比較長，但可能是沒有必要的延遲，他們也可能拒絕享受人生樂趣」。根據這些學者的說法，認真的人就是典型的老古板，是固執、緊張、

壓抑的人。

自我控制與正面表現密切相關

　　布拉克的研究結果當然也沒錯。「認真」這種優點變成「固執」這種缺點的例子到處可見，但是，研究結果也顯示，「自我控制」與「正面表現」之間的確密切相關，這點我們很難去反駁。最近又有新證據支持這種論點。布倫特・羅伯茲、阿夫夏龍・卡斯皮（Avshalom Caspi）和泰利・莫菲特（Terrie Moffitt）等心理學家在 2011 年發表了一項為時 30 年、由一千多位紐西蘭年輕人參與的研究成果，以更多細節證明，兒時的自我控制能力與成年後的表現確實有關。這些研究人員在研究對象 3 歲到 11 歲時，以多種測試和問卷調查評量他們的自我控制能力，然後將這些評量結果綜合成一個自我控制能力指標。研究人員發現，這群研究對象兒時的自我控制指標，可以預測他們 32 歲時的許多成年表現。兒時自我控制能力較低的人，到了32 歲時抽菸、健康不佳、信用狀況不佳、犯罪等問題的比例也較高。某些案例顯示，自我控制的效應值非常高：小時候自我控制指標低的人，長大後的犯罪比例是小時候自我控制指標高的人 3 倍，多重上癮的比例也是 3 倍，他們的子女在單親家庭長大的比例則是 2 倍。

10. 毅力

　　甚至連心理學家安潔拉也同意「自我控制有其侷限」這種觀點。她說，自我控制能力對於預測是否能高中畢業可能很有用，但當我們想知道某人是否會發明一種新科技、導演一部得獎電影時，自我控制的預測能力就沒那麼大了。2005 年間安潔拉在《心理科學》期刊上發表了一份關於自我控制與智商的突破性論文，之後她開始覺得「自我控制能力」並不是她一直尋找的答案，也不見得是推動成功的動力。

　　於是她回頭檢討自己的職場生涯，各種客觀指標都顯示她很聰明，她也知道自己非常自律，每天早起、努力工作、絕不拖延、定期去健身房運動。她也非常成功，這點毫無疑問，很少有博士班研究生像她一樣，第一年論文就能刊登在像《心理科學》這樣著名的學術期刊上。比較起來，她早年遊歷多方的職場生涯，就比較缺乏專注的特質。就拿大衛・列文為例好了，他 22 歲那年就知道自己終生職志所在，此後就一直堅持他的目標，克服許多困難，並與麥可・范博格共同創立了一個成功的特許學校系統（也就是 KIPP），教導許多學生。安潔拉與列文的年紀相當，她覺得列文身上有一些她缺乏的特質：積極投入單一目標、堅定不移地達成使命。她認為有必要替這種特質取個名稱，而她選的字是「毅力」。

毅力量表

安潔拉與彼得森（前面提過，彼得森是《品格力與德行手冊和分類法》一書的共同作者，另一位作者是塞利格曼）合作開發了一種評量毅力的測試方法，她稱為「毅力量表」。這是一個看似簡單的測試，只有 12 個簡短語句，受測者則根據這些語句自我評估，包括「新想法與新計畫有時候會讓我分心，無法專注在先前的想法或計畫上」、「挫折不會讓我灰心喪志」、「我工作勤奮」、「我是個有始有終的人」等。

受測者要對每一個陳述，在一個從 1（代表「完全不是我」）到 5（代表「非常像我」）的 5 點評量表上自我評量。這個測試大約只要 3 分鐘即可完成，而且結果完全來自受測者的自我評估。即使如此，安潔拉與彼得森發現，實際使用這個量表時，對於未來表現的預測準確性還是相當高。**安潔拉發現「毅力」與「智商」這兩者之間的關係非常薄弱，有人既聰明又有毅力，也有人智商不高但還是有毅力。在賓州大學，入學成績低但毅力指數高的學生，往往學業平均成績比較高。她還發現，毅力指數高的孩子，在全國拼字大賽中通過後幾輪複賽的機會也比較高。**「毅力量表」用於西點軍校一年級新生的那次測試最讓人印象深刻，當時一千兩百多名新生正準備接受在夏天舉行、俗稱「野獸營」的嚴酷入伍生訓練。美國軍方本來有一套自己開發的複雜評量方法，稱為「入伍生綜合評量分數」，包含學業成績、體能、領導統御潛力等，用來預測入伍生是否能熬過「野獸營」的考驗。但最後證明，安潔拉開發的 12 個簡單語句

問卷，更能準確的預測誰會通過野獸營、誰會熬不過而遭淘汰。

11. 可以成就未來的 7 種人格特質

7 種人格特質

　　為了探討品格問題，KIPP 的創辦者列文與河谷鄉村學校校長蘭道夫兩人跑去請教安潔拉和她的同事們。言談間列文和蘭道夫很快就相信，「自我控制」和「毅力」是他們學生必備的基本品格力。但是，光有這兩項特質還不夠，而他們又覺得塞利格曼和彼得森發展出的 24 種特質太過繁瑣，很難轉化為他們在學校教學的實用工具。因此，列文和蘭道夫請彼得森將這 24 項特質加以簡化。彼得森於是根據自己的研究結果，從原本的 24 種特質中挑出一組特別能預測生活滿意度和高度成就的特質，再經過些微調整後，最後確定了 7 種特質：

毅力

自我控制

熱忱

社會智能

感激

樂觀

好奇心

接下來一年半，安潔拉、列文和蘭道夫以這 7 種特質為基礎，設計了一個兩頁的評量表，這是一份老師、家長或學生可以自行填寫完成的問卷。有些老師針對問卷內每一種品格力該以哪種指標（這裡所謂的指標，就是類似安潔拉在她的「毅力量表」中列出的 12 個自我評量語句）來加以衡量，也提出了建議。安潔拉還選取出 10 個評量指標，拿到 KIPP 學校與河谷鄉村學校實地測試，用一個從 1（代表「完全不是我」）到 5（代表「非常像我」）的 5 點評量表來要求老師評估學生，學生評估自己。最後，安潔拉確認了 24 個在統計上最可靠的指標，例如「該生遇到新事物，就急切的想要瞭解」（這是好奇心指標）、「該生相信，現在努力就可以改善自己的未來」（這是樂觀指標）。

列文非常明白下一步該做什麼。2007 年，他參加了蘭道夫在勞倫斯維爾高中所主辦的「正面心理學」研討會（這是一場只邀請特定人士出席的小型會議），這場會議讓他產生了一個想法：在 KIPP 的學生也應該要有品格成績，正如學生們有數學、科學、歷史分數一樣。他當時想，如果學生畢業時除了知道自己的學業平均成績以外，還知道自己的「品格平均成績」，那這樣豈不是很酷？大學招生辦公室主任，或負責招募基層員工的企業人力資源部門主管，難道不會想知道哪一位應徵者的毅力、樂觀或熱忱成績最好呢？KIPP 學生的家長，除了知道他的子女閱讀能力與其他同學相比的程度高低，難道不會也想知道子女的品格在全班的落點？以上問題的答案再清楚不過：「當

然想！」

一旦等到安潔拉與彼得森確定了品格指標的最終版本，列文就拿到紐約市的 KIPP 學校使用。該校的學生與家長每年會收到兩次具體、精簡的品格評量結果，也就是有史以來的第一份品格成績單。

但是，在河谷鄉村學校裡，校長蘭道夫卻不敢苟同「品格成績單」的作法。有一天下午，他在學校告訴我，「要把品格拿來量化，則不能忽略一個觀念問題──起碼以我這所學校的學生成份來看，這個觀念問題必須考慮：只要一出現成績單或類似要打成績的東西，就會有很多人開始練習、準備。我可不想看到操弄之後變出來的品格分數。如果真有這種情形，我會非常厭惡。」

不過，他也同意列文的看法，也就是安潔拉與彼得森擬定出來的特質項目，對於和學生溝通品格這件事的重要性，應該很有幫助。因此，他開始在校內傳遞「學生的品格也需要評量」的這個理念（他的學校內有位老師告訴我，他傳遞這個理念的方式，簡直就是走「病毒傳播」的路線）。他在家長會上強調品格的重要，在教師會議上針對品格教育提出咄咄逼人的問題，他經常與理念相同的同事交流，鼓勵他們開發創新的計畫。河谷鄉村學校五、六年級學生在 2011 年冬天進行了一次 24 個指標的自我評量，老師也同時評量他們的學生。評量結果只限老師們參考，學生與家長無從得知，當然，學校也不會以「成績單」稱呼評量結果。

其實蘭道夫推動品格教育的步調很小心，這多少與他個人的風格有關。他喜歡透過拐個彎的討論，慢慢改變他人的想法，他把這種溝通方法稱為是「對話過程」。另外，這種方式也與學校的文化有關。河谷鄉村學校聘請老師時，不是看他對教學有沒有興趣，而是看他是否能真正掌握自己的專業領域。蘭道夫說，「老師願意來我們學校工作，是因為他們在這裡比較有獨立的空間。我當然可以對他們說，『這件事就這樣辦，決定了。』但老師的反應會是，『去你的！』」

我在這個學校採訪的時間越久，就越明白這所學校反覆討論品格教育的目的，不單單是要評量或改進學生的品格，也不單單是要盡快採用各種新方法，以便能夠評量或改進學生的品格，該校乃是想要更深入探討「品格」的真正意義。早在蘭道夫擔任校長前，該校已有一套稱為「關愛計畫」（CARE）的品格教育（原文是 Children Aware of Riverdale Ethics）。關愛計畫是在 1988 年於該校的低年級班級（依照該校制度，低年級班指幼稚園到五年級）開始實施，目的是在建立一套特定的規範，教導學生態度和善、文雅，例如要求學生彼此尊重、體察他人的感覺、幫助心理受傷的人。學校走廊上也張貼了關愛計畫所強調的美德，例如隨時注意禮貌、不說閒話、要幫助他人。許多低年級班的老師談到關愛計畫時非常自傲，他們表示河谷鄉村學校能有今天的成就，這個計畫功不可沒。

可是當我和蘭道夫談到關愛計畫時，他卻做了個鬼臉，就像一位不得不在傳統前面低頭的革命份子一樣。他謹慎的表示，

「我個人把品格力當成是 2.0 版的關愛計畫。基本上我在做的是：採用新語言來描述品格，代表我們正在實行下一代的關愛計畫」。

「行為類」的品格教育

事實上，心理學家塞利格曼和彼得森提出的品格力理論，絕對不是關愛計畫等類似品格教育計畫的擴大版，相反的，倒不如說品格力理論推翻了關愛計畫。2008 年，一個全國性機構「品格教育合作組織」發表了一篇論文，論文中將品格教育劃分為兩類：「道德類」與「行為類」。「道德類」體現的是道德價值，例如公正、慷慨和正直。「行為類」指的是努力、勤奮、毅力等價值。關愛計畫的內容完全屬於「道德類」的範疇，毫無例外。但是蘭道夫與列文在學校要求的 7 個品格力，則幾乎屬於「行為類」的範疇，這 7 個品格力（像熱忱、樂觀、社會智能、好奇心等）雖然具有一些道德的成份，但並不特別具有英雄人物的特質，這些品格力比較會讓你聯想到企業家賈伯斯或政治人物柯林頓，而不是馬丁‧路德‧金恩或甘地。

蘭道夫在校內選擇了兩人負責品格教育，一位是國中與高中部的輔導員可恩，另一位是低年級班的學習專家凱倫。可恩年約 30 多歲，人很和善，做事也很周到，她畢業於河谷鄉村學校同一條路上的另一家私立學校「倫理文化費斯東學校」。她對品格發展問題非常有興趣，也像蘭道夫一樣非常擔心自己學校學生的品格教育，但是她不相信學校選出的那 7 種品格力真

的有用。她告訴我，「我認為優良的品格是：公正、誠實、不欺騙。我倒不那麼認為『你能堅忍不拔嗎？你勤奮工作嗎？』是優良的品格。相反的，講到優良品格，我想到的是『你是好人嗎？』。」

可恩對品格的看法非常接近「道德類」，而非「行為類」。在我採訪河谷鄉村學校那幾個月之間，她的觀念仍然是該校的主流。舉例來說，我在 2011 年的冬末在該校停留了一整天，在會議室旁聽，在教室內聽講。我記得那時校內到處可見與行為和價值觀有關的標語，但幾乎都是道德層面的。我還記得國中部那天的活動非常多，上上下下忙翻了：舉行睡衣日，又有朝會，還有些孩子隔天就要去法國波爾多進行為期兩週的春假旅行，所以必須提早放學，準備當天晚上搭夜班飛機飛到巴黎。那天朝會的主題是「英雄」，由 6 位學生各自向全校約 350 位同學簡短報告他們所選的英雄事蹟。這些英雄包括有：1960 年紐奧良首度實施黑白合校政策時，第一個進入白人學校讀書的非裔美籍學生露比‧奈爾‧布麗姬；以自焚行動點燃突尼西亞革命之火的水果小販穆罕默德‧布瓦吉吉；身兼演員和活躍人士保羅‧羅比森；拳擊手曼尼‧帕奎奧。

我在朝會、教室以及與學生聊天時，聽到了不少關於價值觀和倫理的想法，強調的多半是社會價值，如包容、容忍、多元（我在河谷鄉村學校聽到的黑人歷史，遠遠超過我在 KIPP 學校聽到的）。位於校園一角、陽光滿室的學校餐聽正在舉行攝影展，大大方方陳列多元家庭的照片：同性的伴侶、眼盲的父

母、混血的家庭、領養的孩子。我訪問了一位八年級女學生關於品格的問題，她表示，她和她的朋友都覺得，最難的是包容：誰該邀請誰參加成年禮、誰不願意加誰成為臉書朋友。我的採訪經驗顯示，河谷鄉村學校的品格教育，多半著重在幫助他人，或至少不要傷害他人的感情上。我比較少聽到有人討論品格力可能會讓人更成功。

「社會智能」的切入面

蘭道夫告訴我，他有點擔心，他怕品格教育計畫可能無法超越「做個好人」這種價值觀。他說，「品格教育的隱憂是，尊重、誠實、忍耐等常用詞彙的意義實在太模糊了。如果我面對一群孩子，卻只會說『你們要互相尊重喔，這件事很重要呢』，我覺得他們根本懶得理你。但如果你說，『嗯，你們要學會自我控制』，或是對孩子們解釋社會智能的重要性，就比較容易讓他們接受，然後品格教育就能變得更具體一點了。」

在河谷鄉村學校負責低年級班品格教育計畫的凱倫卻表示，想要說服學生和家長相信，世界上有 24 個品格力可以幫助孩子，應該不太容易。她說，對於（位於社經地位較弱勢地區的）KIPP 學校的學生來說，告訴他們品格力可以幫助他好好唸完大學，可能是個很強的誘因，那裡的學生會因此更有動機正視這些品格的力量。

但是對河谷鄉村學校的學生來說，順利從大學畢業根本就不是問題。凱倫解釋：「這裡的孩子一定會從大學畢業，他們

家庭世世代代都是大學畢業生。因此，很難要他們付出時間和精力來關注品格力這個問題。相形之下，KIPP 的學生不一樣，他們學習這些力量，就可以獲得益處，可以窺見其他人成功的祕密。情況有點像『我們這些老師們帶領你，讓你知道成功人士成功的秘訣』。可是，河谷鄉村學校這裡的學生早就在成功環境中長大，他們不需要依賴老師傳授他們如何成功的資訊。」

12. 要成功，必須先經歷過失敗

　　杜懷・維達爾是河谷鄉村學校國中與高中班級的英文老師，也是該校 2001 年班畢業的校友。由於他是非裔美國人，在學校教師休息室中一直是個稀有動物。我認識他的時候，他是該校高中部唯一的黑人老師。

　　維達爾在紐約布朗區區長大，由擔任秘書的母親獨立撫養，繼父則是電工。高中時他拿到獎學金，前往河谷鄉村學校唸書。他告訴我，雖然他喜歡這個學校的豐富資源與課程的挑戰，但也很難適應白人同學的富裕生活。九年級時，他與一位女同學被分在同一個小組進行學校作業，女同學請他到她位於曼哈頓上東城的家裡做作業。他告訴我，「我永遠忘不了那次經驗。一進她家，我瞬間怔住，怎麼有人如此有錢！」他說，這次經驗讓他開始和許多班上同學保持一點距離。他在河谷鄉村學校唸書的那幾年，從來沒有邀請白人同學到他家，因為他覺得自

己的生活跟他們實在差太遠了。

直升機家長並沒有真的了解孩子情緒

維達爾現在當了老師，他的學生都來自富有家庭，差別只在於有些人家很有錢，有些人家則是超級有錢。但這也讓他能夠更細膩的觀察有錢孩子。雖然他說自己的身世很不起眼，但從小他母親就非常支持他，他需要找人講講話時，媽媽也一定會傾聽，這是他力量的來源。不過，他的學生們與父母的距離似乎比較遠，他觀察到許多學校老師口中形容的「直昇機家長」：他們永遠在孩子頭上徘徊，一看到孩子需要幫忙，立刻俯衝而下。但他說：「這樣做並不代表家長們瞭解自己孩子的情緒需求，更不代表他們願意花時間與孩子相處。」

有一天我在河谷鄉村學校採訪時，剛好是學校的「專業發展日」。校長蘭道夫安排全校老師觀賞〈力爭碰壁〉（Race to Nowhere）這部電影。這部電影描述美國一群條件最好的高中生如何面對壓力的故事，早就是許多富裕社區的地下熱門片，只要學校、教會或社區活動中心放映這部電影，成百上千憂心忡忡的家長就會出現。這部電影描繪當代美國青少年的陰鬱處境，劇情一路高潮迭起到一位資優女學生自殺。這位女學生自殺的原因，很明顯的是因為她在學校或家中面對越來越強大的成功壓力。〈力爭碰壁〉似乎有很大的感染力，許多老師感受到電影劇情的力道，散場後一位老師跟蘭道夫講話時，眼中還帶著淚水。

毀了孩子的教養方式

越來越多的心理學家和教育學家認為，美國人養育與教育富裕小孩的制度與方法其實是在毀滅他們，〈力爭碰壁〉這部電影出現後，更凝聚了這股看法。電影的主要角色是北加州馬林郡的心理學家瑪德琳 · 萊文（Madeline Levine）。她寫過一本暢銷書《給孩子，金錢買不到的富足》，在書中引用各種研究與調查支持她的論點，亦即有錢人家的孩子從國中起出現情緒問題的比例，高到讓人意外。瑪德琳說，這絕不是人口調查的統計異常，而是在美國富裕家庭養育孩子的方式直接造成的結果。她認為，在今天的富裕家庭中，父母與孩子的感情距離比其他家庭更遙遠，但同時卻又更堅持孩子要有更高的成就，這兩種影響可能化合成一種有毒物質，會在孩子身上產生「強烈羞愧與絕望感覺」。

《給孩子，金錢買不到的富足》書中引用了哥倫比亞大學師範學院心理學教授桑妮亞 · 路薩（Suniya Luthar）的研究。桑妮亞過去 10 年的研究主題是富裕家庭孩子面對的心理挑戰，已經成為這方面的專家（她也曾應蘭道夫邀請，參加了 2007 年在勞倫斯維爾高中舉辦的研討會）。桑妮亞剛展開學術生涯時，主要興趣是低收入家庭青少年面對的問題，到了 1990 年代後期，她認為需要一個相對優勢的人口對照組，才能更瞭解劣勢都會地區青少年的行為模式。於是她進行了一項研究，對象是兩組十年級學生，每一組的人數約兩百人。其中一組大部分是白人，多半住在富裕的郊區；另一組多半是非裔美人，大部分住在貧

窮的城市社區。

桑妮亞出乎意料地發現，富裕組青少年飲酒、抽菸、吸食大麻與更強烈的非法藥物的比例，超過貧窮組的青少年。住在富裕郊區的女孩中，有 35% 曾經使用過酒、菸、大麻或更強烈的非法藥物，但只有 15% 的市中心貧窮女孩曾經使用菸酒、大麻、禁藥。富裕女孩有憂鬱傾向的比例也較高，其中 22% 的女孩經診斷確定，她們明顯出現憂鬱的症狀。

這個研究出來後，另一所位於富裕社區的中學馬上跑來找桑妮亞，於是她花了好幾年追蹤研究這所學校的學生。結果發現，這些高收入家庭的學生中，有五分之一的學生出現了多重且長期的問題，包括使用菸酒等有害物質、憂鬱與焦慮程度高、學業經常遇上困難等。

依附父母程度會影響孩子行為

但這一次桑妮亞除了蒐集學生心理壓力與偏差行為的資料外，也詢問學生他們與父母的關係，結果發現對於社會經濟地位兩個極端的家庭來說，教養方式帶來的影響格外顯著。不管是很有錢或很貧窮家庭的青少年，如果他們依附母親的程度很低，經常被父母批評，放學後家裡沒大人照顧的話，就可以預測他們在學校也會適應不良。桑妮亞發現，有錢人家孩子出現沮喪現象的主因是「過度的成就壓力、與父母缺乏肢體的接觸、情感上的疏離」。

哈佛大學兒童心理學助理教授丹‧坎龍（Dan Kindlon）曾

經進行一項針對富裕家庭的全國性研究，發現了更多富裕家庭孩子所承受的壓力。他的研究成果於 2000 年集結成書出版。坎龍的研究結論與桑妮亞接近，即出身富裕家庭的學生，焦慮與憂鬱的比例特別高，在青少年時期尤其明顯。他發現，在富裕家庭中，常見父母與子女缺乏感情的交流現象，這樣往往意味著父母會放縱孩子的不良行為。此外，若以收入多寡為指標，年收入超過 100 萬美元的父母，承認自己對待子女比較不嚴厲（和他們父母對待自己的方式相比）的比例，遠超過其他收入程度的家長。

遭遇挑戰是學習的機會

河谷鄉村學校的可恩老師告訴我，她和校內其他老師經常討論富裕對學生品格發展的潛在傷害。事實上，她曾經邀請坎龍教授到學校，對師生演講這個主題。可恩說，他們學校裡面很多學生家長要求孩子要表現優異，殊不知這種作法正好斷絕了孩子們歷練成長的機會。「我們的學生不太能忍受痛苦，其實是一點苦都受不了。他們老是被保護得好好的，只要他們覺得有一點不高興，父母就跑來學校溝通。這時我們會請父母不要擔心孩子遭遇挑戰，因為這就是學習的機會。」

溺愛孩子會付出代價

可恩說，在該校的中學部，「如果有位學生成績只拿到 C，但是他的父母認為孩子該拿 A 的話，老師就會遭到很多質疑：

『你們亂講！他明明報告就寫得很好！』還有父母打電話來說：『你們能不能多給兩天時間，讓他寫完這篇報告？』這種想要給孩子一切、想要展現愛孩子的作法，其實是溺愛，會付出代價的，代價就是犧牲了孩子的品格發展。不少家長會這樣做，這是我們學校裡的嚴重問題」。

當代教養的矛盾

當然，這個問題不僅發生在富裕家庭，也是所有家長的問題。事實上，這個問題是當代教養面臨的主要矛盾。一方面，我們為了保護孩子免於遭受任何危險和不安，為了給孩子一切，我們會急切地、幾乎像生物本能般地去滿足孩子的所需所求。在另一方面，我們多多少少知道，兒女最需要的其實是一點點困境、一些挑戰、一些他們可以克服的匱乏，甚至只是要讓他們向自己證明，他們有辦法克服困難。身為家長的，每天都為這些痛苦的問題煩惱著，但是，父母可以在家中承認自己面臨這種教養的兩難困境，因為沒有外人會知道；但如果父母花了大錢送孩子去好學校，要在學校的公開場合承認這一點，情況就完全不同了。

這也正是河谷鄉村學校校長蘭道夫推動新的品格教育計畫時，所遭遇到的問題。如果你在公立學校工作，薪水是由政府發給，工作內容是把學生培養好，讓他們裝備好進入成人世界，那麼某程度上你是向社會大眾負責。若你是在河谷鄉村學校這樣的私校工作，你一定會牢牢記住，你負責的對象是那些付學

費的家長。因此,蘭道夫校長想推動新計畫時,必須面對這些複雜的因素——如果這個新計畫是想要改善學生缺乏毅力、缺乏感激與自我控制等重要的特質,你等於是在拐彎抹角批評家長教養子女的方式,也就是說,你是在批評僱用你的老闆。

　　有錢的家長把子女送進河谷鄉村這樣的學校讀書,多多少少是有用意的(不過這些家長一定不會這樣承認)。該校校友中有很多令人難忘的成功人士:著名音樂家、演員、知名媒體記者、州長、聯邦參議員等。但是,河谷鄉村學校已有 104 年歷史,門下出過無數有錢學生,卻很少出現能夠改變世界的人物(抱歉了,傑出校友們)。這種富貴學校的辦學宗旨向來就不是鼓勵學生追求更高的成就,而是讓學生更早站上起跑點,讓學生在學校中發展人脈關係、建立網絡,將來才不會從上層階級掉下來。也就是說,這個學校販售給家長的商品是:保證他們的子女未來幾乎不可能失敗。

唯有經歷挫折失敗,才能培養成功特質

　　蘭道夫明白,想讓年輕人培養出品格,最好的方式是讓他做一件非常可能失敗的事情。有些事情先天上風險就很高,例如做生意、運動比賽或藝術工作,很可能會碰到慘敗——但是卻更能夠藉此達到真正的、原創的成功。蘭道夫解釋:「唯有經歷失敗,才能培養毅力與自我控制。但在美國大部份注重課業表現的學校裡,沒有人會失敗。」

　　KIPP 的創辦人列文認為,這一點正是 KIPP 的學生比河谷

鄉村學校學生佔優勢的地方。他告訴我，「我們的學生為了能受教育和學習，每天都要面對很多挑戰。這些挑戰與河谷鄉村學校學生面對的挑戰完全不同。從很多方面來看，我們學生的毅力指數，會比河谷鄉村的學生高。」

在河谷鄉村學校負責低年級品格教育的學習專家凱倫觀察到，大部分該校的學生都看得到成功的大道就在眼前，差別只在各自成功的道路不一樣而已。他們以後都會上大學，都會畢業，都會有高薪工作。如果他們不幸偏離了成功大道，他們的家庭幾乎都一定會抓住他們，帶他們回來；就算他們已經 20 多歲、30 多歲，遭遇失敗時他們的家庭也有可能帶他們回到「正」途。

塞利格曼與彼得森主張，優良品格能夠成就一個快樂、有意義、多采多姿的生活。但是蘭道夫知道，雖然他的學生有這麼多優勢，但他們從學校受到的教育或者家裡給他們的幫助，未必能讓他們學習到那些能幫助他們走上快樂、有意義、多采多姿的終極成功道路的技能。蘭道夫當然希望他的學生能夠成功，他只是認為，他們要成功，就必須先學會如何失敗。

13. 引導孩子調整自己行為

讓孩子未來受益的因素

10 月某個晚上的 6 點鐘，「KIPP 無限國中」的學務主任湯

姆‧布朗賽爾站在大講堂前，對著一群家長說明 KIPP 的品格成績單觀念：「我們在 KIPP 學校有一句話：品格與學業一樣重要。我們認為，即使您的孩子有了課業技能——我們也盡了最大努力教導他們這些技能——但是，如果這群孩子長大後，缺乏同樣良好的品格技能，那麼，他們其實是沒有學到什麼東西的。因為我們知道，讓孩子將來快樂、成功與有成就感的因素，是品格。」

「KIPP 無限國中」於 2005 年成立，是 KIPP 在紐約市成立的第 3 所學校。成立之初，它先借用曼哈頓另一所國中的校舍教學，對面就是紐約市公車維修廠。湯姆以嚴厲訓導學生出名，經常板著臉，學生都怕他，但那個溫暖的星期三夜晚，他卻是滿臉笑容，穿著一件牛津領襯衫，打上領帶，牛仔褲燙得筆挺。他操作著筆電，一張張講解他背後大型銀幕上的投影片，看起來有點緊張。湯姆近來已成為 KIPP 學校系統中品格成績單的主要負責人，每月由他主持的會報，漸漸演變成大家口中的「KIPP／河谷鄉村學校品格工作小組會議」。不過，由他負責扮演這個角色，其實很奇怪，因為他剛到 KIPP 工作時就像個異議份子，勇於直言批評學校實施的管教措施。

從 KIPP 成立的初期，兩位創辦人管教學生的方式就很出名——說是惡名昭彰也行。他們管教的方式非常直接，還有一點極端。例如，他們會規定學生的坐姿、說話的方式、該怎麼專心、在學校走廊上該如何走動等。

教育書籍作者大衛‧惠特曼在《為小事抓狂》一書裡寫到，

像 KIPP 這種「父權主義式」的學校,「會訂下一些行為規範,要求學生絕對不能違反,而且嚴密監視,遵守規定的學生得到獎賞,違反的接受懲處」。在傑伊・馬修斯(Jay Mathew)所寫關於 KIPP 學校成立過程的書《乖乖努力唸書》(Work Hard. Be Nice)中,他描寫了一些列文要求紀律的嚴厲措施。例如,有一次列文抓到學生亂扔紙屑,他就要那個學生坐在全班的面前,身旁放一個垃圾桶,由全班學生把不要的紙張揉成一團往垃圾桶裡面丟,有些紙團差點打到那位亂丟紙屑的學生(馬修斯寫道,列文後來後悔用這種方式處罰學生)。

湯姆於 2005 年到「KIPP 無限國中」教書時,還在「銀行街學院」唸碩士。「銀行街學院」這所教育學院以其革新的理念著名,他利用在 KIPP 無限國中工作的前一年半,以該校為研究對象寫完碩士論文,論文內容徹底批判了該校的紀律制度。湯姆的論文中說:「KIPP 無限國中施行的管教制度是『以服從為基礎的制度』,其模式是依賴『恐懼體罰的氣氛』,這樣最後終將否決學生的自主決定。」他指出,KIPP 無限國中的學生表現出來的優良行為往往是表面的,他們不會深度思考自己所作所為的後果,而只是在有老師看到的時候,才刻意表現出良好行為。只要老師一不注意,就一溜煙跑得越遠越好。

湯姆雖然質疑 KIPP 學校內既定的一些基本理念,但列文與 KIPP 無限國中的校長約瑟夫・尼格隆卻對他鼓勵有加,這點讓他相當訝異。尼格隆是一位年輕的校長,接手辦學第一年就成績斐然。KIPP 無限國中開辦的第一年只開設五年級班,以抽籤

的方式招收新生，學生來自西哈林與華盛頓高地兩個社區，他們不是住在公有集合住宅，就是家裡開小雜貨店。這群學生在前一個學校唸完四年級，但只有 24% 的人通過紐約州全州的四年級英語測試，35% 的人有四年級數學的程度。而他們在 KIPP無限國中唸了一年以後，有 81% 的學生通過全州五年級的英語測試，通過全州五年級數學測試的比例高達 99%。

即使如此，尼格隆校長告訴我，他同意湯姆的觀點，亦即該校開辦的第一年，有些事情的確不太對勁。他說：「我們有些學生雖然事情做對了，但做這些事情的理由是錯的。我們雖然沒有那麼多學生問題，學業的成效也不錯，這些都是好事，但我們老是覺得自己沒有教出快樂、感覺充實的學生。」

我在 2010 年秋天認識湯姆時，他已經在 KIPP 無限國中工作了 5 年多。這一段時間這所學校也變了很多，部分原因來自他對學校的批評。比如說，學校不再像過去一樣那麼嚴厲地懲處學生，也減少了懲處時間。雖然學生為了紀律問題，還是經常與教職員激烈爭辯，但至少不是公開對抗，學校也更強調要確實讓學生知道接受懲處的原因，也更尊重學生。對湯姆來說，品格成績單就是這些改革的重點，讓師生討論行為問題時更有所本，能更深入反省，以及更能獲得成長的機會。

分辨環境，做出相應的適當行為

湯姆也修正了他之前對學校的批評。他告訴我，他原先覺得該校對學生的行為矯正方式過於獨裁，但現在他越來越能體

會這種制度的一些優點。他舉了 SLANT 計畫當例子——SLANT 是「坐正、聽講、問問題、點頭、目光跟著老師」的縮寫，這 是每一位學生五年級開學時、也就是他們第一天踏入這所學校 時就要練習的上課習慣。湯姆認為，SLANT 可以有效教導學生 學習「行為準則的轉換」。「行為準則的轉換」指的是辨認出 自己處於哪個文化環境，並且做出適當的相應行為。KIPP 以及 許多以低收入家庭學生為主的學校，都非常重視這種能力。舉 例來說，學生混街頭的時候會拿出混街頭的樣子，這沒關係， 可是依照「行為準則轉換」的要求，這位學生在博物館、申請 大學面談或在一家高檔餐廳用餐時，就不能拿出街頭的樣子， 而且要確實知道自己在這些場合該表現出哪些行為舉止，否則 的話可能會錯失人生良機。湯姆說，「我們教導學生在職場、 大學以及在主流文化中應拿出什麼樣的行為準則，而且我們必 須時時刻刻教他們這些事。」

　　KIPP 學校和河谷鄉村學校的老師們，在「行為準則轉換」 這件事上有著截然不同的觀點。河谷鄉村學校的輔導員可恩告 訴我，經過一年的實行後，她可以感覺到這兩所學校對品格成 績單上某些指標的看法越來越分歧。她說，這並不是說河谷鄉 村學校的老師們比較不重視自我控制等品格力的價值，而是河 谷鄉村的老師們逐漸瞭解，他們對品格力的定義，與 KIPP 學校 的老師們完全不同。可恩舉例，「如果 KIPP 的學生要表現擁有 自我控制的能力，就必須坐正、目光跟隨老師移動。但是在我 們學校，學生可以在椅子上放個球，然後坐在球上，也沒人會

管你。就算他躺在地板上也沒人在意。」

　　我和可恩在她的辦公室聊天時，她拿出一張 KIPP 的品格成績單，逐一唸出上面的 24 個指標，接著又列舉了一些其他指標，她說，這些指標在這兩所學校產生的共鳴不同。「就拿『學生要對大人和同學有禮貌』這個自我控制指標當例子好了，這是件好事，但在河谷鄉村學校，學生跟我打招呼或有事找我的時候，可以走過來拍一下我的背，喊著我字的縮寫：『嘿，K.C.！』這種行為在我們這裡是 OK 的。不過在 KIPP 學校，連老師彼此之間都互相稱呼『某某先生、某某女士』。他們那邊的確非常重視禮貌。」這種差異正是「行為準則轉換」讓人困惑的地方：來自主流文化的學生，在學校裡不見得會依照主流文化的準則表現出行為；也許更精確的說法是，在河谷鄉村這種學校裡，站沒站樣、襯衫不紮進褲子、跟老師沒大沒小的打屁，才是主流文化行為。

　　可恩接著說，「事實上，我們有些學生因為過動，非得要嚼口香糖不可。他們嚼口香糖就能讓自己靜下來。但 KIPP 學校絕不會允許這種事情。兩校之間的這種差異有點像是，我們學校認為自己的學生已經懂得禮貌了，所以，如果他們想要坐沒坐樣也沒關係。但是在 KIPP 學校那邊，給人的感覺就像是『這個不行、那個不行』，每個人都要守規矩，因為守規矩會幫助他們將來成功。」

當下進行引導

在 KIPP 學校，學生嚼口香糖的確是違反校規，不過，由於 KIPP 學校一直討論品格發展這件事，於是有些老師找到了更有建設性的方式來面對嚼口香糖等違規行為，而非一味要求服從。就在我採訪可恩的前幾天，才和 KIPP 無限國中的閱讀老師、30多歲的莎優里・史塔布洛斯基老師聊了一下。她提到當天稍早一位女學生在她的課堂上嚼口香糖的情形，莎優里老師用一副不可置信的表情描述那個場景：「她不承認，她說，『我沒有嚼口香糖，我是在動舌頭。』我說，『好，那算了。』沒多久，我又看到她在課堂上嚼口香糖。我說，『妳在嚼口香糖！我看到了！』她說，『沒有。給妳看。』接著她就把口香糖移到口腔裡面，動作非常大，全班同學都看得一清二楚。這種事情要是在幾年前發生，我可能會抓狂，當場怒吼，但這次我卻說，『唉，妳嚼口香糖是小事，輕微犯規。但妳說了兩次謊，這才嚴重。妳覺得，說謊代表妳的品格有什麼問題？』她聽了以後，完全嚇到了。」

那位女學生經常出現行為偏差問題。莎優里指責她之後，本來還擔心她會當場情緒略微失控（KIPP 師生常用「小寶寶病發作」形容這種現象），但那女孩把口香糖吐掉後，就一直安靜的上完課。下課後她眼中含著淚水去找老師，「我們談了好久，」莎優里說：「女孩告訴我，『我很努力想要長大，但是我根本沒有變！』我回她，『其實妳有改變。妳知道妳的改變是什麼嗎？妳沒有在同學前面發作小寶寶病。這件事要是發生

在兩星期前，小寶寶病一定會在妳身上發作。』」

以更好的角度看待自己

對學務主任湯姆來說，那一刻所發生的事情不是教學、不是紀律，而是治療。具體來說，是一種「認知行為療法」（cognitive-behavioral therapy, CBT），這是正面心理學理論基礎中一種實用的心理治療技巧，指的是以有意識的心智活動，辨認出負面或自暴自棄的思緒或想法，然後（有時候真的）以言語表達的方式告訴自己，以更好的角度看待自己。

湯姆告訴我，KIPP 的學生中，表現優異的人都是在當下可以進行自我認知行為療法的人。他的想法是，他自己以及其他 KIPP 老師的工作之一，是教會學生如何使用各種認知行為療法來幫助自己，「這個年紀的孩子，每天都會發作輕度的腦內爆炸。我的意思是說，他們現在是國中生，是他們一輩子最糟糕的一段日子，但是，只要孩子能夠告訴自己，『我可以克服這個小小障礙，我會沒事的，明天又是嶄新的一天。』他就能度過這段青澀歲月。」

14. 好習慣

把悲觀的孩子轉變為樂觀

心理學家把「認知行為療法」稱之為一種「後設認知」

（metacognition）。「後設認知」是個總稱，廣義的說，就是「想想自己的想法」。而品格成績單就是一個超級後設認知的方法。事實上，KIPP 創辦人列文覺得《學習樂觀，樂觀學習》這本書吸引他的第一個觀點，就是該書作者主張，想要將悲觀的孩子轉變為樂觀的孩子，最能收效的時期是「接近青春期之前，這個年紀的孩子已經大到可以進行後設認知活動（思考一下自己的想法）」。換句話說，也就是剛進入 KIPP 國中學生的年齡。無論是討論品格、思考品格以及評估品格，都算是後設認知活動的過程。

但學者安潔拉・達克沃斯認為，光是思考和討論品格還不夠，對青少年來說尤其如此。光是抽象地知道自己必須提高毅力、熱忱或自我控制能力，這是一回事；實際運用方法去做，又是另一回事。也正是因為這個原因，安潔拉才想要區別「動機」與「自主決定」（意志力）：如果學生缺乏成就動機，就算他的毅力再強也無濟於事；而有了動機之後，還需要堅強的意志力幫忙，才能貫徹始終，達到目標。安潔拉目前的研究計畫是如何幫助孩子發展一套意志力的方法，這個研究計畫在很多方面來看，是延伸自當年她與瓦特・米書爾合作進行的「棉花糖實驗」，研究孩子運用哪些方法抗拒棉花糖的誘惑。

以心智對比實現意向

一個秋季的某天，她在 KIPP 無限國中帶領老師進行專業發展研討會課程，我也在座旁聽。她的簡報內容是她過去一學年

間，針對該校五年級學生進行測試的一個基本後設認知方法。

設定目標的 3 種策略

安潔拉在會中介紹的干預方式，稱為「以心智對比實現意向」（Mental Contrasting with Implemention Intention，以下簡稱MCII），這個唸起來非常嚼舌的方法，是由紐約大學心理學家蓋布麗爾 · 奧廷根（Gabriele Oettingen）等人開發的。蓋布麗爾的研究發現，人類設定目標時，經常使用 3 種策略，其中兩種的效果並不好。樂觀的人偏好使用放縱策略，意思是他們在腦海中想像他們可以實現的未來願景（對中學生來說，這個未來願景可能是下學年數學成績拿到 A），同時生動地描繪完成這個目標過程中所出現的美好經驗，例如得到讚美、感到滿足，以及成功在望等。蓋布麗爾發現，放縱策略會帶來非常美好的自我感覺，因為它會觸發一種好的多巴胺大量釋出，但這種策略與實際成就間完全沒有關聯。

至於悲觀的人所偏好的策略，蓋布麗爾稱之為「牽掛」。這種人老是想到達成目標之前，每一個可能出現的障礙。如果一個中學生屬於凡事牽掛的人，他的目標是下學期數學成績拿到 A，則他會不斷想到家庭作業沒寫完、總是找不到安靜的地方寫功課等等事情，除此之外，他上課也總是會分心。牽掛策略與實際成就間的關聯程度也不高。

「如果……那麼」的思考

第三種方法稱為「心智對比」，其實這是一種結合前兩種策略的方法。這種方法同時專注在「正面結果」以及「可能遭遇的障礙」之上。安潔拉與蓋布麗爾最近聯手發表了一篇論文，文中指出，同時專注於正面結果以及可能遭遇的障礙這兩件事，「會在未來與現實之間製造了強而有力的連結，也表示為了獲得想達到的成果，必須克服障礙。」根據蓋布麗爾的說法，為了取得圓滿結果，必須製造一系列的「實現意向」，也就是用「如果……那麼」的語句，把障礙以及克服障礙的方法串連起來。這個陳述句就是實現意向的具體計畫，例如「如果我放學後因為想看電視而分心，那麼，我就要等到做完功課才看電視」。蓋布麗爾已經利用多項實驗證明 MCII 的確有效：她運用這種策略讓減肥者多吃水果和蔬菜，讓高中一年級學生更努力準備 SAT 考試，讓長期背痛患者更能靈活行動。

安潔拉對參加專業發展研討會的 KIPP 老師說，「只會幻想下學期每天都能做完數學家庭作業的學生，在幻想的當下雖然會覺得做完功課的感覺很棒，但是，卻不見得真的會起而行。很多學校牆上貼著海報寫『先有夢，才能實現夢想！』其實學生必須先擺脫那種日後會名利雙收的正面幻想，開始想想完成目標前，眼前有哪些障礙。」

自己訂下規則

MCII 等於是一種自己替自己訂下規則的方法。美國食品與

藥品管理局前局長大衛‧凱斯勒（David Kessler）在他的新書《終結暴食》（The End of Overeating）中指出，不管是想要遠離油炸食物（凱斯勒自己就是個例子），還是想要抵抗看「美國偶像」節目的誘惑（KIPP 的學生可能有這個需要），「規則」這東西之所以會發生效用，其實可以從神經生物學找到原因。書中說，當你自訂規則的時候，等於召喚前額葉皮質當你的夥伴，共同對抗腦袋中控制反射反應、由慾望驅使的部分。凱斯勒指出，規則與意志力不一樣，規則是意志力的後設認知替代物。自己替自己訂下規則（我絕對不吃煎餃）以後，就避開了衝突——就是你對煎炸食物的慾望以及對抗慾望的決心之間所產生的自我衝突。凱斯勒解釋，「規則提供了一個架構，讓我們遭遇誘惑刺激時有所依憑，把我們的注意力導向其他地方」。要不了多久，規則就像原本想要抗拒的慾望一樣，會不自覺發生。

成功的摺痕

安潔拉討論品格這個議題時，經常引用美國哲學家與心理學家威廉‧詹姆斯（William James）的話。她那天在 KIPP 的研討會中也不例外。詹姆斯曾經說過，我們稱為「美德」的特質，無非是簡單的習慣而已。安潔拉在研討會中對 KIPP 學校的老師解釋：「習慣和品格基本上是同一件事。這並不是說，有些孩子是好孩子，有些是壞孩子；而應該說有些孩子有好習慣，有些孩子有壞習慣。假如你用這種分式來區分，孩子就會明白，因為他們也知道，雖然習慣很難改變，但並非永遠不可能改變。

詹姆斯說人類的神經系統就像一張紙，把這張紙對摺一次，再對摺、再對摺，結果就會出現一條摺痕。我認為，這就是各位在 KIPP 學校做的事情。各位當然都希望您的學生畢業後，身上帶著能讓他們日後成功的各種摺痕。」

根據安潔拉的說法，有認真性格的人不會刻意要求自己時時刻刻表現出符合品格規範的行為。他們理所當然地做「好事」，也就是那些社會更能接受、長期來看更能獲得益處的事情。選擇最認真的途徑不見得是最聰明的選項，自古皆然。比如說，在本章稍早提到的代碼速度考試當中得高分的學生，他們明知就算考得好也不會有回報，卻依舊努力回答一份超級無趣的試題。你可以說這種人很認真，也可以說這種人很笨，但是，長期來看，隨時都很認真的人獲益比較多，因為當他們做一件與自己利害相關的事情，例如準備期末考、準時出席工作面談、抗拒婚外情的誘惑時，他們就可能會做出正確的選擇。為了做出正確決定，他們不必勉強自己或把自己弄得筋疲力盡。其實類似 MCII 或想像棉花糖外面有一個畫框的方法，只不過是一種技巧而已，可以讓自己不至於偏離良善的品格之路。

15. 群體認同的影響

2011 年冬天我在 KIPP 無限國中採訪時，該校已經實施了半年的品格成績單制度，校內到處可見各種關於品格力的文字。

學生運動衫胸前印著「品格無限」，背後則列出所有品格力。一件強調「自我控制」能力的 T 恤甚至提到了心理學家米書爾的著名實驗，因為 T 恤上寫著：「不要吃棉花糖！」學校牆壁上貼的標語上寫著：「你能自我控制嗎？」、「我積極參與！」（這是一個熱忱力的指標）。走廊上有一個品格佈告板，標題是「品格很重要」，板上用大頭針釘著一張張表揚卡。學生只要看到其他同學出現良好品格的行為，就可以將事蹟寫在表揚卡上公告（某甲表揚某乙展現出熱忱性格，因為某乙上數學課時，老師每次問問題，他都舉手回答。）

團體認同對個人成就的影響

我請教創辦人列文，難道他不擔心訊息過度飽和的問題？這種做法會不會過頭了一點？他說絕對不會。「為了成功，這種做法必須滲透進入學校師生的對話、教案內容、獎勵與表揚的方式、牆上的標語當中，而且在每一個場合與角落都會出現。如果這些訊息無法進入一個人的 DNA，就很難發揮效果。」

在牆上到處貼標語來傳達訊息，這在 KIPP 學校不是新鮮事。列文和范博格在創校之初，就使用海報、口號、符號與 T 恤在 KIPP 創造了一種強有而力的校園文化，灌輸學生他們是不一樣的、是屬於一個群體的。安潔拉告訴我，她認為 KIPP 辦學績效良好的原因之一，就是該校成功營造出團體認同。她說：「KIPP 創造了一種轉換社會角色的環境，孩子一到學校就要面對完全不同的思考方式。他們玩的是圈內人與圈外人的遊戲：

『我們知道什麼是 SLANT，你不知道什麼是 SLANT，因為你不是 KIPP 的學生。』」

刻板印象威脅

　　心理學家已經證明，團體認同對個人成就的影響非常強大，而且正負影響都有可能。早在 1990 年代，心理學家、現任史丹福大學教育學院院長克勞德・史第爾（Claude Steele），就發現一種他稱為「刻板印象威脅」的現象。史第爾的實驗顯示，如果一個人在進行智力測驗或體能測驗前，先收到一個微妙的、與他有關的團體認同的心理暗示，則他的表現就會受到強烈的影響。

　　研究人員在許多不同的環境下也證明了這種影響的確存在。例如，史第爾安排兩組普林斯頓大學的白人學生在一個 10 洞的高爾夫球課程中打球。研究人員在開打前告訴其中一組學生，測試的目的是瞭解他們天生的運動能力（學生們擔心自己沒有這種能力），同時告訴另一組學生，測試的目的是瞭解他們策略思考的能力（學生們很有信心自己擁有這種能力），結果前一組學生成績較差，比後一組多了 4 桿。研究人員安排黑人學生進行同一個實驗，卻出現相反的結果：知道高爾夫球課測試的目的是瞭解自己策略思考能力的那組黑人學生，成績則比另一組多了 4 桿。

　　史第爾的理論是，當一組學生擔心這個測試是要確認自己所屬群體的刻板印象時（例如外界對白人的刻板印象是體育不

行，對黑人的刻板印象是不聰明），那麼學生就會開始焦慮，結果就表現得較差。

其他研究人員做了一些比打高爾夫更嚴肅的實驗，也發現「刻板印象威脅」確實存在。研究人員先告訴一群 60、70 和 80 多歲的人，進行實驗的目的是瞭解記憶力隨著年紀增長而退化的問題，然後請他們閱讀一篇文章。結果這群人只記得 44% 的文章內容。另一組同年齡的受試者，事先不知道研究目的，卻能夠記得 58% 的文章內容。

還有一次在進行數學測驗之前，只要提醒女大學生她們是女性的這個事實，就足以讓她們的表現比另一群測驗前沒有被提醒的女大學生要來得差。

如何解除「刻板印象威脅」

雖然微妙的暗示可以喚醒「刻板印象威脅」，但好消息是，微妙的介入也可以解除這種威脅。有一個最有效、已經在各種情境下測試過的解除方式，就是安排受刻板印象威脅影響的學生，接觸一個非常明確的訊息，例如，「智商是可塑的」。研究顯示，如果學生將這個訊息內化，就可以獲得信心，從而讓他們的考試成績與學業平均成績提高。

這些介入方法凸顯出一個最有趣的問題是：其實目前心理學家與神經科學家還在為了「智商到底有沒有可塑性」這個問題激辯不休。雖然像 SAT 這種成就測驗的成績，一定可以透過各類補習來加以改變，但最純粹的智力可塑性其實非常低。即

使如此，史丹福大學的心理學家卡蘿 · 杜偉克（Carol Dweck）卻發現了一件不尋常的事情：不論智商是否可塑，或者可塑性是高是低，只要學生相信智商可塑，則他們的學業成績就會進步。卡蘿將人們對智商的心態分成兩類，一類是固定型，認為智商等能力與生俱來不會改變；另一類是成長型，他們相信智商可以進步。她證明了從學生對這個問題的看法，可以預測他們的學業表現軌跡：凡是相信智商可以進步的學生，學業成績真的也會進步。

心態是可塑、可改變的

智商有沒有可塑性暫且不論，心態卻是肯定可塑的。卡蘿和其他研究人員已經證明，只要介入的方法正確，就可以將固定型的學生改變為成長型，他們的學業成績也因此可能進步。

經常與卡蘿合作的研究者約書亞 · 亞倫森（Joshua Aronson），就曾結合其他兩位研究者，以德州低收入家庭的七年級學生為對象進行了一項研究，目的是比較幾種改變心態的介入方法，其各自的有效性如何。他們先將低收入家庭學生隨機分為實驗組與控制組，並替每位學生指定一位大學生擔任輔導員。輔導員在一學年間要與該學生面對面輔導兩次，每次 90 分鐘，並定期與學生以電郵聯繫。輔導員和某些隨機抽取的的學生溝通時，會告訴學生一些成長型的訊息，例如，「智商這種天賦沒有侷限，智商是一種可以擴展、會隨著腦部活動而增加的能力」。相反的，對照組學生接收到的則是如「嗑藥會影

響學業表現喔」等比較制式的訊息。

改變心態設定，成績就進步

一學年的實驗結束後，亞倫森與其他研究者開始比較這些學生在「德州學業能力評估」（也就是德州標準成就測驗）的成績。他們發現，接收到成長型訊息的學生，考試成績比接收到反毒訊息的學生好很多，尤其以女學生的數學成績受到的影響最大。研究人員過去就在許多實驗中發現，刻板印象威脅一直出現於婦女與女學生的數學表現中；每當女學生與婦女知道他們參與的實驗目的是「證實女性數學不好的刻板印象」的話，就似乎特別焦慮。在德州的實驗中，接收標準反毒訊息的女性考試平均成績為 74 分，大約比接收到同樣訊息的男性學生低 8 分；而接收成長型訊息的女學生考試平均成績為 84 分，幾乎與男學生相同。

16. 品格成績單

心理學家卡蘿‧杜偉克認為，只要學生相信智商可以進步，學業成績就會表現得更好。這個觀點，也能適用於品格問題上。至少，KIPP 學校推行品格成績單制度的背後，秉持的就是這種理念，該校告訴學生，品格並不是一套無法改變的特質，而是一系列可以不斷發展的能力；校方也相信施行品格成績單制度，

可以刺激學生，從而改善自己的品格。有天上午我與 KIPP 無限國中的八年級英文老師麥克・維特聊到品格成績單這回事。31歲的維特似乎是一位成長型心態的死忠支持者，他說，「要當個好老師，就必須相信智商是可塑的。而品格的特性也一樣有可塑性，如果你教學生要注意品格，他們的品格就會改變」。

雙重目的教學法

在整個 KIPP 無限國中裡面，也許最能夠全方位教導學生注意品格的，就是維特老師。有個冬天早上，我到維特的班級觀察創辦人列文口中的「雙重目的教學法」：老師刻意將品格力的觀念，運用在每個課程裡。列文希望數學老師在講解數學應用題的時候，能夠把品格力當例子，歷史老師提到美國內戰時期廢除奴隸制度的歷史時，也可灌輸學生品格力的觀念。我在維特班上的那天，課堂間討論的是美國最有名的非裔作者欽努阿・阿契貝（Chinua Achebe）的小說《瓦解》（Things Fall Apart）。高高掛在教室最前方、比維特老師還要高的位置，則是每個字 10 公分見方、寫在藍底上的白字，內容是 7 種品格力，包含樂觀、社會智能等。維特要求學生討論該部小說主角奧康柯表現出來的品格力有哪些，學生討論以後，認為主人翁奧康柯最強的是毅力，最差的是自我控制。

這時忽然有一位同學舉手發問：「品格力會不會反而害了自己？」維特老師回答說，「品格力當然可能會害了自己。就拿奧康柯為例，他的毅力很強，但他也因此失去了感同身受的

力量。如果你是這種堅忍不拔的人，你就很難明白其他人為什麼要抱怨這、抱怨那，因為對你來說，根本沒有困難這兩個字。如果你是『毅力先生』，那麼你可能就不會善體人意。愛別人也是一樣，愛別人太多，可能被玩弄的是自己。」他講到這裡時，台下學生發出會心的笑聲。「所以囉，沒錯，要小心注意品格的特性，品格力的優勢也可能會變成缺點。」

品格特性可以改變

下課後維特告訴我，KIPP 無限國中裡還是有些老師不相信品格成績單的基本理念，亦即品格的特性是可以改變的。「要讓老師接受這種想法，這也是必經的過程吧。要接受品格成績單真的有用，就必須先相信品格的特性可以改變這件事。但我不確定，是不是每一位老師都已經走到這一步了。我的意思是，很多大人會說，『對，我就是這種人！你最好習慣。』這種話你聽過太多次了吧？如果連大人都不相信自己能改變，又要怎麼教學生改變？」

我下一次看到維特，是在 2 月份 KIPP 學校的「成績單家長會」上，那天是星期四晚上，非常冷。成績單家長會之夜在 KIPP 學校系統是件大事，學校會全力督促家長參加，而 KIPP 無限國中的家長幾乎都將出席。但那個晚上相當特別，校方與家長都很緊張，因為學生當晚即將收到第一份品格成績單，沒有人知道到時候會看到什麼內容。

對學務主任湯姆和他的同仁來說，這次家長會的前置作業

相當有挑戰性。KIPP 學校系統在紐約有 4 所分校,其中 3 所學校的老師必須根據 24 個品格指標替每一位學生打分數,而且要分數要打到小數點後第二位四捨五入,不少老師想到這工作就有點頭大。但更嚴峻的挑戰是在家長會當晚,老師要對家長解釋,他們的孩子得到這些分數的理由。我看到維特坐在走廊上音樂教室外一張長椅上,向費絲 · 傅萊明斯特和傑艾昆 · 貝內特兩人說明成績單上的分數。費絲是一位非裔女性,塗著暗紅色口紅,頭戴黑色針織帽;八年級的傑艾昆是她兒子,又高又壯,穿著一件灰色長袖帽 T。

維特對費絲解釋:「過去幾年裡我們一直都在進行一個計畫,就是讓家長對自己孩子的品格特性更為了解。這些我們整理出來的品格項目,都是經過研究並且確定可以做為未來成功的指標。成功的意思是,孩子更有機會上大學、更可能找到一份好工作;或者是一些更令人驚訝的事,例如更有機會結婚或組成家庭。所以我們認為這些指標非常重要。」

費絲聽了點點頭。接著維特老師開始逐項解釋傑艾昆品格成績單上的分數。他先從好消息開始講起:每一位老師都在「對師長與同學有禮貌」這個指標上給了傑艾昆滿分 5 分,在「不亂發脾氣」這個指標上也接近滿分。這兩者屬於「人際關係表現的自我控制」指標。

維特轉頭對傑艾昆說,「我看得出來,這真的是你的優點。你的自我控制發展得非常好。所以,嗯,我想我們應該可以朝下一個……下一個什麼呢?我第一個想到的就是這個。」維特

拿出一枝綠色平頭螢光筆，在傑艾昆的成績單上劃了個圈，接著提高音調唸出來他畫的指標：「專心、抗拒誘惑。」這是學業表現的自我控制指標。他接著對傑艾昆說，「你這個指標的分數比較低，你自己覺得原因是什麼？」

傑艾昆有點糗，低著頭看著自己的黑色球鞋說：「我上課的時候愛講話，有時候我會出神，沒有專心聽講。」

母子兩人和老師接著討論了一些讓傑艾昆上課時更專心的方法。15 分鐘後，3 人聊完了，費絲似乎開始相信這個新方法。後來維特老師去和其他的家長們討論，費絲對我說，「我兒子拿到品格高分的地方，我一點也不意外，傑艾昆就是這種人。但是能夠辨認出他接下來該做什麼改善自己，這樣總是好的。之後就是希望他的成績能夠進步了。」

17. 克服障礙是預備未來的成功

如果說 KIPP 在校生的第一份品格成績單，代表了他們未來將持續與老師及輔導員討論品格這件事，以及如何改進品格，那麼這個過程的後續工作，將由珍恩・馬丁尼茲・道寧接手。珍恩是 KIPP 校友支援專案「KIPP 唸完大學」紐約分會的負責人，辦公室位在一棟石造大樓 8 樓，距離華爾街不遠，裡面 20 位左右的輔導員共用一間辦公室。該會負責輔導約 7 百位 KIPP 校友，其中半數仍是高中生，另一半正在讀大學，但表現不一。

KIPP 學校系統訂下的大學畢業目標是，KIPP 畢業生從高中畢業後 6 年內，必須有 75% 的人完成四年制大學。如果你還記得，本章一開頭提到 KIPP 第一屆畢業生泰瑞爾・萬斯那一班，後來只有 21% 的人自大學畢業，那你就會知道珍恩的挑戰有多艱困。

我在 2011 年 2 月一個寒冷的早晨到她的辦公室採訪，她交給我一份試算表，上面密密麻麻記載了每一個 KIPP 班級學生從大學畢業的比例。由這些數據可以看出，紐約分會的努力方向毫無疑問是正確的：高中畢業後 6 年內取得大學學位的比例，已經從 2003 年班（泰瑞爾・萬斯那一班）的 21%，進步到 2005 年班的 46%。我在珍恩辦公室採訪那天，她正在專心研究 2007 年班的表現。那一班即將到達試算表上的四年期，也就是他們從高中畢業就快要 4 年了。理論上可能會出現第一批大學畢業生。但試算表上的數字顯示，能順利 4 年畢業的 KIPP 校友只有 26%，另外的 18% 還在就讀，也就是有可能在 5 或 6 年內從大學畢業。

珍恩告訴我，2007 年班的學業表現比之前的班級更好，許多學生國中畢業後進入全寄宿制高中就讀，部份學生後來還進了范德比特和哥倫比亞大學。但珍恩解釋說，他們發現該班有部份學生的表現停滯不前，原因是「品格問題」。有些學生非常聰明，但沒用在正確的方向；有些孩子雖然有能力做完功課，卻有拖拖拉拉的習慣；有些學生則是有嚴重的社會或情緒問題。

那一班的 57 位學生中，有 7 位在大學時患了嚴重的憂鬱症。

她說，「這種情形，在那一班的孩子身上特別明顯。他們要不是有家庭相處問題，就是有跟同儕相處的問題。這些問題都讓他們沒辦法前進」。但珍恩強調，該班大部分學生，也許所有學生，都有機會順利大學畢業。「他們都是好孩子，只是貧窮已經快要把他們的適應力消磨殆盡了。」

珍恩給我看一本由 KIPP 編製、76 頁的「大學輔導手冊」，輔導員會使用這份手冊來追蹤學生的狀況。手冊內容極其詳細，反映了 KIPP 學校系統對數據分析的執著。根據手冊，每一位在「KIPP 唸完大學」專案裡服務的輔導員，每月至少要與他負責的學生聯繫一次，並且以紅、綠、黃 3 色註記該名學生的 4 個「大學堅持指標」狀況。這 4 個指標是：課業、財務、社會情緒與非認知技能。

例如，如果一位女學生每週打工的時間超過 20 個小時，則她的課業準備指標就是黃色。如果學生與就讀大學的輔導員還有一件輔導案還沒結案，則她的社會情緒指標就是紅色。如果她「無法負責任，無法完成重要的工作」，則她的非認知技能指標就是紅色。珍恩隨時可以從電腦資料庫中看到學生的資料，若是銀幕上出現閃爍的紅點，表示學生的某個指標出現問題，而她的輔導員也正在與該名學生合作解決這個問題。

我在曼哈頓往北的地鐵上翻閱這本手冊的感想是：想要成功，幕後的準備工作真是相當複雜。這本手冊裡面滿滿的都是事實和想法，包含遞交補助申請表的截止時間、選擇主修的注意事項、改進學習習慣的竅門、與室友和教授維持良好關係的

建議等。河谷鄉村學校的畢業校友從父母、朋友或哥哥姊姊那邊聽過這些訊息不知道多少年了，事實上，他們一輩子都生活在這些訊息中。但是對 KIPP 的畢業生來說，這些訊息卻像是外國語言般陌生。

社會安全網的替代品

我們不妨用這種方式看待品格這件事：品格的功能就像是社會安全網的替代品。河谷鄉村學校的學生一直在享受這張網的好處，萬一他們誤入歧途、犯了錯誤、做了錯誤決定，他們有來自家庭、學校和環境對他們的支持，會保護他們不必承擔苦果。但沒有這張社會安全網的學生，例如低收入家庭的孩子（「低收入」這 3 個字就代表了這些孩子根本不可能擁有社會安全網），就必須用其他方式彌補損失。他們要成功，就需要比有錢家庭的學生擁有更大的毅力、更多的社會智能與自我控制。發展這些品格也需要花費更多的功夫。

克服障礙所獲得的珍貴特質

但是看看那些成功發展出品格力、通過重重障礙、最後終於大學畢業的 KIPP 校友，我們就知道，這些孩子進入成年期之後，會比河谷鄉村學校的同年齡學生擁有更佳的優勢。他們擁有的不是金錢優勢，而是品格上的優勢。KIPP 學生大學畢業時，不僅取得了學士學位，還獲得了一個更有價值的東西：他們心裡知道，自己是克服了各種艱難，才得到這樣珍貴無比的東西。

學會如何思考

3

1. 不思考所帶來的失誤

　　薩貝遜搞不清楚自己哪裡做錯了。前一刻他還佔盡上風，比對手多出一枚主教與一枚士兵，情勢一片大好，眼看著他就要奪下 2011 年國中組西洋棋錦標賽第一場勝利；下一刻情勢突然逆轉，他的優勢消失殆盡，他的國王像隻倉皇的老鼠，在棋盤上被對手的城堡追得到處竄逃。再過幾步棋後，他的失敗已經註定。薩貝遜無力地跟對手握了手。對方是個淺褐色頭髮的男孩，來自俄亥俄州中部郊區。薩貝遜拖著腳步穿過廣大的會議廳，一千多名國中生棋士正在裡面埋頭下棋。他夾著尾巴回到他和隊友在比賽期間的臨時總部，進入沒有窗戶的會議室。薩貝遜是個矮小結實的拉丁裔男孩，有圓圓的臉頰與一頭濃密的黑色硬髮，目前就讀於布魯克林 318 中學六年級。兩天前他和 60 名隊友、數名家長、老師一起搭上出租巴士，坐了 11 個小時的車，來到俄亥俄州的哥倫布市參加為期數日的棋賽，但他的開場賽事並不順利。

　　318 中學的棋隊有個規矩，無論輸或贏，每場比賽後都要回休息室向西洋棋老師伊莉莎白·史畢傑（Elizabeth Spiegel）報到，進行賽後檢討。薩貝遜無精打采到回到會議室，走向老師。高高瘦瘦的伊莉莎白坐在小桌後，桌上擺著棋盤。

　　「我輸了。」薩貝遜開口。

　　「把比賽過程告訴我。」伊莉莎白答道。她年約 30 來歲，穿著一身黑衣，白皮膚在染得鮮豔的頭髮襯托下更顯蒼白。她

常常隔一陣子就換髮色，在這次比賽期間，她的頭髮是紅絲絨般的大紅色。薩貝遜跌坐進伊莉莎白老師對面的椅子上，遞出他的比賽棋譜，上面潦草記著他和對手整場比賽中所走的 65 步棋。

薩貝遜辯解，對手實在比他強太多了。「他的棋技很厲害，下棋選擇的策略也很強。」他略帶哀怨地說道。

兩秒鐘的思考

「讓我瞧瞧。」伊莉莎白說。她拿起白棋，開始在棋盤上重現比賽。她用白棋擺出對手的棋步，而薩貝遜則用黑棋重擺。薩貝遜和對手一開始都先出動士兵，然後白棋的騎士很快擺出陣勢，那是叫作「卡羅-卡恩防禦」（Caro-Kann）的開局法。這個開局法，薩貝遜曾在西洋棋課演練過不下數十次。然後對手意外地將一枚騎士往後退到某個方格，讓兩枚騎士同時攻擊一枚士兵。緊張的薩貝遜將另一枚士兵移上前想要防禦，卻落入敵人的陷阱，對手一下就用騎士吃掉來防的士兵。開局才走了 4 步，薩貝遜就折損了一枚棋子。

伊莉莎白盯著薩貝遜。「你走那步前想了多久？」

「兩秒鐘。」

伊莉莎白瞬間沉下臉。「大老遠帶你過來，不是要你一步棋只想兩秒鐘。」她的語氣尖銳，薩貝遜低下了頭。「薩貝遜！」他抬起頭來。「你太糟了！如果你繼續這樣下棋的話，我就讓你退賽，週末剩下的時間你就給我坐在這裡低頭思過好了！才

想了兩秒就出手，思考時間太短了！」她的聲音稍微軟化一點。「你聽好，如果你犯了錯，那不要緊。可是你竟然連想都不想？這問題就嚴重了。我看到你這麼散漫、這麼不小心，我覺得非常、非常失望。」

伊莉莎白猛然一陣脾氣來得快去得也快，她重新擺白棋，開始檢討薩貝遜的比賽。「很好，」當他的士兵逃出危險時她評論道：「非常聰明。」這次他吃下了對手的騎士。兩人就這樣一步一步檢討下去。薩貝遜下得好的地方，伊莉莎白會誇獎，棋步不盡理想時就要他重新想一遍，而且時時提醒他慢下來。「這場比賽有些地方非常棒，不過你常常突然冒失前進，然後就犯下很笨的錯誤。只要你不再犯這種錯，一定可以表現得很好。」

318 中學：全美最強的棋隊

我在 2009 年冬天初次見到伊莉莎白。那時我剛在紐約時報上讀到，她指導的棋隊在前一年冬天的全國 K12 校際錦標賽大放異采。根據紐時的棋賽專欄作家迪倫・麥克蘭的報導，318 中學是聯邦教育部依照「1965 年初級與中等教育法」的內容所定義的「第一類學校」，也就是說，校內 60% 以上的學生來自低收入家庭。但在那次比賽中，伊莉莎白的學生卻打敗了來自私立學校與跨學區招生的公立學校的富裕學生。

這篇報導引起了我的興趣，但老實說，我心中還是存著懷疑。好萊塢製作人與雜誌編輯最喜歡低收入戶家庭的孩子在棋

賽中打敗有錢人家小孩的故事，但若是仔細檢視這些故事，往往發現實情不如想像中勵志。有時窮孩子贏的只是無關痛癢的比賽，有時這些比賽規定程度太高的學生不能參賽；有時贏得比賽的窮孩子原來並不普通，讀的是經過測驗才能入學的資優學校，或有時他們原來是來自亞洲或東歐的新移民，而非家中長期貧困的非裔或拉丁裔學生。2005年就發生過這樣的例子：《紐約雜誌》刊了一大篇讚譽有加的報導，細述摩特霍爾學校（Mott Hall）的棋隊（又稱「哈林區黑騎士」）如何過關斬將：一群10到12歲來自華盛頓崗、英伍德、哈林區的勇猛小將，一路挺進納什維爾的全國大賽。這些孩子的確表現不錯，在六年級組拿到全國第2名，但他們參加的卻是積分千分以下的組別。換句話說，對手的積分全在一千分以下，而一千實在不算高分。另外這些學生進摩特霍爾學校前必須經過入學考試，換句話說，他們的資質本來就在平均以上。而這個棋隊名義上雖然來自哈林區，卻只有一名非裔選手。其他選手幾乎全部都出生在科索沃、波蘭、墨西哥、厄瓜多、中國。

　　所以在某個1月的早上，我前往拜訪318中學，當時還以為會遇到類似的狀況。但我錯了。棋隊成員背景各個相異——有幾個白人和亞裔小孩，但大部份選手都是非裔或拉丁裔，成績最好的選手則都是非裔。就我所見，這裡的學生雖然沒有像第一章所敘述的芝加哥芬格高中的學生，背負著沉重的包袱，但校內的學生有87%有資格接受聯邦午餐補助，難怪該校列名「第一類學校」。318中學位於南威廉斯柏格區，最知名的校友

是饒舌歌手傑斯（Jay-Z），傑斯本人則是在附近的瑪西公營住宅區長大。棋隊也反映了校內學生背景：學生大部份來自艱難度日的工人家庭，大部份家長都有工作，但是不曾受過大學教育。

接下來兩年裡，我時常回到 318 中學，在教室旁聽他們上課，陪棋隊在紐約市各處參加棋賽與俱樂部比賽，瀏覽伊莉莎白的部落格，關心小棋士的動態。同時，我仍舊努力想弄清他們到底為何成功。事實擺在眼前，在棋賽中獲勝的一向是有錢人家的孩子──或者說得更準確一點，除了有錢人家的孩子，還有參加過資優學校入學考試、認知能力高人一等的孩子。看看 2010 年奧蘭多校際錦標賽各年級的優勝隊伍就知道了。這場比賽的時間是在薩貝遜參加的哥倫布市錦標賽前幾個月，優勝名單如下：

幼稚園組　　橡園學校，位於佛羅里達的私立學校
一年級組　　科學核心學院，位於紐澤西的私立學校
二年級組　　道爾頓學校，位於紐約市的私立學校
三年級組　　杭特學院附小，位於紐約市，需通過入學考試的學校
四年級組　　科學核心學院與史都爾霍爾男童學校平手，後者是位於紐奧良的天主校學校
五年級組　　雷格納特小學，位於加州的公立小學，當地是蘋果公司與幾十家軟體公司的總部

九年級組　聖班尼托退伍軍人紀念學院，位於德州南部的
　　　　　公立學校，學生大多來自拉丁裔的低收入家庭

十年級組　賀瑞斯曼學校，位於紐約市的私立學校

十一年級組　索羅門‧薛特學校，位於紐約市郊區的私立學
　　　　　　校

十二年級組　布朗區科學學校，位於紐約市，須通過入學
　　　　　　考試的學校

　　換句話說，除了九年級組聖班尼托學院這匹黑馬之外，所
有年級的優勝隊伍都來自私立學校、需經入學考試的學校、教
會學校，或是有一堆蘋果工程師子女的學校。

打敗所有全美最佳私立學校

　　不過，中學組的優勝學校不太一樣。幾個國中年級組的優
勝名單如下：

六年級組　318 中學，來自布魯克林區的低收入公立學校
七年級組　318 中學，來自布魯克林區的低收入公立學校
八年級組　318 中學，來自布魯克林區的低收入公立學校

　　318 中學的學生不光在單一的年級裡獲勝，他們在所有可
以參賽的年級都拿下冠軍。被他們打敗的對手名冊，簡直就是
有錢人眼中全國最佳私立學校的清單：紐約市的三一學校、學

府學校、史賓斯學校、道爾頓學校、賀瑞斯曼學校；還有其他如波士頓、邁阿密、格林威治、康乃迪克等地的私立名校。更重要的是，上面所列的 2010 年戰果，並非曇花一現。318 中學 2008 年時也在三個年級當中奪冠（2009 年他們在六年級與七年級組獲勝，但以半分之差輸掉八年級組的冠軍。）

事實擺在眼前，沒有加油添醋或與想像不符的細節：318 中學擁有全美第一的中學棋隊。事實上我們幾乎可以肯定，318 中學棋隊不管在哪個年級都是全國第一。棋隊的名聲在近年水漲船高，甚至開始吸引附近優秀的小學棋士前來就讀，讓棋隊更添優勢。但 318 中學棋隊能夠屢戰屢勝，最重要的還是靠著伊莉莎白於棋士比賽後在休息室裡做的事：不厭其煩、逐步檢討比賽，將薩貝遜這種對棋賽一知半解的 11 歲孩子訓練成全國冠軍。

薩貝遜那天與伊莉莎白老師重新對奕時，下到第 35 步時已經完全從稍早之前的失誤恢復，並且明顯佔了上風。他的黑棋皇后深入敵陣，準備直取白棋的國王。白棋士兵上前阻擋黑棋皇后的攻勢，薩貝遜將皇后推前兩格，再次喊將軍。白棋國王往後退了一格，躲開黑棋皇后的進攻。

然後薩貝遜的皇后沒有繼續對白棋國王施加壓力，反而吃下現成的獵物：白棋的士兵。他再次忽略潛藏的危機：白棋城堡從另一頭吃掉了薩貝遜的黑棋主教，薩貝遜的優勢又開始消失了。

「你決定吃士兵？」伊莉莎白問：「拜託，沒有更好的棋

步可走嗎？」

　　薩貝遜什麼也沒說。

　　「為什麼不繼續將軍？」

　　薩貝遜盯著棋盤不發一語。

　　「想清楚。」伊莉莎白道。「我問問題的時候，你不必馬上回答，可是你的答案一定要正確。」

　　薩貝遜臉上突然浮出一絲微笑。「我可以吃白棋皇后。」

　　「做給我看。」伊莉莎白說。薩貝遜挪動棋子，說明給伊莉莎白看，只要他再追上去喊將軍一次，則不但能保住自己的主教，還能連打帶吃，逼白棋在認輸或損失皇后中做出選擇。

　　「就是這樣。」伊莉莎白的語氣不帶情緒，一邊將棋子擺回薩貝遜輕率吃下白棋士兵的狀況。「我們回到這一步，你仔細想想，如果你走這一步的話──」她依照之前的棋步，讓薩貝遜吃下白棋士兵。「你就輸了比賽。但如果你走的是這一步──」她將薩貝遜的黑棋皇后追上去攻擊白棋國王，「你就贏了。」她往後靠在椅背上，緊緊盯著薩貝遜：「輸棋傷心沒有關係，你本來就該覺得難過。你很有天份，可是你應該慢下來，多想一下。現在距離下場比賽還有……」伊莉莎白看看錶，「……4個小時，換句話說，你有4個小時可以反省你輸給上一個對手的原因。」她敲敲棋盤。「就是這一步，你本來可以慢慢思考，但你卻沒有做到。」

2. 帶領孩子弄清犯錯的原因

1997 年 5 月 11 日，在曼哈頓市中心的「公正大樓」裡，從 1985 年一直保有棋王稱號的蓋瑞 · 卡斯帕洛夫（Gary Kasparov）與 IBM 工程師設計的電腦西洋棋程式「深藍」（Deep Blue）決戰。在 6 場對戰中的最後一場，棋王下了 19 步以後認輸。這是棋王 6 場比賽中的第二敗，前幾場比賽的成績為一勝一敗三和。換句話說，在這個系列對戰裡，棋王輸了。更重要的是，他失去了紐約時報記者在比賽中為他取的別號：地球上最會下棋的個體。不管是棋界還是其他領域，棋王落敗的消息讓大眾深感震驚，大家紛紛焦慮地討論人類該何去何從（《新聞周刊》在比賽前幾天報導相關消息時，封面標題為「人腦的最後防線」）。

在沉重的賽後記者會上，棋王說他因失敗而感到羞恥，也對深藍強大的棋力感到不解。「我只是血肉之軀。」他哀嘆：「當我看到完全無法理解的事物時，我感到恐懼。」

思考方式會影響表現

對許多人而言，深藍的勝利不僅意味著人類的下棋能力遭到挑戰，更代表我們這個物種的獨特智慧遭到質疑，感覺簡直就像海豚也能夠譜寫出完美的交響曲。事實上，棋力高低一直被視為聰明才智的指標，一個人越聰明，西洋棋就下得越好，反之亦然。英國西洋棋國際大師強納森 · 賴維（Jonathan

Levitt）於 1997 年曾出版《西洋棋天才》（Genius in Chess）一書，裡面提出一個計算智商與棋力的數學公式，也就是「賴維公式」：

$$Elo \sim (10 \times IQ) + 1000$$

Elo 指的是棋士的比賽積分。賴維在解釋公式時指出，積分是棋手「經過多年比賽或訓練後」可達到的最高分數（Elo 後面的奇怪小曲線代表「大約等於」）。所以根據賴維的計算，如果你的智商是屬於普通的 100，你的棋賽最高積分大概會是 2000。智商 120 的話大概能讓你拿到 2200 分，其餘依此類推。國際大師的分數通常都在 2500 分以上，根據賴維的公式，這代表他們的智商至少有 150，達到天才的水準。

但不是所有人都認同棋力與智商是直接相關。年輕的蘇格蘭國際大師，強納生・羅森（Jonathan Rowson）寫過幾本極具爭議性的西洋棋著作，他對賴維公式的評語是「完全搞不清楚狀況」。羅森主張，下棋最重要的天份不是智商，而是情緒與心理素質。他在《下棋的七宗原罪》（The Seven Deadly Chess Sins）中寫道：「有關西洋棋的學術研究，大部分都錯失真正的重點，那就是棋手思考與感受的方式。學者誤以為下棋只是純粹的認知活動，棋士在衡量棋步或解讀戰況時，只以心理模式與推論為基礎。」但事實上，他在書中表示，如果你想成為優秀棋士，或至少棋下得還不錯，「認清、控制情緒的能力跟思考方式一樣重要。」

教學生養成思考習慣

在 318 中學教西洋棋課，或是在中學錦標賽之類的場合為學生做賽後檢討時，伊莉莎白的確會傳授特定的下棋技巧，像是如何分辨斯拉夫交換開局（exchange Slav）與半斯拉夫開局，以及如何比較主教在白格與黑格的優勢等等。但我在屢次觀察中發現，她所做的事其實更單純，但也更複雜：**她指導學生新的思考方式**。她的教學法跟前一章提到的「後設認知」策略有關。總之對我而言，伊莉莎白的理念似乎跟神經科學家對「執行功能」的研究密切相關。執行功能是指高階的心智能力，有些科學家甚至將這些高階心智能力比喻為大腦的控制塔台。

跳脫框架思考

執行功能最重要的兩種能力，就是認知彈性與認知自我控制。認知彈性就是跳脫框架思考的能力，能夠超越不熟悉的狀況，找出問題的變通解法。認知自我控制則是能夠阻斷直覺或習慣性的反應，改用更有效、卻比較沒那麼習以為常的反應來應對。這兩種技巧都是伊莉莎白訓練學生時採用的核心思想。根據伊莉莎白的說法，想在棋賽中獲勝，就必須特別強化「發現新想法」的能力：自己是不是忽略了哪一步特別有創意的獲勝下法？自己是不是忽視了對手特別犀利的某個殺手式棋步？伊莉莎白也教學生抗拒眼前特別迷人的誘惑，因為那種棋步最後往往造成大麻煩（就像薩貝遜體會到的）。「教下棋，其實就是教學生思考習慣」。某天我到她的教室拜訪時，她對我解釋：

「也就是教他們如何瞭解自己的錯誤,如何更清楚自己的思考過程。」

伊莉莎白成為全職西洋棋教師前,是在318中學帶八年級的英文榮譽班。她說自己教起英文「奇慘無比」。她教作文的方法,就像帶著薩貝遜分析棋賽那樣:學生交作業後,她和學生一一檢討每個句子,問學生:你確定這是表達這個想法最好的方式嗎?「學生看我的眼神,彷彿我是個瘋婆子,」伊莉莎白告訴我:「我會寫長篇大論的信給他們,討論他們的作文,往往一整晚才改六、七篇作文。」

分析錯誤,考慮其他因應之道

伊莉莎白的教學方式未必適合英文課,可是教英文的經驗卻讓她更瞭解自己想怎樣教西洋棋。她不再預先安排全年的進度,反而邊上課邊決定接下來的課程,上課內容則依據學生已經知道哪些事、還不知道哪些事(這點或許更重要)來安排。舉例來說,她會帶學生參加週末棋賽,若在比賽中發現許多人沒有好好防禦,棋子被對手輕易吃下,那接下來的週一她就會以如何防禦為主題,在掛在教室前方的綠毛氈練習板上檢討比賽,回顧學生出錯的棋局。她會單獨與參賽的學生和全班一次又一次檢討比賽,分析棋手在哪些地方犯了錯,原本還有哪些棋步可走,如果走了較佳的棋步會如何,再考慮不同的因應之道會帶來什麼發展,模擬幾步後再回到原來出錯的棋步。

這一套流程聽起來很合理,但不管在教棋或學棋上,都是

罕見的作法。「把注意力集中在自己的錯誤上是很難受的，」伊莉莎白告訴我：「所以大家學棋時通常都只讀相關書籍。這樣做很有趣，也帶來心智刺激，卻未必能提升技巧。如果你真的想增進棋力，就得檢視自己的棋局，弄清楚自己是哪裡錯了。」

承擔失敗，但不要過分自責

伊莉莎白說，這種過程有點像是心理治療：回顧自己犯的錯誤（或是不斷重犯的錯），弄清自己為什麼會犯這種錯。她就像最棒的心理醫師一樣，想辦法帶領學生走過一段艱難的道路，要他們承擔犯錯後的責任，從中學習，但不要因錯誤而耿耿於懷或過度自責。「當一切情況都在控制中的時候，孩子不太可能感受到失敗。」伊莉莎白告訴我：「可是輸掉棋賽算是例外。他們知道，這件事怪不了別人，只能自己負起全責。他們有獲勝的全部條件，卻還是輸了比賽。如果這種事只發生一次，你總是可以找到藉口，或從此忘了這件事。但失敗若成為生活的一部份，每個週末都可能發生，你就必須找到方法，將自己與失敗或錯誤區隔開來。我試著教給學生：輸棋只是你做的一件事，而不是你這個人的一部份。」

3. 下棋狂熱份子

　　當然，要孩子要以正面態度看待失敗，要他們在挫折中保持信心，這說來簡單，但如果失敗的那個人就是你，情況就不同了。伊莉莎白自己的棋藝非常高段，儘管這幾年來她專心投入教學，排名稍有下滑，她仍是全美排名前 30 名的女棋士之一。但正如大部份的下棋高手，她也常常輸棋，每次輸棋就上部落格發洩情緒（在美國的西洋棋界，部落格算是一個很低調、卻極受歡迎的消息來源與發言管道），把自己痛罵一頓，每個網友都看得到。「我真是個愚蠢智障噁心腦殘的笨小鬼。」她在2007 年輸給某個俄國大師後寫道：「這麼簡單的棋步，難道我算計不到嗎？我恨透我自己了。」

自力精通各個學科

　　伊莉莎白 4 歲時從父親那兒學到基本棋步。升上六年級，她在北卡羅萊納州大城雷利市的中學參加課後棋隊，自此時開始接觸棋賽。她熱愛新的環境──不光是因為她擅長下棋，更因為下棋給她帶來從未體會過的歸屬感。參加棋隊之前，她是個不擅長交際的孩子，但現在她突然發現在棋隊中，自己不再顯得格格不入。「我記得，自己找到了快樂，整個人也放鬆下來。」伊莉莎白告訴我：「因為我棋藝很強，其他孩子對我很好，大人也把我當成能夠獨立思考的人對待。我的人生中也首度覺得一切變得光明起來。」她的積分很快就超過了指導老師。

令她驚訝的是，她發現自己不需要老師的幫助就能進步，她可以自行研究棋藝。後來她心想，如果她可以教自己下棋，那她也能教自己數學或其他任何科目。她自己精通各科的能力，完全是透過下棋所啟發出來的。靠著這個能力，她熬過了她口中那間「糟糕透頂的高中」，順利進入名校杜克大學，後來轉到紐約市的哥倫比亞大學。先是主修數學，幾年後轉修英語文學。

畢業後伊莉莎白留在紐約，進入非營利組織「校園西洋棋」擔任老師。從 1986 年起，這個組織就安排像伊莉莎白這樣的西洋棋高手，到市內的低收入公立學校教棋，每週好幾個小時。伊莉莎白在學校巡迴教了幾年，但她最喜歡 318 中學。2006 年開始，318 中學的校長聘她為全職西洋棋教師，兼任校內棋隊指導。

2005 年夏天，伊莉莎白一時興起，跑到鳳凰城參加高階西洋棋公開賽。在這之前幾年，她下棋不算認真，卻驚訝地發現自己在那次高階棋賽當中成績優異，竟拿到女子組最高分，自動取得參加隔年春天全美冠軍賽的資格。她明白自己還差得遠：取得參賽資格的男女選手共有64名，全都是國內最優秀的棋士，而她是積分最低的數人之一。於是她卯起勁練棋，每週練習 5 天，一天練 3 到 4 個小時，有時甚至熬夜看公開賽，或是在線上西洋棋俱樂部連下好幾小時。這下她的棋力突飛猛進，最後在全美冠軍賽的成績也很強，雖然不是前 10 名，但也令人不敢小覷。

專注執著的歲月

從此她下棋的熱情持續高漲，就像在中學時期一樣，西洋棋已經佔據了她整個人生。她白天整天教棋，晚上整晚下棋，不下棋的朋友她就不聯絡，其他生活中的責任與聯繫也慢慢淡去。她在部落格上寫道，「下棋是我唯一有感覺的時候。在其他時間，除了少數時刻外，我幾乎完全麻木。」

伊莉莎白越來越抽離下棋以外的世界。她原本就有點憂鬱，性情又古怪，現在因為與人隔絕，這些特質變得更加明顯。有一天，她在部落格上有點害羞地宣布，她上個禮拜五去約會：「約會進行到一半，他用手環抱我。我心想：『哇，我好久沒跟人類有肢體接觸了。』不過我也實在很厲害，因為我沒把這番話對他說出口。我考慮了好久，本想跟他實話實說，後來才及時想到：一般人約會的時候應該不會說這種話吧。」

然後在 2009 年的聖誕假期，她和 318 中學一位美術老師衝動來了趟加勒比海浪漫之旅。他名叫強納森，高大英俊，有地中海人的深刻輪廓與長長的黑髮，她之前就常從教師休息室遠遠看著這位男士讚嘆不已，卻一直以為自己配不上他。兩人旅行到了巴哈馬，正式墜入愛河，4 個月後開始同居，到了 2010 年秋天，他們已經訂婚了。

強納森完全不會下棋。伊莉莎白發現自己因為常跟他在一起，對下棋的熱情也降溫了。她並沒有完全放棄西洋棋——她白天還是整天教棋，禮拜六也還是帶著學生參加校際比賽——但現在她的休閒活動不再是下網路西洋棋，而是騎腳踏車、吃

美食、探索生活週遭地區、與未婚夫討論未來。從我的觀點來看，伊莉莎白這樣的轉變似乎對她有利，因為伊莉莎白雖然整天下棋，但這樣並沒有讓她更快樂，可是自從認識強納森，跟他相處之後，她快樂多了。不過，從伊莉莎白自己的觀點來看，新生活到底是不是比較快樂，答案沒有這麼簡單。她的積分最高經曾衝到 2170，自從與強納森交往後，積分跌到 2100 以下。她常常談到自己想再次認真練棋，參加更多比賽，拉高自己的排名。理智上她知道，現在的她，比起以往全心下棋的時候快樂多了，但她還是告訴我，她很想念那些鬱鬱寡歡、專注執著的日子。

4. 有時候要對小孩說狠話

　　伊莉莎白工作最核心的部分，就是要保持一種非常困難的平衡：一方面她要建立學生的信心，讓學生相信他們自己可以打敗強大的對手，可以在極為複雜的比賽得勝；另一方面，她的工作要求（加上她的人格特質）使得讓她大多數時候都在指正學生哪裡犯了錯。事實上，所有賽後檢討都是同一回事：「你以為自己下了一步好棋，但是你錯了」。

　　「我一直都在掙扎。」有一天我到她的教室拜訪時，她告訴我。「天天如此。這是我身為老師最大的焦慮來源之一。我覺得自己對這些孩子太兇了，有時我非常痛苦。回到家以後，

我對每個孩子說過的每句話都會在我腦海中出現，我會覺得：
『我在幹什麼？我會毀了這些孩子。』」

讓孩子有奮鬥的理由

2010 年全國女童錦標賽結束後（318 中學獲勝了），伊莉莎白在部落格上寫道：

剛開始的一天半情況很糟。我整個人大暴走，檢討每場比賽的時候態度惡劣到爆，不斷對著那些疏忽防禦或不知為何移動棋子的 11 歲小孩怒吼：『太不像話了！』我還對這些孩子說了好多狠話，例如：『你會數到 2 吧？那怎麼會看不出這一步？』還有『你要是再不用心，乾脆退出棋隊算了。你在浪費大家的時間。』第 3 回合快結束的時候，我覺得自己簡直就像虐待狂，我實在很想停止說真話，當個虛偽的好好小姐就好了。但是到了第 4 回合，每個人的比賽時間都超過 1 小時了，開始下得比較好了。我覺得，別人看我們每年都輕易贏得女童賽，其實背後的原因就在這裡：大部份人不會責備一群已經 10 幾歲、懂得表達自己意見的小女孩，說她們太懶惰、表現令人無法接受。但小孩子有時就需要聽這種話，否則他們沒有奮鬥的理由。

我對好老師（尤其是窮學校的好老師）如何與學生互動，心裡已經有了一種既定的刻板印象，可是伊莉莎白的行為常常打破我的這種印象。我承認，在遇見她之前，在我想像中，窮學校的西洋棋老師就該像電視電影〈南布朗區騎士〉（Knights of the South Bronx）裡的泰德・丹森那樣。這部勵志的電影中，丹森帶著一群來自貧民窟、衣著破破爛爛的孩子，打敗了傲慢自負的私校富家子弟，而且他在片中不斷擁抱學生，發表勵志演說與人生大道理。伊莉莎白完全不是這樣，當然，她對學生全心付出，非常關心他們，但她不給學生擁抱，而且學生若是輸了棋垂頭喪氣，她很少會走過去安慰他們。扮演溫情角色的人，是 318 中學副校長約翰・蓋文。蓋文常常跟著棋隊參加校際比賽，與伊莉莎白共同指導學生。伊莉莎白說，蓋文的情緒智商比她高多了。

老師的責任像鏡子

「我當然跟很多孩子的感情很好，」有次比賽中伊莉莎白告訴我：「但我認為，身為老師，我的責任比較像鏡子，我跟孩子們討論他們在棋盤上的行動，幫助他們思考，這對孩子來說是珍貴的禮物。他們很努力在下棋，你必須和他們一起正視結果，而不要把他們當成小孩哄。孩子很少得到這種對待，但根據我的經驗，這才是他們真正需要的待遇。我愛他們的方式不是對他們仔細呵護，因為我不是那種人。」

要給青春期的孩子另一種意外的經驗

包括麥可・明尼（Michael Meaney）與克蘭希・布雷爾（Clancy Blair）等著名學者都證明，嬰兒如果想發展出堅持與專注的能力，就需要照顧者提供高度的溫情與呵護。但伊莉莎白

的教學成功，似乎指出了新的方向：等孩子成長到青春期初期，最能激發他們的不是柔情似水的關懷，而是另一種截然不同的關注。如果想刺激中學生跟伊莉莎白棋隊的學生一樣全神貫注、不遺餘力地練習，就要給他們另一種意外的經驗：有人認真對待他們，相信他們的能力，逼他們挑戰自己的極限。

別急著反應，先檢視自己

在我最積極採訪 318 中學那幾個月當中，我不但觀察他們如何準備參加在俄亥俄州哥倫布市舉辦的比賽（就是小棋士薩貝遜失誤的那一場），同時間我也花了不少精神在 KIPP 學校，觀察那裡的品格成績單。在搭著地鐵往返這兩校之間，我有不少時間思索。我比較伊莉莎白訓練學生下棋的方式，還有 KIPP 的行政人員如何與學生討論每日的情緒危機與失控行為。你大概還記得，前一章提到 KIPP 學務主任湯姆 · 布朗賽爾說過，他認為自己採用的方式類似認知行為療法，當學生情緒失控，陷入一時的焦慮與情緒混亂時，他會鼓勵他們進行宏觀思考——許多心理學家稱這種思考方式為後設認知，運作地點在大腦前額葉。他會要學生慢下來，檢視自己的衝動，思考是否有更具建設性的方式來處理情緒，而非對老師大吼大叫，或是在操場上和別的同學有肢體衝突。

伊莉莎白的賽後檢討也是基於同樣的道理，只不過更加形式化。318 中學的孩子跟 KIPP 的學生一樣，面臨的挑戰同樣是要去仔細檢視自己的錯誤，檢討自己為何會犯錯，好好思考原

本還可以怎麼做。不管你如何稱呼這種教學法,叫它認知療法也好,或泛稱優秀的教學也好,總之它對於改變中學生的行為,有卓著的效果。

自我檢討有助於人格特質的塑造

但這種技巧在當今的美國學校其實相當罕見。如果你認為學校或教師的任務只是傳遞知識,那就似乎沒有必要逼學生進行嚴厲的自檢討。但若是想幫助學生塑造品格,那光是傳遞知識是不夠的。雖然伊莉莎白從來不將「品格」這個詞用在自己的教學上,但她在學生身上培養的技巧,其實與 KIPP 創辦人列文、河谷鄉村學校校長蘭道夫所強調的品格有許多重疊之處。日復一日,我在教室與比賽中,看到伊莉莎白教導學生毅力、好奇、自我控制、樂觀有多重要。

有幾次,我甚至看到她以分析的方式教學生社交技巧。9 月裡有一天,我和伊莉莎白及 318 中學棋隊一起參加「校園西洋棋組織」在中央公園舉辦的大型戶外棋賽。當天很熱,我和伊莉莎白一起坐在公園裡畢士大噴泉下的石階上。一個學生悶悶不樂走過來找她講話。那是七年級的阿傑,有著深色皮膚,短頭髮,戴著資深歌手艾維斯‧卡斯特羅式的黑框大眼鏡。我知道阿傑有社交障礙,在同學開玩笑和喧鬧的場合常常不知所措,老是誤解身旁發生的事。那天他結結巴巴地傾訴自己的不滿:一個剛從 318 中學畢業的學生羅恩放話要打阿傑耳光,阿傑希望伊莉莎白老師幫他想想辦法。

「他為什麼要打你耳光？」伊莉莎白問道。

阿傑吞吞吐吐地解釋：他帶著橄欖球去公園，在比賽空檔時和其他男孩丟球玩。後來阿傑覺得熱了，想去喝點水，決定把球一起帶著去。當他抓起球，朝飲水機走去時，他覺得自己聽到有個男孩叫他「賤人」。他認定罵他的是羅恩，但羅恩說不是他。

「羅恩說：『你少這樣跟我講話。』」阿傑用很受傷的語調告訴伊莉莎白：「他說：『我一定會賞你巴掌。』我說：『有種就試試看。』他想衝過來打我，但被其他人架住了。」換句話說，這是青春期男孩典型的爭吵：衝動、荷爾蒙衝腦、堅持自己沒錯。但實在有點無聊。

伊莉莎白沒有選邊站，也沒有拿「好好相處」這種老套安慰阿傑，反而開始以分析棋賽的方式檢討過程。

「我來看看我說得對不對。」伊莉莎白說著，一面舉手遮陽，看向阿傑。「他想打你，因為你叫他有種就試試看，對嗎？」

「沒錯。」阿傑答道，有點不知所措。

「你想想，如果羅恩真的沒罵你，但你卻對他放話，他會怎樣？他一定很火，對吧？」

阿傑無言地盯著她，看起來有點像痛失主教、正被老師狂K的薩貝遜。

「另一個問題，是你帶的那顆球。」伊莉莎白繼續說：「你要知道，如果大家正在玩球，你卻把球拿走，沒有人會高興的。你是不是不希望，你去喝水時別人繼續玩你的球？」

「不希望。」

「好啊，那你也必須瞭解，如果你不信任別人，別人也就不想當你的朋友。」

阿傑看起來頗感挫折。「當我沒說。」他說完就走開了。

如何不要再犯愚蠢的錯誤

其實我在幾個月前就看過阿傑與伊莉莎白之間類似的對話，當時我正坐在伊莉莎白的教室裡，跟她談論西洋棋，阿傑走進來訴苦：他說了一句髒話提到其他孩子的娘，那個孩子也用髒話罵他。

起初我還以為阿傑是來找老師求助，或是要老師替他伸張正義，去懲罰另一個孩子。但是目睹中央公園那一幕後，我突然明白，阿傑之所以來找她，就跟他輸了一場原本佔上風的比賽，或是在棋局中平白失去皇后時一樣：他想知道如何不要再犯下愚蠢的錯誤，他想知道如何好好念完中學，受其他孩子歡迎，一如在一場複雜無比、有太多棋子同時移動的比賽中進步一樣。

5. 天才小棋士的故事

俄亥俄州的哥倫布市棋賽開賽前一天下午，我碰到伊莉莎白。那天她心情很好，看起來睡得很飽，穿著筆挺的白襯衫和

手工條紋長褲，在旅館房裡吃橘子、喝香料奶茶，和幾十個擠在房裡的學生複習西洋棋教材。比賽開始後，她越來越不修邊幅，頭髮一天比一天亂，眼神也越來越呆滯。對她而言，國中冠軍賽是一年裡最重要的比賽。「我覺得這是我一年工作的總驗收。」她那天下午跟我說：「我一年裡做的每件事，都是為了在這場比賽中好好表現。」所以她整天坐在會議室裡灌咖啡，吃速食，擔心學生的比賽。

318中學共參加5個組別的比賽，而伊莉莎白最看重的是K-8公開賽與K-9公開賽（公開賽代表任何積分的棋手都可參加）。參加K-9的學生年紀最大是九年級，但許多教練認為這級的競爭不如K-8激烈（參加K-8的學生最大是八年級），因為參加K-9的國中棋隊較少。即使從來沒有學校在同一年同時贏得K-8和K-9，而且318中學也沒有九年級，不過伊莉莎白依舊認為她的棋隊在兩個級別都有獲勝希望。

陣容堅強的棋隊選手

她的隊伍在賽事中表現出色，因為（套句籃球教練的術語）她的「板凳陣容堅強」。大部份私立學校或需要考試才能入學的學校，都擁有數名非常出色的選手，不僅出身富裕家庭，而且從小接受私人教練培訓。318中學沒辦法吸引到這些得天獨厚的學生，不過由於西洋棋文化深植於318中學的校內活動中，所以伊莉莎白每年都能招收幾十名新生進入棋隊。這些孩子對西洋棋一無所知，卻有強烈的學習意願。伊莉莎白特別針對這

些孩子設計課程，在執教將近 10 年後，她已經發展出一套可靠的教學方法。這 2、30 個在六年級第一週加入棋隊的新生，到了八年級結束時，將被磨練成一群積分 1500 至 1600 的棋士，其中有幾個積分還可能達到 1800 或 1900。

很少有學生能達到 2000 分的水準，所以 318 中學很少贏得個人賽冠軍，但伊莉莎白有贏得團體冠軍的最佳策略。團體賽優勝的決定方法是，賽事中同一校表現最優秀的前 4 名選手之成績總和，多者為勝。伊莉莎白知道，在團體賽中，真正的關鍵不是排名第一的選手有多強，而是排名第 4 的選手程度如何。而在 318 中學，不論任何時候，都有 10 名以上的學生足以擔任校隊第 4 名。

318 中學的西洋棋冠軍

但在 2009 年秋天，賈斯特‧威廉斯這個孩子進入了 318 中學，校隊的組成開始變化。酷小子賈斯特住在布朗區，他沉靜、粗獷、有著黑皮膚，個子又高又壯。他說話輕聲細語，在陌生人前顯得害羞，但在 318 中學裡的他卻帶著沉著的自信——在 318 中學，身為西洋棋冠軍，比當個校園惡霸更令人尊敬，而全美這樣的學校寥寥無幾。賈斯特從小學三年級開始透過「校園西洋棋」組織學棋，那時他就讀南布朗區的公立小學。他的指導老師很早就發現賈斯特深具潛力，他渴望學習，而且專注力不同凡響。「校園西洋棋」更特別為他付費聘請私人教練，他的母親也深信兒子將來必有大成就，因此盡了一切努力幫助

他成長。賈斯特進入 318 中學唸六年級時,他的積分已經超過 2000,比伊莉莎白之前教過的學生都高出幾百分。事實上,這個分數已相當接近伊莉莎白自己。

雖然賈斯特無疑是六年級最佳棋士,同一屆入學的卻還有兩個經驗豐富的學生。一個是來自皇后區的俄國移民之子艾薩克‧巴拉葉夫,入學時的積分為 1500;另一人則是非裔的小詹姆斯‧布雷克,來自布魯克林區附近,從家裡附近的公立小學畢業時,積分為 1700。

搗蛋鬼小詹姆斯

伊莉莎白和小詹姆斯的感情尤其深厚,她在小詹姆斯唸國小時就認識他。儘管小詹姆斯現在的程度已與她棋鼓相當,但他卻認定是伊莉莎白老師幫助他把積分從 1700 提升到 2100 以上,這個進步幅度相當驚人。小詹姆斯瘦削、俊俏,留著三分頭,門牙不太整齊,大大的眼睛裡表情豐富,人際關係很活躍,最愛和同學開玩笑。當我拜訪伊莉莎白的教室時,常看到小詹姆斯在教室後頭一面自己下棋,一邊還大著嗓門給旁邊另一盤棋的同學出主意,教他們該走哪步棋,有時甚至自己伸手過去挪棋子。

小詹姆斯學棋的經驗跟賈斯特很像。三年級時,「校園西洋棋」到小詹姆斯的學校教棋,從此引領他進入西洋棋的世界。他在家會和爸爸一起下棋,他父親為了鼓勵小詹姆斯新找到的興趣,還到平價大賣場買了一整套棋具送他。老詹姆斯非常疼

愛這個兒子。他曾經告訴我，早在小詹姆斯還沒進娘胎前他就下定決心，不管第一個孩子是男是女，都要命名為小詹姆斯。

老詹姆斯在布朗區長大，高中成績不錯，但進大學後兩年輟學。他的夢想一直是加入海軍陸戰隊，只不過離開學校後在紐約連鎖超市的熟食區找到待遇不錯的工作，後來一直沒去從軍。過了將近 25 年後，老詹姆斯仍然待在超市，仍然是熟食櫃員工。

他 30 幾歲時，愛上了一位名叫東雅·克爾斯、一個帶著 3 個小孩的女人。從此老詹姆斯和東雅一家，以及他和東雅生下的小詹姆斯組成混合家庭。老詹姆斯告訴我，他原本希望繼子們可以給小詹姆斯當個好榜樣，但天不從人願；繼子中有一人在小詹姆斯還小時因販毒被捕，蹲了 3 年苦窯；另一人則因謀殺入獄，刑期為 20 年至終身。這些繼子們的惹是生非，讓老詹姆斯更加注意自己親生兒子的教育，他下定決心要讓兒子成功。「我對小詹姆斯說：『你哥哥們我管不了太多，但我能管你的可多了。我的任務就是塑造你的未來。』」老詹姆斯在學期開始時就這樣對我說。

小詹姆斯在 318 中學的表現並不穩定。他的成績大致還不錯，但在六年級的全州學力測驗裡，他的數學和閱讀在一到四的量表上只拿到二，換句話說，低於學年平均程度，屬於全市後段三分之一的學生。在學校裡，他是出了名的搗蛋鬼，六年級時常因上課搗蛋或對女同學口出穢言，被叫進校長辦公室談話。儘管他在學校常惹事，卻是個出色的棋士，每天練棋多達 6

小時，房間裡有一整面牆全是書櫃，上頭放滿厚厚的西洋棋戰術參考書。

6. 最高明的對手，最好的挑戰

俄亥俄州的哥倫布市棋賽開賽前 6 個月，我和小詹姆斯、伊莉莎白老師、318 中學其他幾個學生結伴前往馬歇爾西洋棋俱樂部待了一天。馬歇爾俱樂部位於紐約格林威治村一條綠蔭街道上，佔了一棟典雅連棟老房子的兩層樓。在許多棋士心目中，這裡是美國西洋棋俱樂部的聖殿，由 1915 年的冠軍棋士法蘭克‧馬歇爾創設，俱樂部會員包含許多美國一流棋士。這裡的氣勢非凡，在年輕小棋士看來更是懾人：天花板高高在上，宏偉的火爐，木質大桌散發出貴氣的光澤，牆上掛滿傳奇棋士傾身下棋的黑白照片，還有從 1930 年代以來，俱樂部正式晚宴的黃褐色團體照。

增進棋力的最好方式

伊莉莎白從杜克大學轉至哥倫比亞大學時還不滿 20 歲，她搬到紐約後，常在馬歇爾俱樂部消磨時間，在這裡參加週末舉辦的棋賽，沉浸在此處特殊的氛圍中。現在馬歇爾俱樂部每年提供 318 中學幾個免費會員資格，所以伊莉莎白大約每個月會帶一小群學生過來下一次棋。這裡和學生平常習慣接觸的下棋

環境完全不一樣。紐約市常見的週末校際棋賽場面都很混亂，幾百名學生和家長一起擠進某間公立學校，還有媽媽們擺攤發通心麵當午餐；棋賽通常只持續 1 小時，318 中學的選手大多獲勝，至少也下得不錯。不過，到了馬歇爾俱樂部，一場棋賽往往歷時 4 小時，而且對手的積分都遠遠在他們之上。這樣的環境對學生而言是充滿壓迫感，但是伊莉莎白提醒學生，增進棋力最好的方法就是和最高明的棋士對戰，就算被殺得片甲不留也一樣。

與國際大師對戰

在那個秋天下午，我看到小詹姆斯在馬歇爾俱樂部下棋，對手是烏克蘭出生的國際大師尤里·雷向（Yuri Lapshun），美國排名前 3、40 名的棋士之一。尤里是馬歇爾俱樂部 2000 年和 2001 年的冠軍；那裡的牆上掛著一個大看板，上面鑲有 1917 年以來歷年冠軍姓名，尤里的名字出現在相連的兩塊銅牌上。一場棋賽的兩位對手，往往呈現出古怪的組合，在馬歇爾俱樂部尤其如此。也許由一身哥德風打扮、滿臉憂鬱的少女對上戴眼鏡、留鬍子的數學怪胎；也可能由上了年紀、穿著花呢衣的怪老伯對上矮小的華裔男孩。

但小詹姆斯對戰尤里的組合仍然令人跌破眼鏡。年近 40 的尤里不光年紀是小詹姆斯的 3 倍，體重也比他至少重上 45 公斤。在 4 小時的比賽中，尤里大部份時間都對著棋盤吹鬍子瞪眼睛，靠著椅背，抓著濃密的後蘇聯風鬍子，粗壯的手臂交疊在份量

可觀的大肚子上。小詹姆斯則身子前傾，下巴靠在手上，彷彿快消失在灰色連帽運動衣與過大的牛仔褲裡。他有時會看看室內，然後眼光又看回棋盤，又黑又長的睫毛一眨一眨。對小詹姆斯來說，坐著不動是一件非常痛苦的事，他常常在比賽時起身到處走動，朝別人的棋盤探頭探腦，讓老師與教練大為吃驚。跟尤里比到一半時，他一度逛上二樓，碰見正和我說話的伊莉莎白。伊莉莎白氣得對他大吼，要他快回比賽房間去，還說他要是沒有好好坐著，她就要打電話給他爸爸。

比賽當天，尤里的積分是 2546，小詹姆斯的積分則是 2068。小詹姆斯在各方面都遠遜於對手，但不知怎地，那天在棋盤上卻超越了對手。早從第 6 步開始，小詹姆斯巧妙的戰術就讓尤里大吃一驚。到了第 30 步，在場觀戰的專家與大師全都心知肚明，小詹姆斯已穩佔上風。他在棋盤中間擺下密不通風的防禦陣線，完全阻斷尤里的攻勢。尤里陷入苦戰，不管他怎麼騰挪，都必然會失去棋子或戰略優勢。下到第 59 步時，尤里認輸了。

賽後，小詹姆斯到樓上與伊莉莎白進行賽後檢討。尤里風度極佳，與這對師生一起分析戰局，時不時還發出鬱悶的哀嘆，他濃厚的東歐口音讓他的發言聽來格外絕望。他會指著棋盤說道：「到這裡就沒望了。」隔了幾步後，又悲傷地搖頭：「就在這裡被幹掉了。」小詹姆斯逐步展示自己如何阻止尤里逃出他設下的致命陷阱，讓伊莉莎白大感佩服。小詹姆斯不但打敗了國際大師，而且從頭到尾都有超水準的演出。伊莉莎白告訴

他，他在這一戰表現了「高深的棋藝」。

打敗尤里，又在那年秋天擊敗幾名強敵後，小詹姆斯的積分竄升到 2150 以上。他的短期目標是達到 2200 分，這是棋士的一道重要關卡。當你拿到 2200 分後，美國西洋棋協會就會頒給你「全國大師」的認證。就在小詹姆斯打敗尤里前 1 個月，賈斯特剛在 9 月成為全國大師。事實上，他是美國史上最年輕的非洲裔全國大師。小詹姆斯的年紀比賈斯特小 5 個月，一度頗有希望打破賈斯特的記錄，但小詹姆斯隨即遇見瓶頸，1 月時他的積分甚至跌到只剩 2100，接下來又在 2100 出頭徘徊了幾個月。當小詹姆斯 4 月搭上巴士前往哥倫布市比賽時，他的積分停留在 2156，已經失去挑戰賈斯特記錄的機會。

7. 邁向顛峰之路

在哥倫布市的比賽中，帶著小詹姆斯檢討比賽的不是伊莉莎白老師，而是來自邁阿密的 23 歲競賽棋士麥登・普利蘭坦斯基。麥登是 318 中學的兼職助理教練，同時在大學修習特殊教育碩士學位。麥登對特教的興趣源自他本身的症狀——他小時被診斷患有注意力不足過動症（ADHD），小學與中學歲月過得相當辛苦，因為在上課或做作業時，他連持續幾分鐘的專注都辦不到。後來他找到了西洋棋。麥登告訴我，那是他第一次能夠專心做一件事。下棋需要好幾小時的耐心練習，對患有注

意力不足的人來說似乎是不可能的任務。但麥登說注意力不足
的人專心下棋,其實不如乍聽之下那麼奇怪。「很多注意力不
足的人渴望亢奮的體驗與強烈的刺激,」麥登解釋:「他們希
望投入某種可以沈溺在裡面的體驗。」在麥登眼裡,下棋是治
療注意力不足過動症的完美處方,只要一坐在棋盤前,他的症
狀便幾乎完全消失。

麥登在中學開始全力投入比賽,滿 18 歲不久後達到積分
2000。上大學後繼續下棋,還拿過一兩場冠軍,但棋力一直沒
什麼進步。2009 年大學畢業時,他的分數卡在 2100 左右,他很
想再進步,只是成績毫無長進。2010 年 1 月,他在佛羅里達州
的帕拉特卡鎮參加棋賽,原本已經快要獲勝,卻在關鍵比賽搞
砸了。那場比賽讓他大受打擊,而當他進行賽後檢討時,他發
現他的對手,一名高中生,其實並不特別高明——麥登是輸在
自己手上。他後來告訴我,那種感覺差勁極了,他恨透了當一
名二流棋士。

「想要」VS「選擇要」

在回邁阿密的路上,麥登讀了幾篇訪問國際大師的報導,
其中包括強納生 ‧ 羅森,那位寫書探討情緒與心理對棋士成就
影響的蘇格蘭國際大師。羅森的看法似乎正好敲動了麥登心裡
的一條琴弦,也呼應了安潔拉 ‧ 達克沃斯(第二章提到的心理
學家)的主張——「動機」與「自主決定」兩者之間的區別,
其實非常關鍵。羅森寫道:「談到企圖心時,最重要的是必須

去分辨『想要』或『選擇要』某樣事物。」羅森進一步解釋，如果你只是「想要」成為世界冠軍，就必然無法投入必需的努力。如此一來，你不但不能成為世界冠軍，更會因無法達成想要的目標而不快樂，隨之而來的是失望與懊悔。相反的，如果你「選擇要」成為世界冠軍（就像年輕時的卡斯帕洛夫一樣），「那你就能透過行為與決心彰顯你的選擇。你的所作所為都在昭示：『這就是真正的我。』」

這些文字啟發了麥登。2010 年 1 月下旬，麥登許下了遲來的新年願望：他要打破 2200 分的障礙。他花了將近整整一年研究西洋棋，排除了生活中其他一切活動（除了能體諒他的女朋友之外）。他不參加派對、不上臉書、不看體育頻道、不參加不必要的社交活動，只是一小時又一小時不斷練棋。（他說：「這就是真正的我」。）他的努力終於獲得回報：2010 年 10 月 10 日，他的積分首度突破 2200 分，他終於榮登全國大師的地位了。

我認識麥登時，他剛達成目標不久。當我聽他回顧之前深居簡出的那段時間時，最讓我驚訝的是他不但感到自豪，甚至覺得那段過程很愉快。我問過他，整天下棋，這樣子過了一年，有什麼樂趣可言呢？他回答：「最重要的是覺得自己心智上充滿了豐沛的創造力，這樣會帶來成就感。很多時候，我總覺得自己浪費了這顆腦袋，我沒有挑戰自己，也沒有逼出自己的潛力。但是在練棋、下棋、教棋時，我一點都沒有這種空虛感。」

麥登用了「創造力」這個字，讓我頗感驚訝。伊莉莎白也用過這個字，當時她正有點惆悵地告訴我，自從結婚成立幸福

家庭後，她就不再狂熱地徹夜下棋，這點讓她若有所失。她說：「我懷念那段充滿創造力的日子。」

人類獨有的體驗

真是奇怪了。我可以理解鑽研棋藝對他們而言深具吸引力，就像我能理解別人追求我不擅長的技藝，如畫油畫、吹爵士小喇叭、撐竿跳等。不過我雖然認同下棋是高尚又能鍛鍊心智的活動，我自己卻不太可能會用「創造力」一詞形容下棋。在我眼裡，棋士們根本沒創造過什麼東西。說來也巧，在羅森的訪談、也就是啟發麥登突破 2200 分那篇報導裡，這個問題也被提出來了。訪問者問羅森，他花了如此大量的心力成為國際大師，「卻沒有做更有意義的事，例如成為腦外科醫生之類的」，這樣會不會有點慚愧？羅森承認，「很多人認為下棋是百無一用的技藝，這個問題一直讓我覺得不自在……有時候我會想，我在棋道上花了成千上萬個小時，不管我個人從中得到什麼成長，這些時間卻好像可以用在其他更有意義的事上。」

羅森接下來為自己和其他棋士辯解。他從美感的角度出發，寫道：「下棋是深具創意又美好的事情，可以讓我們獲得許多人類獨有的體驗……下棋是對人類自由的讚頌，因為我們得天獨厚，可以藉由本身的行動創造自我。當我們選擇下棋時，便意味著我們重視自由，更勝於實用。」在羅森眼裡，在棋盤前對坐的兩名棋士其實在合力創造某種獨特的藝術品，兩人的棋力越高，創造的成果就越美。

精通需要一萬小時的「用心練習」

作家麥爾坎・葛拉威爾（Malcom Gladwell）2008 年的著作《異數》，讓瑞典心理學家安德斯・艾利森（K. Anders Ericsson）的理論引起世人注意。[1]他的研究指出，若想真正精通某樣技巧（不管是演奏小提琴，或寫電腦程式），都必須投入一萬小時的「用心練習」。艾利森的理論部份源自他對西洋棋大師的研究。他發現，世上沒有天生的下棋冠軍，如果沒有投入長時間的練習與研究，就不可能成為國際大師。他也發現，成績最好的棋士必須從小就開始下棋，事實上，在西洋棋歷史的演進裡，現在的棋士如果想達到最高境界成為冠軍，必須開始練習的年齡已越來越小。19 世紀時，你可以從 17 歲開始下棋，最後成為國際大師。但到了 20 世紀，14 歲以後才開始下棋的棋士從未有人成為國際大師。艾利森發現，到了 20 世紀末，成為大師的棋士平均開始的年齡是 10 歲半，而國際大師普遍從 7 歲開始下棋。

過早投入的負面例子

在棋界中最有名、也許算是個負面示範的「早期投入」實例，就是匈牙利心理學家拉茲羅・波爾嘉（Laszlo Polgar）家族。波爾嘉在 1960 年代出版了書名為《天才育成》（Bring Up

---

[1]有關安德斯・艾利森以及他的「用心練習」理論，可參看《安靜就是力量：內向者如何發揮積極的力量》（Quiet: the Power of Introverts in a World That Can't Stop Talking）。

Genius!）的著作，主張只要有足夠的努力，任何父母都可以將孩子改造成天才。撰寫那本書時，波爾嘉單身無子，還無法親身證實自己的理論。但他改變了自己的處境，贏得一位會說匈牙利語的外國語言教師之芳心。這位女士名叫卡萊拉，原本住在烏克蘭，但波爾嘉寫了許多信給她，詳述如何把每個孩子養育成天才的計畫，說動她搬到布達佩斯。

神奇的是，事情完全照計畫進行。波爾嘉和卡萊拉生了 3 個女兒，分別名為蘇珊、蘇菲亞、茱蒂。她們沒有上學，完全由波爾嘉在家教育，課程內容幾乎只有西洋棋——不過她們也學了幾種外國語言，包括世界語（Esperanto）。每個女兒都在 5 歲前開始學棋，很快就進展到一天下棋 8 到 10 小時。大女兒蘇珊 4 歲時贏得第一場棋賽，15 歲成為全世界排名最高的女性棋士。1991 年蘇珊 21 歲，成為史上第一名女性的國際大師。她的成功為父親的理論下了有力的註腳——天才不是天生，而是培養而來。

而且，蘇珊還不是家裡最會下棋的人。年紀最小的茱蒂棋藝最高段，15 歲那年就成為國際大師，打破美國人巴比・費雪最年輕大師頭銜的記錄。茱蒂的積分在 2005 年達到高峰，當時她在全世界排名第 8，積分高達 2735 分，現在茱蒂已是公認有史以來最強的女棋士。（排行老二的蘇菲亞棋力也相當高，最高積分為 2505，當時她是全球第 6 名的女棋士。這樣的成績到哪都令人肅然起敬，但在波爾嘉家除外。）

過度逼孩子，只會造成反效果

如果說波爾嘉家的故事令人不安，那麼加塔·卡姆斯基（Gata Kamsky）的故事就是令人毛骨悚然。卡姆斯基於 1974 年生於蘇聯，8 歲開始在爸爸的指導下學習下棋（卡姆斯基的媽媽在他還小時就已離家）。卡姆斯基 12 歲時就曾打敗國際大師，到了 1989 年，他和父親逃到美國，被安置在紐約布魯克林的布萊登灘一座公寓裡，投資銀行貝爾斯登公司董事長每年給他們 3 萬 5 千美元生活津貼，因為他相信卡姆斯基註定會成為世界冠軍。卡姆斯基在 16 歲成為國際大師，17 歲贏得全美冠軍。儘管年紀輕輕就成績傲人，但他成長的嚴苛環境卻引起更多人關注。在父親監督下，卡姆斯基每天在布萊登灘的公寓練棋 14 小時，他從來不上學、不看電視、不運動，也沒有朋友。他父親的火爆脾氣聞名棋界，常因兒子輸棋或犯錯對他吼叫、丟東西，據說還動粗威脅兒子的對手。

1996 年，22 歲的卡姆斯基完全放棄了下棋。他結了婚，從布魯克林學院畢業，唸了一年醫學院，然後從長島一間法學院拿到法律學位，卻沒通過律師考試。他的故事似乎在警惕世間的父母，從小揠苗助長，過度逼迫孩子，到頭來只是會造成反效果。

不過，卡姆斯基在 2004 年又重回棋界，先從馬紹爾俱樂部的小型棋賽開始參加，幾年後就超越他少年時的記錄。2010 年他再度贏得全美冠軍，距離他第一次贏得這個頭銜已經 19 年了。2011 年，他再次獲勝，目前為美國積分最高的棋士，世界排名

第 10。1 萬小時的練習顯然效果非凡——雖然以卡姆斯基的情況而言,他整個童年都在一天練棋 14 小時中度過,真正練習的時數可能在 2 萬 5 千小時以上——就連 8 年的空白也未能阻止他東山再起。

8. 極度專注時刻

　　每當伊莉莎白和其他的棋藝愛好者談起卡姆斯基和波爾嘉姐妹這些偉大棋士的童年,往往心裡五味雜陳。伊莉莎白等人一方面承認,如果整個童年都狂熱地投入同一種活動,若不能說是變態,至少也不太健康。但另一方面,他們總忍不住有些嫉妒:要是我爸爸當年也逼我一天下棋 10 小時,我現在該有多強啊!我第一次到伊莉莎白班上拜訪她時,她剛從某個高水準兒童棋營結束了一週的指導工作,花了 5 天幫一大群美國 9 到14 歲的優秀小棋士分析棋局。但她告訴我,這件差事一點也不好玩。「我覺得自己蠢極了。」她說:「我在那裡很痛苦,因為那些孩子的反應比我快多了,我甚至得請一個 9 歲小孩解釋棋局給我聽。」她說她真的曾一度溜出去,躲進廁所哭了一場。

　　我寫到這一章的時候,在辦公室的咖啡桌上放了一套便宜的西洋棋當參考。當時我兒子艾靈頓才 2 歲,他有時會晃進來,抓起桌上的棋子玩。這時我就會休息一下,教他不同棋子的名稱。他發現自己喜歡把棋子全部弄倒,在棋盤上排出有趣的圖

案。理性上我知道，艾靈頓對棋盤的興趣沒什麼了不起，就跟他喜歡玩我書桌抽屜裡的迴紋針一樣。但有時我發現自己忍不住想：嗯……他已經能分辨城堡和騎士的差別，才 2 歲而已呢，搞不好他是個神童！如果我現在就教他怎麼下棋，一天下個一小時，等到他 3 歲……

全心全意追求目標的體驗

雖然這番幻想很迷人，但我還是忍住了。我發現自己並不真的希望艾靈頓變成西洋棋神童，不過我接著反問自己為何這麼想，卻發現自己也說不出個所以然來。我的感覺是，如果艾靈頓一天下棋 4 小時（更別提 14 小時了），他會錯過其他的東西。但我又不知道我這種想法對不對。怎麼樣會比較好呢？是跟我一樣，在童年或一生中對很多事物都有一點興趣比較好？還是只對一件事有高度興趣來得好？我常和伊莉莎白辯論這個問題，而且我得承認，她口中專心一致的好處，的確很有說服力；事實上，她的論點總是讓我想起安潔拉 · 達克沃斯對毅力的定義，那就是自我紀律加上追求某個目標的決心。

「我認為，孩子若是能夠理解『全心全意追求目標』的感覺是什麼，他們一定能夠感到很有啟發。」某天在一場棋賽中伊莉莎白告訴我：「現在這些在下棋的小朋友，正在經歷一個會讓他們終身難忘的重大事件。最糟糕的童年是，日後回顧起來，只模糊記得自己去上學，回家就看電視。這些棋隊的孩子回顧童年時，他們至少會記得全國棋賽，記得下過的一場好棋，

或是自己曾經充滿腎上腺素，盡全力去比賽。」

心流：強烈感受到幸福、彷彿能控制一切的時刻

對外人而言，要完全瞭解棋道的魅力實在很困難。當伊莉莎白向我解說時，常引用心理學家米哈里‧契克森米哈伊（Mihaly Csikszentmihalyi）的研究。①米哈里曾在正向心理學發展早期與塞利格曼合作，研究所謂的「最佳心理狀態」（optimal experiences）。這是一個人一生當中極少數的時刻，當時會感到徹底擺脫世俗羈絆，自己可以掌握命運，完全投入當下。米哈里為這種極度專注時刻創造了一個詞：「心流」（flow）。他主張心流狀態最常出現在「一個人主動追求困難、或極具價值的目標，將肉體或心智逼到極限的時刻」。

像呼吸一般自然的心智集中

在早期研究中，米哈里訪問了西洋棋高手、古典舞者、登山人士，發現這3種人描述的心流狀態都相當類似。那是一種感受到強烈幸福、彷彿能控制一切的時刻。一名棋士告訴米哈里，在那樣的狀態下，「心智的集中就像呼吸一樣自然，你連想都不用想。就算屋頂垮下來，只要不砸在你頭上，你也不會發現。」（某個研究發現，在棋賽中，西洋棋高手的生理變化類似競賽中的運動員：肌肉緊繃，血壓上升、呼吸頻率是正常的3倍。）

如果你不夠擅長某事，就不可能體驗心流狀態──我在棋

盤前就從來沒有那種感覺。但心流對賈斯特和小詹姆斯這些孩子而言，卻是家常便飯。在一次聊天時，我問伊莉莎白，她是否覺得學生為了追求下棋，放棄了太多東西，但她看我的眼神像是我瘋了。「你這個問題忘了一件事，那就是下棋的感覺『非常美妙』。」她答道：「下棋令人感到喜悅，那是你最快樂、最像自己或是自己表現最好的時刻。別人很容易認定下棋讓他們失去其他機會，但我認為對賈斯特和小詹姆斯而言，再也沒有比下棋更棒的事了。」

9. 樂觀好，還是悲觀好？

　　很久以前心理學家便猜想，要精通棋藝，需要的不僅是智商而已。但時光悠悠過了一個世紀，哪些技能重要，大家仍不得其解。如果不完全是智商的關係，那為何會有西洋棋冠軍與平庸之輩的差別？第一位著手研究此問題的，是法國早年的心理學家阿佛瑞德‧比奈（Alfred Binet），他也是研發出智力測驗的先鋒。在 1890 年代歐洲棋界曾有一股流行熱，就是讓西洋棋大師矇著眼以寡擊眾的「盲棋」，這使得棋界人士和門外漢都深深著迷。比奈對那股流行大感好奇，想知道到底是怎樣的認

①米哈里也是著名的創意大師，他的「心流」理論可參見《安靜就是力量：內向者如何發揮積極的力量》（Quiet: the Power of Introverts in a World That Can't Stop Talking）。

知能力，造就這種特殊技能？他的假設是，盲棋大師的眼睛就像相機，可以把每盤棋局喀擦一聲拍起來儲存在腦中，憑著卓越的影像記憶來下棋。但當他訪問了幾位盲棋的選手後，便發現自己完全想錯了。盲棋大師靠的根本不是視覺記憶，而是棋型、棋步，甚至是當下的心情——根據比奈的說法，大師下棋時，「感官、影像、走法，以及對棋子的熱情都同時運作，意識也快速流動，真是千迴百轉的精彩世界。」

約 50 年後，到了 1946 年，荷蘭心理學家阿德里安·德葛魯特（Adriaan de Groot）接續比奈的研究，開始測試西洋棋大師的心智能力，結果推翻了長期以來對下棋技巧的看法。一般以為，精通棋藝的基本元素是快速的計算，每下一步棋，頂尖好手立刻能看出下一步許多可能的發展，而新手卻得花上更多的時間來思考。但是德葛魯特卻發現，積分 2500 與積分 2000 的選手，兩者下棋的步數其實差不了多少，只是積分高的棋士思路比較不會出錯，步步出手盡是好棋。經驗累積越多，直覺就越準，越能下出正確的棋步；至於風險較多的棋步，高手從不考慮。

高手下棋的心理技巧

不過，如果厲害的棋士靠的不是較佳的視覺記憶，計算棋步的速度也沒有比較快，那與新手的差別到底是什麼？答案可能是某一種心理技巧的能力，這種心理技巧必須仰賴心理力量與認知能力。這就是「證偽思考」（falsification）技能。

在 20 世紀的前葉，奧地利哲學家卡爾‧波普爾（Sir Karl Popper）曾說，科學理論基本上是無法被證實的；要證明理論的真實與否，唯一的途徑就是證明它是錯的，這就是他所謂的「證偽思考」。以波普爾的論點來分析個人認知，便能發現多數人都沒辦法好好進行證偽思考——不但在科學領域上沒辦法好好證偽，日常生活上也沒辦法。一般人在檢驗科學理論時，無論規模大小，大部分都不會直接找尋與其相悖的證據，而是尋找能夠證實理論為真的證據，這過程稱作「確認偏誤」（confirmation bias）。而成為西洋棋大師的重要關鍵，就是如何防止思考過程中出現確認偏誤。

確認偏誤的過程

1960 年英國心理學家兼西洋棋愛好者彼得‧凱瑟卡‧華生（Peter Cathcart Wason）設計了一項巧妙的實驗，結果顯示人類自然而然會蒐集證據來證實自己的想法，而不是拿證據推翻自己。在此實驗中，受試者會得到 3 個為一組的數字，這一組數字是遵循著某一個規則列出的，可是只有實驗者知道規則是什麼。受試者的任務是要找出這組數字中潛在的規則。為了要找出規則，受試者也可以按照自己設想的規則給出另一組數字，然後問實驗者看看是否符合規則，藉此驗證自己的設想是否正確。

受試者拿到的一組數字看起來都相當簡單，例如：

2-4-6

試試看：當你看到這組數字，心中第一個浮現的規則是什麼？你是否能想出由同一種規則所組成的另一組數字，然後拿給實驗者，要實驗者確認你的猜測是正確的？

如果你跟大多數人一樣，首先想到的是「遞增的連續偶數」與「相差為 2」，你大概會猜出下一組數字：

8-10-12

這時實驗者會說：「沒錯！這組數字符合規則。」你的信心便會大增。為了進一步確認，就像進行查核一樣，你又再猜出另一組數字：

20-22-24

「沒錯！」體內的快樂物質多巴胺又激升，此時你便趾高氣昂大聲宣布：「規則就是遞增的連續偶數，相鄰的數字相差為 2。」

「錯了！」實驗者說，答案不對。

實際上，正確的規則是「任何遞增的數字組合」。所以，8-10-12 當然沒錯，但 1-2-3、4-23-512 也都符合這條規則。想在這遊戲中闖關成功，不二法門是證明自己的假設為非──但因

我們天性使然，總會避免搬石頭砸自己的腳。

你可能會對自己說，你不會栽在這種把戲上，你以後會更加謹慎。如果你是這樣的人，那麼你算是少數。華生的這場實驗結果發現，5 位受試者中只有一位會推斷出正確的答案。我們不擅長玩這種遊戲的原因，正是「確認偏誤」在作祟：我們傾向於找尋能夠支持自己看法的證據（因為這樣感覺比較好），我們比較不喜歡找尋與自己想法背道而馳的證據。本來證據就是用來支持自己的假設，為什麼要故意讓自己難堪呢？

避免落入確認偏誤的陷阱

對棋士來說，確認偏誤的確是個難以跨越的鴻溝。根據華生的研究基礎，都柏林大學三一學院的學者米歇爾・寇莉（Michelle Cowley）與露絲・柏恩（Ruth Byrne）對愛爾蘭西洋棋聯盟的成員進行了訪問。受訪者分成兩組，一組為積分約1500、有經驗的初學者，另一組則為積分 2000 至 2500 的專家級選手。棋手的面前各擺了一盤中局，他們得思索如何走出下一步好棋，同時，也必須對著錄音機錄下他們的思考歷程：說出自己打算怎麼走下一步棋、對手可能會如何因應，以及他們又該如何應付對手的招數，這樣做是為了確實記錄棋手對奕時的情況。之後，寇莉和柏恩再利用德國西洋棋程式 Fritz 進行棋步分析，驗證棋手的判斷是否適當。

結果毫無意外，專家級選手的判斷比初學者正確許多。但另一項驚人的發現是，專家們是怎麼達成這種超高正確率的關

鍵是：簡單說，高手通常比較悲觀。新手若發現有步好棋可走，常會落入確認偏誤的泥淖，眼前只看的到自己一步步邁向勝利，卻忽視了任何可能的陷阱；相反地，高明的棋手很像〈小熊維尼〉裡面那隻悲觀的驢子屹耳，常會注意到四周潛伏的危機，用反面角度檢視自己的假設，避免走出錯誤的一棋。

懷抱信心，戰無不克

　　我把都柏林大學這項研究告訴了伊莉莎白，她也同意，如果帶著一點點的悲觀，棋士就能比較謹慎考慮每步棋的後果，但從選手的態度來看，她認為整體來講，最好還是要保持樂觀。伊莉莎白解釋，這很像公開演說，你站在麥克風前，如果你的自信心沒有滿到溢出來，就註定沒辦法發表一場扣人心弦的演講。下棋其實是一項艱鉅的任務，伊莉莎白說，「就算你是個優秀的棋士，還是有可能犯下蠢到不能再蠢的錯，蠢到想一槍斃了自己。」因此，下棋要下得好，就是要信心滿滿，心裡充滿著正面的能量。

　　那天我到馬歇爾俱樂部拜訪伊莉莎白和她的學生，便目睹了懷抱自信心戰無不克的實例。就在那天上午，烏克蘭的國際大師尤里・雷向輸給小詹姆斯之前，大師尤里先和另一位 318 中學的學生尚恩下棋。尚恩是個體型瘦小、八年級的非裔美國男孩，戴著一只鑲鑽的耳環，當時積分大約 1950。當尚恩知道自己的對手是烏克蘭的大師尤里，而且他的積分比自己高出 500 多分時，立刻便像顆洩了氣的皮球，信心全失。儘管尚恩被分

配到白棋，有先走的優勢，但他後來告訴我，他第一個念頭是：
「拿到白棋真是有夠浪費的。」反觀小詹姆斯面對大師尤里的
時候，抬頭挺胸，氣勢高昂，認為自己絕對能打敗這位國際級
大師——這念頭雖然看起來既荒唐可笑又狂妄自大，但最後卻
真的實現了。

10. 星期日的完美對決

在俄亥俄州的哥倫布市舉行的賽事裡，每位選手都要打 7
場比賽：星期五兩場，星期六 3 場，星期日比完最後兩場。318
中學的孩子自從賽事開始後就沒有步出會場，只在會場附近到
處走動，範圍不出用餐區、比賽舉行的大廳、飯店房間，以及
隊伍休息室。到了星期日上午，他們還是聚集在會場裡，似乎
沒有人想到外頭呼吸新鮮空氣。

從積分上來看，318 中學輕鬆坐穩 K-8 組的龍頭地位。在
K-9 組的戰況，儘管別的隊伍緊咬在後，但 318 中學也處於領先
位置。小詹姆斯前 5 場皆告捷，星期日上午將進行第 6 場比賽。
現在已經進入最後一輪賽事，這支 K-8 組的龍頭隊伍看來是勝
券在握，小詹姆斯也將和其他 4 位選手搶冠軍頭銜。如果他最
後一場也獲勝，便可望抱回個人的冠軍獎盃，318 中學就會在全
國中學聯賽中，出現第一位個人冠軍選手。

至於在 K-9 組的隊伍，則在星期日陷入愁雲慘霧：賈斯特

意外飲恨敗北，其他較有勝算的 4 位選手當中，兩位輸了，一位和局，只有另一位獲勝。進入最後一輪比賽前，318 中學雖然仍保持第一，但是分數就快被後面的隊伍追上。對伊莉莎白來說，時光彷彿又倒轉回到去年，K-9 組在第 7 場比賽前半段仍領先了 0.5 分，但第 7 場結束後，卻挨了一記悶拳，讓他們從雲端重重跌落：6 位積分高的選手在最後一場比賽都落敗，318 中學眼看即將到手的冠軍頭銜就這樣化為烏有，排名直落到第 3。（伊莉莎白賽後在部落格寫道：「這道重擊的威力之強大，簡直無法想像。」）

逆轉勝的關鍵時刻

　　今年最後一場比賽預定於下午兩點舉行。1 點 40 分，小詹姆斯和 318 中學的兼職助理教練麥登‧普利蘭坦斯基坐在同一桌，面對面討論棋局攻略。小詹姆斯將在一號桌上進行比賽，代表他會坐在大廳前方較高的舞台上，俯視其他幾千名選手。屆時小詹姆斯將執黑棋，對手是來自華盛頓特區的八年級學生布萊恩‧李。他有預感，那位在市郊區成長的布萊恩一開局就會採用格蘭披治進攻（grand prix attack）。小詹姆斯和麥登之間的對話充滿了專業術語，大部分我連聽都聽不懂：第 3 步該走 d5 還是 e5 ？用哪支棋攻擊 d6 ？不過我很快就聽懂了，因為小詹姆斯真正想要從麥登那裡汲取的，其實只有信心和支持而已。只要讓小詹姆斯知道他的開局攻勢步驟沒有問題，還有讓他大概知道自己在做什麼，這樣就夠了。

快到兩點前的幾分鐘，師徒兩人朝大廳舞台走去。小詹姆斯穿著黑色的帽 T 和深色的牛仔褲，神色不安。兩人一起走上電扶梯。

「小詹姆斯，記得要冷靜、專心、有信心！知道嗎？」麥登說。

小詹姆斯把衣服的帽子戴上，抬頭望著天花板。「我好緊張喔。」但他的語調很平靜。

「你會緊張？」麥登一邊說，一邊彎下腰看看小詹姆斯，像個教練正替他的拳擊手整理準備好上場應戰。「你知道，現在是誰在皮皮剉嗎？是布萊恩・李。你知道為什麼他會皮皮剉嗎？因為他大概在 20 分鐘前看了賽事表，才知道最後一場竟然要跟小詹姆斯 ・ 布雷克在一號桌上對打！我跟你說，在這次巡迴賽中，甚至在他這輩子的賽事中，還沒有一個人有辦法把他嚇到屁滾尿流。只有你，他怕的只有你。知道嗎？」

小詹姆斯笑了。

詹姆士的隊友、來自皇后區的俄國移民之子艾薩克・巴拉葉夫站在電扶梯前面幾格階梯上，此時轉過頭來說：「嘿！小詹姆斯，如果你贏了，我想你會拿到⋯⋯」

「喂！艾薩克！艾薩克！艾薩克！」麥登打斷艾薩克的話，他不希望小詹姆斯此刻腦裡想著第一名、獎盃或比賽結果等事，他希望小詹姆斯現在專注在接下來的對弈。他回頭對小詹姆斯說，「小詹姆斯，好好做你的事，考慮好再出手，慢慢來，要有信心，知道了嗎？OK 嗎？」

　　結果看起來小詹姆斯的確有把話聽進去。他和布萊恩‧李對奕了 3 小時又 10 分鐘。比賽中，他一度以為頂多能夠打成和局，但下第 27 步棋的時候，布萊恩居然犧牲了自己的皇后，只為了保住其中一個城堡和主教。從這時起，小詹姆斯覺得他可以掌握大局了。最後，在第 48 步棋時，他的騎士抓到一支關鍵的士兵，布萊恩此時知道大勢已去，便拋棋認輸。小詹姆斯頭也不回衝回隊伍休息室報喜，隊友們一片歡聲雷動，擁抱的擁抱，擊掌的擊掌。他不但抱回了個人冠軍，也代表 318 把 K-8 組的冠軍拿下來了。（另外，K-9 組也保住了他們的第一名）。小詹姆斯掏出手機，撥電話給他父親。

沉住氣，步步為營

　　小詹姆斯贏了，伊莉莎白的情緒激動不已，但後續發生的事情更讓她興奮。一位身材很高、留著蓬鬆長髮、平時沉默寡言的八年級生馮丹尼，回到休息室說他也獲勝了。馮丹尼的這一勝，代表 7 場比賽中他拿下 6 次勝利。伊莉莎白會這麼高興，並不只是因為馮丹尼獲勝，她更驚喜的是馮丹尼面對棋局的表現。自從馮丹尼升上六年級起，伊莉莎白就擔任他的指導教練，從他還是下棋的外行人、根本不知道怎樣移動棋子的時候，就一路拉拔他到今天。換句話說，馮丹尼所知道有關西洋棋的一切，幾乎都是伊莉莎白教的。

　　馮丹尼重新擺出剛剛比賽時的棋局，果真是千鈞一髮、得來不易的勝利！開局的時候他就鑄下典型初學者的錯誤：士兵

立刻被吃掉。他卻沒有自亂陣腳，反而不疾不徐奮戰到底。到了殘局，他已經佔了些許上風，以一個城堡、一個士兵和敵手的城堡對抗。這局面本來很難收拾，到最後多半會以和局收場，但馮丹尼卻沈住氣，步步為營，先把士兵推進至底線，再一舉變成皇后。（編註：此為西洋棋之「升變」promotion）

平常馮丹尼與老師、教練在賽後一同分析棋步時，都顯得溫和順從，但這次分析棋步時他卻幾乎是重重把每一個棋子往棋盤上砸，動作就像小詹姆斯和其他小棋士一樣，信心十足，意氣風發。伊莉莎白這時再也忍不住了，馮丹尼這次殘局的走法，是她以前曾經教過他的，她含著淚，看著馮丹尼完美地走完最後幾步棋，便開始放聲大哭。

一旁圍觀的學生不太敢相信，伊莉莎白老師竟然哭了。之後，在旅館電梯裡，一個學生偷偷問麥登：「剛剛伊莉莎白老師是因為馮丹尼的比賽才哭的嗎？」

麥登回答：「當然是呀，他那場仗打得真漂亮！」

11. 未知的試煉

哥倫布市的賽事結束後過了一個月，318 中學又交出一張更亮眼的成績單——只差 0.5 分，小詹姆斯、賈斯特、馮丹尼、艾薩克 4 位績優棋士就能夠聯手贏得全國高中聯賽冠軍（雖然這 4 個學生都還沒上高中）。這支勁旅接連打敗了不少美國頂尖的

高中棋隊，包括紐約的布朗士科學高中、史岱文森高中、芝加哥的惠特尼楊高中、西雅圖的湖濱中學（比爾·蓋茲的母校），但在最後一場比賽，輸給了亨特學院附屬高中。

小詹姆斯儘管在哥倫布市的賽事裡奪下多場勝利，但他的積分也只從 2149 升到 2160，僅僅多了 11 分，離大師級還有 40 分的距離。春季這幾個月，他的成績起起伏伏，好不容易接近 2200，卻又功虧一簣。到了 7 月 17 日，在馬歇爾西洋棋俱樂部的比賽中，小詹姆斯打敗了來自康乃狄克州、今年 18 歲的麥可·芬納蘭，積分終於提高至 2205，一躍成為國家級大師。

9 月初，小詹姆斯的慶祝派對在公園的樹蔭下盛大舉行，大家坐在摺椅上，看著端出的蛋糕，蛋糕上方裝飾了一張小詹姆斯下棋神采的照片，但這照片是可以食用的，四周也綴有雪白的糖霜。知名棋手莫里斯·艾胥黎（Maurice Ashley）也應邀出席這場派對，他是第一位、到目前為止也是唯一一位的非裔美國特級大師。他後來邀請小詹姆斯、賈斯特，以及來自紐約白原市、12 歲的約書亞·科拉斯一起加入新成立的「黑人青年大師西洋棋社」。他們的加入，讓該社團擁有 3 位不到 13 歲的大師級棋手；一年之後，賈斯特更以不到 15 歲的年紀，躋身首位非裔美籍大師，不僅他們的家人感到無比驕傲，對全國的黑人棋手、棋迷來說，更是至高的榮耀。

301 場分級比賽

伊莉莎白在派對上發表演講，她先對小詹姆斯的表現讚譽

有加,接著說,她更佩服他的堅持不懈。她說起小詹姆斯過去幾年的棋賽,本來眼看就要突破 2200 分了,卻一次又一次節節敗退。「可想而知,這樣的打擊是多麼大。」伊莉莎白對著全場賓客說:「他一面承受這種打擊,同時身旁每個人都在注意他的表現,問他比賽比的狀況如何,引頸期盼他已經完成目標。」

她繼續說,「一年多的日子裡,小詹姆斯認真研究,不斷破解戰略、分析棋局,承受自己犯錯與理解錯誤的後果,始終沒有輕言放棄。最後一年,他參加了 65 場巡迴賽,下了 301 場分級制的棋賽。他在巡迴賽中,每天都比到晚上 11 點,隔天大清早就起床,花半小時研究戰術後才去上學。他非常努力,非常用功,又非常有耐心,這麼長的時間都不曾間斷,這是我最敬佩他的地方。」

特殊高中入學測驗

就在中學巡迴賽落幕後的春天,伊莉莎白又交付自己一項嶄新的任務。接下來的 10 月,上千名紐約市的八年級學生即將參加特殊高中入學測驗。①這項測驗難度極高,成績優異的考生才能脫穎而出,進入極富聲望的特殊高中,包含史岱文森高中、布魯克林科技高中、布朗士科學高中等。伊莉莎白自告奮勇,

①紐約州的教育法(New York State Education Law)規定若要進入特殊高中,第一,必須是紐約市居民,第二,必須參加特殊高中入學測驗(Specialized High School Admissions Test,簡稱 SHSAT)。

要為小詹姆斯補習學業。副校長則認為,她的目標恐怕比登天還難:小詹姆斯在全國標準化測驗當中的成績,遠遠低於平均成績,怎麼可能在特殊高中入學測驗闖關成功?

不過,伊莉莎白曾經親眼看過小詹姆斯在短時間內就把下棋這件事學得又快又好,而且她對自己的教學能力深具信心。4月間,她寫給我的電子郵件充滿了鬥志:「我想,在接下來的半年內,如果他認真投入,也願意打拼,這麼聰明的孩子,什麼事情我都可以教會他。對吧?」

到了7月中,伊莉莎白卻告訴我,她覺得很灰心。她和小詹姆斯全神貫注準備考試,小詹姆斯也無視暑假高溫的折騰,依舊很努力唸書,但是她還是覺得這個任務很難,因為小詹姆斯欠缺的學業知識,實在是太多太多了:他連非洲和亞洲位在地圖上的哪裡都不清楚,他說不出任何一個歐洲國家的名稱;練習閱讀測驗時,他也不認識「嬰兒」、「社區的」、「有益的」等字彙。

到了9月,他們兩人無論是放學後、甚至是週末,也都每天一起讀書讀好幾個小時,但她的信心卻越來越盪到谷底,卻還是要勉強打起精神,鼓勵她的學生。每當小詹姆斯意志消沉,自暴自棄說他不可能會懂類比推論、三角學這種東西的時候,伊莉莎白就會故作輕鬆,用高興的語調說:「這就像下棋一樣啊,幾年前,你對下棋也是一竅不通,後來你接受專業訓練,努力學習,最後不也變成棋藝大師!」伊莉莎白對我說:「我告訴他,『我們也要給你另一種專業特訓,之後你就會變得很厲害了。』

然後他就會開心起來，說些『好吧，那沒問題』之類的話。其實，我沒告訴他，這會有多困難。」

難解的拼圖

對我來說（我猜，對伊莉莎白來說也是），小詹姆斯是一幅複雜難解的拼圖。這位好孩子顯然擁有滿腔熱忱與聰明才智（不管「聰明才智」真正代表的意義是什麼，但若小詹姆斯資質不好，怎可能打敗烏克蘭的大師棋士呢？），而在「毅力」這件事上也是個貼切的例子：他有明確的目標，忠於所愛所選，奮發向上，孜孜不倦，腳踏實地，最後成功達成目標（我從沒看過比他更勤奮的 12 歲學童）。但現實是，若依照現有的、標準的學業成就指標來衡量他，他的表現低於平均水準，未來註定最多也只是平庸過日子，不會有特殊的成就。

小詹姆斯的遭遇，和第一章提到的青少年穆許，或其他芝加哥南區「玫瑰地」社區的孩子們比較起來，或許小詹姆斯的故事比較絢爛繽紛，但他很可能也只是小時了了、大未必佳，結局徒留遺憾。伊莉莎白告訴我，那年秋天她替小詹姆斯進行課業特訓的時候，她發現小詹姆斯對下棋以外的世界簡直一無所知，這點讓她驚訝極了。「我對他的表現其實很生氣。他知道基本的分數，卻不知道幾何，也不知道要怎樣寫方程式。他大概只有我小學二、三年級的程度。依他的年級來看，他應該要知道的，絕對不止這些而已。」

特殊高中入學測驗的題目設計相當有深度，很難光靠補習

就獲得佳績。如同 SAT 學術評量測驗，這個入學測驗考的是學生累積習得的知識與技能，而且大多是從小到大家庭與文化的潛移默化。如果小詹姆斯是從小學三年級，而不是像現在等到七年級，就開始準備特殊高中入學測驗的話，情況又會變成如何呢？如果他像學下棋那樣，把時間與精力用在學數學、閱讀與基礎知識，如果他從很早以前遇到的每位老師，都像伊莉莎白、麥登這麼細心、認真又懂得啟發學生呢？我敢篤定的說，他絕對能夠征服特殊高中入學測驗，正如同他稱霸全國中學西洋棋比賽一樣。

有人願意悉心教導，孩子必前途無量

當然，用再多的如果與假設來談論小詹姆斯，其實是毫無意義可言；畢竟，他只有 12 歲。最後，小詹姆斯並未獲准進入史岱文森高中。但他的前方還有 4 年的中學生活等著他（在這 4 年裡，他一定會狂電史岱文森高中每一位棋手）。要完成伊莉莎白的心願，在半年內讓他改頭換面變成優等生，確實是不可能的事。但若花上 4 年的時間，對一個聰穎勤學的孩子來說，什麼事都有可能——只要有老師願意指點迷津，悉心教導，把課堂化成如下棋般有趣的世界，他的前途必定無可限量。

第四章

如何幫助孩子成功

4

1. 現今高等教育的問題

在 20 世紀，美國高等教育系統的優異品質獨步全球，年輕人完成高等教育的比例也超越世界各國。直到 1990 年代中期為止，美國是世界上大學畢業人口比例最高的國家，比其他已開發國家高出兩倍以上。然而，世界各國的教育情況正在快速轉變，不論是已開發國家或是發展中國家，都出現了前所未見的大學畢業潮，過去這 10 年多以來，在「25 歲到 34 歲人口中擁有四年制大學學歷的比例」這個項目上，美國的排名已經從第 1 名滑落至第 12 名，輸給了英國、澳洲、波蘭、挪威和南韓等競爭對手。

這個結果並不是因為美國人取得大學學位的比例降低了，而是因為取得大學學位的比例成長得太慢，同時間其他國家獲得大學文憑的人口比例卻突飛猛進。1976 年的時候，年近 30 歲的美國人當中有 24％具有四年制的大學文憑，然而在 30 年後的 2006 年，這個數據只上升到 28％。

社會階級分歧的現實

在這個看似遲滯的數字背後，其實還隱藏著一個不斷惡化的階級鴻溝：根據統計，1990 年至 2000 年間，家境富裕、雙親至少一人擁有大學文憑的學生當中，取得大學學位的比例從 61％上升至 68％；反觀出身全美收入倒數四分之一的家庭且雙親沒有大學文憑的學子，取得大學學位的比例卻從 11.1％下降

為 9.5％。或許有人認為，在這個不平等越來越明顯的世代，會出現上述這種趨勢其實並不讓人意外，因為這樣只不過再度證明了美國社會階級分歧的事實。不過，值得注意的是，在 20 世紀大部分的時間裡，情況卻不是這樣的。

哈佛大學的經濟學家克勞蒂亞 · 高汀（Claudia Coldin）與勞倫斯 · 卡茨（Lawrence Katz）於 2008 年推出了一部深具影響性的著作《教育與技術的競賽》（The Race Between Education and Technology），書中指出，20 世紀美國的高等教育，基本上就是一部社會民主化的歷史。1900 年出生的美國男性之中，只有 5％從大學畢業，而且這 5％的男性在各方面都佔有優勢地位：家境富裕、白人、人脈廣闊。1925 年至 1945 年間，拿到大學文憑的美國男性增加了一倍，比例從 5％上升至 10％。

到了 1945 年至 1965 年間，多虧了美國「大兵法案」的協助，獲得大學學位的美國男性人數再度倍增，該法案協助數以百萬從戰場返鄉的美國士兵完成大學學業（至於美國女性，1960 年代初期以前的大學畢業生人數增加率並不顯著，但之後的增加速度則遠遠超越男性）。

由於入學人數倍增，美國的大學校園不再是精英份子獨佔的園地，學生的背景越來越多元化，工廠工人的孩子可以與工廠老闆的孩子在教室與實驗室裡並肩而坐，一起上課。高汀與卡茨在書中指出，在那一段時期裡，「美國社會最大的特點，就是美國人可以靠著教育來提升自己的社會地位，而且每一個世代所具備的教育水準，都大大超越前一代的人。」只不過，

這種藉著教育來提升社經地位的狀況已告停止，或者至少目前是停滯不前的。20世紀的美國高等教育曾經促成了社會階級向上流動，帶來了社會的平等；但是現在，高等教育已經失去了這份光彩。

無法唸完大學的原因

關切教育政策、且認為高等教育已經出了問題的人，向來把關注焦點放在如何幫助年輕人——尤其是那些弱勢的年輕人——能夠在高中畢業後進入大學就讀。但在過去幾年間，美國的大學在入學申請方面其實並沒有所謂的門檻或機會不平等的問題，問題乃是出在大學生能不能順利從大學完成學業。經濟合作發展組織（OECD）的34個會員國當中，美國人的大學入學比率排名第8，成績不算差。但是在大學新鮮人能否順利取得文憑的排行中，美國卻屈居倒數第2，只贏過義大利。不久之前，美國大學畢業生的人口比例還領先全球，如今卻是大學輟學生的人口比例領先各國。

最令人不解的是，這種現象發生的同時，美國大學教育文憑的價值正好也節節高升。在美國，擁有學士學位的人，收入比高中學歷者多出83％以上。這種收入的差距，有些經濟學家稱之為「大學文憑溢酬」（college-graduate wage premium），而美國的「大學文憑溢酬」是已開發國家之中最高的，而且自1980年代開始一路攀升，到今天依舊如此（1980年代的時候，美國大學畢業生的收入只比高中畢業生多40％）。高汀和卡茨

認為，現在有能力完成大學學業卻不肯把文憑拿到手的美國年
輕人，無異是「把大筆鈔票往馬路上丟」。

因此，我們必須解開這個謎團：既然大學文憑這麼值錢，
世界各國的大學畢業生人數越來越多，為什麼美國反而有這麼
多年輕人決定從大學輟學？

2. 誰能跨越終點線？

到目前為止，這個問題最好的答案來自這本在 2009 年出
版的書籍：《跨越終點線：在美國公立大學完成大學學業》
（Crossing the Finish Line: Completing College at America's Public
Universties）。該書的作者群包含兩位曾經擔任過大學校長的經
濟學家，一位是 1972 至 1988 年間擔任普林斯頓大學校長的威
廉 · 波文（William G. Bowen），另外一位則是曾擔任明尼蘇達
州麥卡萊斯特學院院長近 10 年的麥可 · 麥克福森（Michael S.
McPherson）。由於波文和麥克福森在教育界的地位崇高，因此
他們才能夠聯合該書的第 3 位作者──從事研究工作的馬修 ·
秦果斯（Mathew Chingos），一起說服了 68 所公立大學以及美
國大學委員會（The College Board，也就是舉辦學術評量測驗
SAT 的機構）和美國大學入學測驗（American College Test，簡稱
ACT）當局，讓他們參閱將近 20 萬名學生的學習相關資料。從
這些資料中，他們對於哪些學生能順利畢業、哪些人中途放棄，

以及放棄的原因等等，有了驚人的發現。

原本，有些人以為，大學生的輟學人數這麼多，原因是在於學生們（尤其是低收入家庭的學生）對於大學教育抱持著過高且不切實際的企圖心。保守派作家查爾斯‧莫瑞（Charles Murray）在 2008 年發表的著作《真實的教育》（Real Education）中表示，美國高等教育真正的危機不在於進入大學接受教育的年輕人太少，而是讀大學的人數太多。莫瑞認為，美國人天生就有一種「教育浪漫主義」的傾向，使得那些不夠聰明的人也進入了大學。高中的升學顧問與大學的招生人員因為「過度理想化，或不敢把話講得太直白，或者出於善意的平等主義」而失去了原則，結果鼓勵了智力、財力都不好的學生，進入了需要高度聰明才智才能讀完的大學。等到那些學生發現自己根本欠缺在大學求學所需的條件時，他們只好走上輟學一途。

莫瑞也是名著《鐘形曲線：美國社會中的智力與階層結構》（The Bell Curve: Intelligence and Class Structure in American Society）的作者之一，他可能是美國最著名的認知決定論者，他在《真實的教育》當中所發表的見解，完全就是「認知假設」的觀點：智商是左右成功的因素，而且智商是每個人在人生早期階段就已經定型的。至於教育，與其說是為了提供人們技能，倒不如說是先將人們分類，然後再讓智商最高的那一群人有機會發揮他們最大的潛能。

然而，當《跨越終點線》的 3 位作者仔細研究他們手中的資料時，他們發現低收入家庭的學生在選擇所欲就讀的大學校

系時，其實是沒有「眼高手低」的情形的。事實上，有許多低收入背景的學生所選擇的大學，入學門檻甚至低於他們高中在校平均成績及 ACT 大學入學測驗分數。3 位作者把這種狀況稱之為「委曲求全」。至於家境優渥的學生當中，則很少出現這種「委曲求全」的情況；這種情況幾乎只有出現在弱勢族群的青少年身上。

以北卡羅萊納州為例（3 位作者在北卡羅萊納州所收集到的資料最為完整），該州來自高收入家庭、且在校平均分數與入學測驗分數都足以進入最佳公立大學的學生們，每 4 人之中就有 3 人能夠順利申請進入理想學府。對這些來自高收入家庭的學生來說，美國的高等教育制度是有用的。可是對於那些成績同樣優異、但雙親沒有大學學歷的學生來說，只有三分之一主動選擇進入好學校。而且，選擇一所競爭力較弱的大學，並不保證這些高素質、弱勢背景的學生就能順利畢業——甚至還有相反的效果。3 位作家認為，「委曲求全」的策略幾乎永遠是一個相當錯誤的決定。

高中在校成績可以預測大學是否順利畢業

雖然「委曲求全」的狀況是《跨越終點線》這本書所提出的一項重要發現，但卻非最令人驚訝或最具關鍵性的發現。該書作者群還發現，學生能否順利完成大學學業，最精準的預測指標並不是「SAT 學術評量測驗」或「ACT 大學入學測驗」這兩種標準化的大學入學測驗成績。根據事實結果顯示，除了那些在頂尖

公立大學就讀的學生之外，學生的 ACT 成績與他們能否從大學
順利畢業，並沒有太大的關聯性。究竟能不能從大學畢業的較佳
預測指標，其實是學生在高中時期的在校平均成績。①

　　對於大學招生作業的人員來說，上述的發現應該足以讓他
們感到震驚，因為這項發現等於在根本上否定了 20 世紀晚期
美國精英教育制度的基礎原則。紐約哥倫比亞大學教授尼可拉
斯 · 理曼（Nicholas Lemann）曾經寫過一本叫做《偉大的測驗》
（The Big Test）的書，探討大學入學測驗制度的意義。他說，
SAT 學術評量測驗是於二次世界大戰之後發明的，當時發明的
背景原因是社會上普遍對於高中在校成績是否能夠做為預測指
標，越來越感到懷疑。假設幾位分別畢業於加州郊區、賓州鄉
下，或是紐約市南布朗區的高中生，每個人在校平均成績都是
3.5 分，那麼大學招生的作業人員應如何比較？設計 SAT 制度的
目的，就是要來解決這個問題，讓 SAT 做為一種提供客觀評估
的工具，把學生是否具備進入大學的能力，轉化為一個單純又
不具爭議性的數字。

　　然而，在《跨越終點線》3 位作者所研究的各大學當中，學
生是否能夠順利畢業，最好的預測指標卻是他們在高中時期的
在校平均分數——不論他們入學前就讀的是哪一所高中。當然，
高中在校平均分數同樣是 3.5 分的兩個學生當中，來自明星高中

①在校平均成績即 GPA（Grade Point Average），指學業成績點數與學分的加權平均值。
美國中學與大學的學業成績採四點制，最高為 4 分，最低為 0 分。此處為求讀者理解之
便，將 GPA 直接翻譯為在校平均成績。

的學生會比來自爛高中的學生，更有可能從大學畢業，只是這兩者之間的差異性非常不明顯。3 位作者寫道：「高中時期在校成績優異的學生，就算他們就讀的高中很不好，不論他們進了哪一所大學，順利畢業的人數還是非常多。」

成績背後的品格特質才是重要關鍵

專門研究自我控制、毅力等領域的賓州大學教授安潔拉・達克沃斯（第二章提過她），也曾分析過美國國中生與高中生的在校平均成績和標準化測驗成績，她發現，標準化測驗成績好不好，可以從單純的智商測驗預測得知；而在校平均成績好不好，則可以由自我控制的能力來預測。如果將安潔拉的分析結果與《跨越終點線》一書的發現擺在一起比對，就可以獲得一項值得注意的結論：**一個學生能否從一所好的大學畢業，不一定與這個學生本人的聰明才智完全相關；學生能否大學畢業的真正關鍵，反而是先前決定國、高中在校平均成績背後的那一串「品格力」——毅力、自我控制、熱忱、社會智能、感激、樂觀、好奇心等。**3 位作者寫道：「我們認為，高中在校成績所反映的，不僅僅是對於學業內容的精通，更反映了學習動力與毅力是否足夠，以及是否有優秀的學習習慣與時間管理技巧。這些資訊都足以預測一名學生能不能順利完成大學學業。」

當然，有人認為，等到學生進入青春期之後，可能你就已經沒辦法把那些技能或習慣教給他們了。進入青春期之後，學生要不就是已經擁有了那些技能和習慣，要不就是缺乏那些技

能和習慣。而如果一個學生擁有那些技能和習慣，就有很大的機會能從大學畢業；如果學生缺乏那些技能和習慣，恐怕就沒有辦法從大學畢業。

發展心智技能與品格實力永不嫌晚

　　但是請想想 318 中學的西洋棋老師伊莉莎白的例子，她有本事協助那些中學生棋士重新建立思維技巧；再想想第一章提到的美髮師兼輔導員娜妮塔・里德，她是如何幫助迷途的琪莎・瓊斯改變人生、轉換個性，尤其是琪莎當時已經 17 歲，就重塑個性來說似乎嫌「太老」了。不論上述哪個案例，老師或輔導員都找到了一種方法，可以幫助學生達到快速且超乎預期的轉變。而這種方法，在諾貝爾經濟學獎得主詹姆斯・赫克曼的口中，是稱為「非認知技能」，而在 KIPP 學校創辦人大衛・列文的口中，則稱之為「品格力」。我們能不能將這種方法套用在更多的青少年身上——不只協助他們精進西洋棋的技巧，或說服他們不要在學校打架，而是幫助他們發展那些能讓他們從大學畢業的心智技能和品格實力呢？

3. 給孩子往前邁步的機會

　　第一眼見到「鎖定目標組織」（OneGoal）執行長傑夫・尼爾森的時候，感覺上他不像是一位從事改革工作的人。他的

外型健康清新、乾淨整齊，言談舉止帶點美國保守中西部的禮儀風格，豎直的金髮讓他看起來有點像漫畫人物丁丁。他的襯衫鈕扣都規規矩矩扣好，行程表的安排也是一絲不苟。

有次我要與他電話訪談之前，他還先發了一封電子郵件給我，逐項列出電話訪談的議題，勾勒出訪問的「三大目標」，並且預留 10 分鐘的「總結時間」。當他身邊環繞著當代教育改革者喜歡使用的工具時──簡報軟體、管理顧問、策略計畫、大杯拿鐵咖啡──他似乎表現得最自在。可是他對教育改革的願景卻是極端的非正統，他的願景，直接挑戰了「認知假說」。

尼爾森從小生長在芝加哥北邊環境優渥的維爾梅特社區，那兒是一個舒適得像世外桃源的白人社區，電影導演約翰・休斯拍攝《小鬼當家》和《早餐俱樂部》等電影時，就是在這裡取景。這個社區的政治傳統是支持民主黨的，因此對於激進的觀點和伸張社會正義的理念非常包容。只不過那些社會正義的理念，通常只是透過抽象且遠距的方式來落實，例如以募款支持「國際特赦組織」或「國際仁人家園組織」（Habitat for Humanity），要不然就是透過請願的方式支持蘇丹大屠殺的難民。

不過，尼爾森從很小的時候就開始對家裡附近的議題感到興趣，例如他家南邊 15 英哩處、都會中心區的孩童所面臨的困境。尼爾森八年級的時候，讀了作家艾力克斯・寇特羅維茲（Alex Kotlowitz）的著作《這裡沒有孩子》（There Are No Children Here: the Story of Two Boys Growing Up in the Other

America），該書的內容是個令人駭異的故事，描述兩名非洲裔男孩住在芝加哥西城一個叫做亨利霍納的社區裡，他們所居住的那棟高樓既可怕又危險。尼爾森告訴我，這本書「打破了我對這個世界的觀點，點燃了我心中某些想法」。

《野蠻的不平等》的影響

尼爾森後來進入了紐特里爾高中，這所學校在芝加哥地區向來以綠意盎然的美麗校園及奢華的設備聞名，校方之所以有經費購買豪華設施，都是由維爾梅特社區及周邊地區豪宅所繳交的高額房地產稅而來。致力於社會改革的記者強納森・寇索（Jonathan Kozol）在他 1991 年出版的《野蠻的不平等》（Savage Inequalities）一書中，就是拿紐特里爾高中當作典型，說明占盡優勢的郊區高中是什麼樣子。

書中提到了這所學校的舞蹈教室、擊劍教室與拉丁語課程，並且將該校學生所享有的「奢華的機會」，對照於芝加哥南區的杜莎堡高中的情況，杜莎堡高中的學生則是「一點機會也沒有」。寇索在書中指出，如果中產階級的白人社區裡出現了一所像杜莎堡高中這樣的學校，居民們大概會嚇死了，甚至會乾脆將這所學校關閉。

尼爾森就讀密西根大學一年級的時候，在社會學的課堂上閱讀了寇索的《野蠻的不平等》。他原本心裡就有一種焦急、一種決心，想要扭轉社會不公，看了《野蠻的不平等》後，他心裡的焦躁更強烈了，決心更堅定了，他想要改變寇索在書中

所描述的不公現象，他希望像杜莎堡高中這樣的學校，至少能夠享有一些紐特里爾高中學生所擁有的機會。

大學畢業之後，尼爾森加入了專門招募年輕大學生協助資源不足學生的「美國志願教師」組織，奉派前往芝加哥南區一所資源極為缺乏的貧窮公立小學「歐基夫公立小學」，在那裡指導六年級的學生。歐基夫小學和杜莎堡中學相距大約一英哩。尼爾森是一位非常有天分的老師，學生被他指導過一年以後，在閱讀與數學能力方面的進步幅度，便相當於他們努力兩年的程度。他任教的第 2 年，還獲選成為「美國志願教師」組織芝加哥地區的最佳教師。他也在學校裡擔任橄欖球隊教練，並且協助成立學生會。他和許多學生建立了緊密的感情，除了會去學生家中進行家庭訪問，也與學生的父母結識。

現實的殘酷挑戰

自從他在歐基夫小學任教的第一天開始，尼爾森便經常和學生討論將來上大學的事。他的學生全都是低收入家庭的非裔美國人，只有少數人的父母擁有大學文憑——但是這不重要，因為尼爾森承諾他的學生：只要他們努力念書，他們就有機會上大學拿到學位。沒想到在 2006 年 4 月的某天早晨，他拿起《芝加哥論壇報》一看，頭版上刊載了一則芝加哥學校研究協會提出研究結果的新聞，新聞內容嚴重挑戰了尼爾森對學生許下的承諾。根據芝加哥學校研究協會的研究，每 100 位芝加哥公立高中的學生之中，只有 8 人位能夠順利從四年制的大學畢業；

而在非裔的男孩當中，這個機率更低：芝加哥市每 30 位高中一年級的黑人男孩之中，在 25 歲之前能從四年制大學取得學位的人，還不到一位。這個數字讓尼爾森深感不安：就算他能夠教出一班全芝加哥最優秀的六年級生，難道這樣就足以幫助他的學生擊敗這麼險惡的機率嗎？

尼爾森在歐基夫小學的教學經驗，使他確定了兩件事：首先，他此生將致力於教育改革的工作。其次，儘管他在課堂上的教學表現十分成功，但是當老師並不是他的天命。他準備離開歐基夫小學的時候，「美國志願教師」全國總部向他提出邀約，請他擔任該組織在芝加哥地區的執行總監。這份工作對於一個 24 歲的年輕人來說，是一份相當重大的責任。這似乎正是尼爾森夢想中的工作，但是他在最後一分鐘推辭了這個機會，原因是什麼他自己也不明白，更別說要他開口解釋清楚了。這是一個非常痛苦的決定。拒絕「美國志願教師」組織，讓尼爾森感到難以置信的沮喪。他告訴我：「我只差一點點，就要踏上一條可以帶來巨大影響的正路了，可是不知道什麼原因，我當時覺得自己並不適合這個角色。」

《芝加哥論壇報》的那篇報導，也讓尼爾森知道教育改革工作上還有一個不足之處：教育改革似乎還缺少了一個專案、一套系統或一項方法，可以幫助那些像歐基夫小學的孩子們，讓他們不但能夠進入大學，還要從大學取得學位。「我拼命想要找到或自己成立一個機構，來縮短高中教育與大學教育之間的鴻溝，」尼爾森對我說：「雖然每一位在『美國志願教師』

服務的老師都非常努力幫助學生，但是有誰在乎這些學生後來能不能從大學畢業？」

找出人生的使命

推辭「美國志願教師」地區執行總監的工作之後，尼爾森的心裡也陷入危機，他的內心深處掀起了一場幾乎長達 6 個月之久的超級風暴。他向來是個非常忙碌的人，從高中時期就是每天忙到一刻都不得閒。突然間，他沒有了工作上的責任，整天除了思考自己的生活、未來，以及人生的意義之外，他完全沒有其他的事情可做。

那年秋天，有時他會接到他前一年在歐基夫小學指導的學生家長來電，那些孩子們現在都已經上了七年級，但是家長們說，那些孩子在前一年所學到的東西全部都忘光了。這些家長不知所措，所以才打電話問尼爾森該怎麼做，以便將孩子再度引回正途。有位家長甚至在電話中忍不住痛哭失聲。尼爾森不知道自己該說些什麼，他也不知道如何才能提供協助。

尼爾森開始固定向上天禱告，向上天求答案，祈求上天減輕他日漸嚴重的憂鬱。每一天他都換個不同的禮拜場所——某天先去參加天主教彌撒，隔天再去巴哈伊教的寺廟。他一方面接受心理治療，一方面瘋狂寫詩。現在回顧那段既緊張又奇怪的歲月，他好像感覺還是弄不清楚到底那個時候他該怎麼辦才好。他說，他那時在追尋的，是一份天職，他想要找出自己人生的使命。

4.5 個增加競爭力的核心特質

2007 年 1 月間，有個名叫艾迪 · 盧的人打電話給尼爾森。艾迪 · 盧是芝加哥一位年輕的資本創業家，幾年前和兩位朋友一起成立了一個小型的非營利組織。那兩位朋友當中，有一位叫做麥特 · 金恩，是芝加哥南區鄧巴職業高中的老師。他們把這個成立沒多久的非營利組織命名為「城市學生培力基金會」（Urban Students Empowered Foundation），負責管理並贊助金恩老師在鄧巴高中為高三、高四學生規劃的課後輔導課程，①課程的性質類似大學升學預備營：由金恩負責指導學生，提升他們的在校成績以及 ACT 大學入學測驗成績，同時幫助他們想清楚該申請哪一所大學，陪伴他們申請助學貸款，並且教導他們如何順利完成大學學業。

雖然金恩老師在鄧巴高中推動的課後輔導專案規模不大，但已經有了令人驚艷的成果——首批 7 位學生已經從高中畢業，現在都是大學一年級的新生，第二批的 7 位學生目前則是鄧巴高中四年級的學生。這些學生的 ACT 成績，在高三這一年平均提升了 15 分到 18 分；他們在全美國的名次排行，也從倒數 15% 進步到倒數 35%。他們的在校平均成績也進步了，每一位參與這項專案的學生都順利進入大學就讀。

---

①美國的高中教育為九年級到十二年級，共四年，因此本處 juniors 譯為高三學生，seniors 譯為高四學生。

艾迪・盧是一位不斷持續發展的創業家，曾經參與過好幾個高科技領域的創業案。他希望把鄧巴高中的課後輔導專案加以擴大，在其他學校內推動。然而，後來金恩老師決定轉任當地一所特許學校的副校長，並向金主艾迪・盧表示自己無法繼續推動這個專案了。於是艾迪・盧和金恩以及他們另一位夥伴（一位名叫彤恩・潘可妮恩的西北大學博士生）開始尋找一位新的專案執行總監。這位總監不僅要持續推動金恩老師在鄧巴高中的課後輔導專案，還必須將這個專案的規模擴大。他們面試了 20 多個人選，沒找到真正合適的人，眼看「城市學生培力基金會」這下就要關門大吉了。此時他們聯絡上一位在「美國志願教師」組織的人，這人認識尼爾森，於是他們找上了尼爾森。

從茫然中走出

電話鈴響的時候，尼爾森正覺得他即將走出人生最茫然失落的歲月了，這樣的時機確實非常巧妙。「城市學生培力基金會」的董事會（成員包含 3 位創辦人加上幾位財務專家）最後決定聘請尼爾森擔任課後輔導專案的執行總監，尼爾森也很快就決定接受這個職位。

他告訴我，他好像沒有審慎地先瞭解一下這個機構的底細。如果他做過一點調查，他就會知道這個基金會沒有員工、沒有辦公室、沒有營運計劃，只有存在銀行裡的 6 千美元，剛好夠支付 10 天的經營開銷。第一天工作結束下班前，尼爾森突然有

種頓悟：雖然他放棄了一份全美國最大、最具規模的教育改革組織的工作，前來這一間最小、最缺乏制度的機構上班，但奇怪的是，他覺得這裡才是自己正確的選擇。

尼爾森向董事會爭取 6 個星期的時間，為「城市學生培力基金會」擬定未來的計劃。他從「美國志願教師」找了兩個老師，在暑假期間以無薪實習的方式來幫忙，基金會創辦人之一的彤恩‧潘可妮恩也決定以不支薪的方式前來工作幾個月。彤恩的房東在美國最大的期貨交易所「芝加哥商業交易所」擔任交易員，房東大方表示，他白天去做期貨交易的時候，「城市學生培力基金會」可以使用他的公寓當辦公場所。

因此那一年的夏天，期貨交易員的公寓就成了基金會的非正式總部，4 個工作人員坐在交易員客廳的沙發上，使用自己的手機和筆記型電腦工作，而基金會唯一的財產是一台印表機。5 年後，「城市學生培力基金會」已經正式改名為「鎖定目標組織」，擁有 15 位行政人員，年度預算達 170 萬美元，在芝加哥地區 20 所高中內為 1200 多位學生推動每期 3 年的課後輔導專案。這個輔導課程專案最早是由金恩老師想出來的，如今的規模更加龐大，課程內容也更為密集。

找到適當的師資才能幫助學生轉變

尼爾森的理念是：表現不佳的高中學生，可以在短時間內迅速轉變成非常優秀的大學生，但如果沒有一個具有效能的老師從旁協助，學生自己是無法做出這樣的轉變。因此，尼爾森

和他的團隊成員開始尋找願意付出且富有企圖心的教師，與他們簽訂合約。他們有時候會從特許學校尋找師資，但大部分的時候是從芝加哥低收入區的一般高中尋找教師人選（芬格高中就是這一類的學校）。

為了招募公立學校的教師投入「鎖定目標組織」的工作，該組織與芝加哥的公立學校簽訂了獨一無二的結盟約定：參與「鎖定目標組織」專案的老師依舊是公立學校系統的全職員工，但是他們下班後為「鎖定目標組織」所付出的心血，將可獲得額外的津貼。

「鎖定目標」的課程

一旦某位教師與「鎖定目標組織」簽署契約，這位教師就必須負責在自己學校內招募、挑選 25 位學生，組成一個課後輔導班——他們不挑成績最好的學生，也不挑那些已經清楚知道自己將來升學方向的學生，他們要的是目前表現不佳、但對未來仍懷有一絲企圖心的學生。（參與這項專案的學生，在校平均成績為 2.8。）輔導班成立後，老師將與學生共同努力 3 年，到了高三和高四時，學生全天接受「鎖定目標」學業課程，課程內容由尼爾森及他的團隊一起設計。高四那一年裡，課後輔導班仍然每天上課一次，直到學生高中畢業。當這些學生成為大學新鮮人之後，教師依然會透過電話、電子郵件和臉書與他們保持密切聯繫，為他們解答問題，並且定期舉行線上會議，提供他們所需要的支持和建議。

　　「鎖定目標」學業課程有 3 大功能。首先，講白了就是讓學生從高三起準備大學入學的測驗，告訴他們入學測驗會考什麼，並教他們應試技巧，好讓他們的成績從「完蛋」等級提升至「還可以」。在這一段時間內，「鎖定目標組織」的老師們已經能夠達到以前金恩老師的教學水準：高三這一年裡面，則能讓學生的 ACT 成績平均提高了 3 分左右，全國排名從倒數 15% 上升至倒數 35%。

　　「鎖定目標」學業課程的第 2 個功能，尼爾森稱為「大學之路的指引方針」。加入基金會的第一個夏天，當尼爾森在規劃課程時，他經常想起自己在紐特里爾高中念書時的學習過程：紐特里爾高中的升學輔導室聘雇了 8 位全職諮詢顧問，從學生高二那年開始就與學生和家長商討升學計畫。「很像機械化生產程序，」尼爾森笑著對我說：「學生從高二的第一天開始，一直到進入大學那天為止，學校會為學生安排一條清楚無比、結構完整的路線。」尼爾森也知道，紐特里爾高中那套機械化的升學準備模式，恐怕無法複製到芝加哥南區，「但是紐特里爾高中的某些做法，我認為應該可以套用在低收入社區的學校，並且能夠創造出巨幅的差異。」

　　因此，加入「鎖定目標」課程的學生不僅在申請大學的過程中有人幫助他們，更有人可以幫他們擬定一套完整的大學申請策略：選擇一所與他們成績相符的學校，不要高分低就；協助他們決定應該選擇離家近或是距離較遠的學校；輔導他們撰寫更具吸引力的申請論文；幫忙他們尋找能夠申請得到的獎學

金。（某天早上，在芝加哥一所高中的「鎖定目標」課堂上，我看著該校升學輔導員檢視著一份又一份讓人越聽越糊塗的獎學金申請清單。「這裡有希臘裔的同學嗎？」輔導員詢問同學。教室裡 25 位非洲裔和拉丁裔的學生以一種「不知道她在問什麼」的眼神回望著她。「好吧，」她又抱著希望詢問學生：「有沒有多重血統的同學呢？」一個穿著整潔的黑人男孩面無表情地回答：「我就是啊，我是南區的黑人和西區的黑人生下的混血兒。」）

尼爾森覺得做了這些仍然不足。他表示：「顯然有了指引方針還不夠。我們可以清楚告訴學生如何進入大學，但我們還必須訓練他們，讓他們進入大學之後也能夠順利畢業。我們必須把學生教育成為有用的人。」

高中教育與大學教育難以接軌的問題

「鎖定目標」課程的第 3 個功能，則可以追溯到芝加哥學校研究協會的研究內容，尤其是一位叫做瑪莉莎・羅德瑞克（Melissa Roderick）的分析師所進行的研究。瑪莉莎在於 2006 年發表的一篇論文指出，「非認知的學術技能」是在大學中學業順利的重要因素，這些技能包括：「學習技能、工作習慣、時間管理、求助行為和社交／學術問題的解決能力。」瑪莉莎從諾貝爾經濟學獎得主赫克曼那邊借用了「非認知」這個詞彙。她表示，這些技能正是美國高中教育與大學教育難以接軌的問題核心。

　　她在論文中說，美國現行的高中教育制度在設計之初，主要的目的是訓練學生就業，而不是培養學生進入大學；而且當時在職場上並不重視批判性的思考以及解決問題的能力（那個時代，就是第二章提到的兩位馬克思主義經濟學家鮑爾斯與金蒂斯所描述的年代）。因此，傳統上美國高中的目的就不是要幫助學生學習深度思考、激發內在動力，或者面對困難時勇敢堅持——可是這些技能都是堅持唸完大學所必備的條件。傳統上，高中只是一個「學生只要有出席、上課不睡覺，就可以得到獎勵」的地方。

　　瑪莉莎認為，上述的高中教育理念，確實曾經有效運作了好長一段時間：「高中教師即使工作量很大，還是可以把工作管理得很好，因為他們預期大多數的學生什麼都不做。大部分的學生不用花費太多心力，就能得到他們與家長所想要的高中文憑。」瑪莉莎接著指出，這樣就好比學生與老師之間有不個成文的默契，「只要忍耐一下高中生活，乖乖坐著上課，好好遵守校規，就會獲得獎勵。」

品格力是孩子未來成功的核心

　　可是，當整個外在的世界正在改變的時候，美國的高中教育卻沒有跟著改變。由於大學畢業生的薪資溢酬增加，越來越多高中生開始渴望能擁有大學文憑—— 1980 至 2002 年間，美國十年級的學生當中，希望自己至少能取得大學學位的人數比例，從 40％上升到 80％，增加了一倍。但是大部分的這些學

生都缺乏能夠在大學裡面順利求學所需要的「非學術性技能」
——亦即心理學家馬丁・塞利格曼所說的品格力。而且傳統的
美國高中也沒有足以幫助他們獲取這種技能的機制。這正是尼
爾森所試圖改變的，他認為在「鎖定目標」課程的策略中，第 3
項功能就是這整個課輔專案未來成功的核心。

增加競爭力的 5 個重要原則

　　從一開始尼爾森就很清楚，他沒有辦法讓學生的高中時光
重來一遍，他也覺得或許他不需要這麼做。他相信，若能幫助
學生發展出一些直接有助於適應大學課程的非學術技能，便可
以快速縮小一般芝加哥公立高中高四學生與全美其他一般大學
新鮮人在學術能力上的鴻溝。要達到這個目的，尼爾森列出了 5
項他稱為領導原則的技能，並希望「鎖定目標」課程的教師群
能夠多多向學生強調這 5 項原則：富於機智、適應力強、雄心
壯志，學有專精、人格正直。現在整個「鎖定目標」課輔專案
裡面，到處可見這 5 項原則的運用，貫徹的程度，甚至超過了
KIPP 學校對塞利格曼和彼得森發展的 7 項品格實力的運用（參
見第二章）。

　　「我們都知道，我們的學生進入大學之後，在課業方面一
定會落後其他同年齡的孩子。」尼爾森某天早上向我解釋：「我
們可以幫助他們大大提升 ACT 成績，不過我們沒辦法完全彌補
他們在這些測驗中的落後差距，因為我們的孩子們從幼稚園開
始，一直到十二年級，都處在劣勢的環境。但我們也清楚，並

且一再告訴我們的學生：有一種方法可以消除這種教育上的不平等。最關鍵的因素，就是前述那 5 項領導能力。」

5. 改變原本註定的命運

過去 40 年來，芝加哥南區的羅伯特泰勒社區，一直是戰後最龐大的集合住宅，它位於國家街與丹萊恩快速道路之間一片約 2 英哩長的狹長土地上，林立著 28 幢高聳的混凝土建築。幾乎打從 1960 年代初期這個集合住宅計畫剛完工，整個社區就開始向下沉淪，暴力事件四起，環境混亂不堪。到了 1970 年代和 1980 年代，羅伯特泰勒社區已經被芝加哥市府住屋局認定是「全美國最糟糕的貧民區」。1980 年一年之內，芝加哥全市的謀殺案件中，有九分之一發生在這個佔地 92 英畝的社區裡。在羅伯特泰勒社區最慘的時期，共有 2500 多人居住在這個社區裡，其中有三分之二是兒童，而且這些孩童大部分是和單親媽媽一起靠著社會福利金過活。

芝加哥經歷過上一次的都市更新之後，現在這個社區已經拆除了，原址剩下一片空蕩。如果你開車經過國家街，只能看見一片令人毛骨悚然的空地，宛如市中心裡一個詭異的雜草叢生區域，當中點綴著幾間孤伶伶的水泥老教堂，這些教堂在市區更新計畫中逃過一劫，倖存了下來。

在這片荒蕪空地的南方，靠近第 54 街的地方，有一排完整

無缺的小型建物，幾戶住宅（大多是木板搭建）、一家賣酒的小店、一間披薩店、一家當舖，以及一間店面改裝而成的浸信會教堂，不過如今教堂已經關閉了。但是教堂北邊還有一棟兩層樓高的藍磚建築，不是別的，竟然是一所學校：愛司技術特許高中。

由於周圍環境蒼涼，任何人都很難想像這個學校能教出什麼好學生。事實上，愛司技術高中也不是什麼出色的學校，2009 年的時候，該校高三學生當中只有 12％ 達到或超越全州的學習成就測試標準，而且該校自從 2004 年成立以來，從來沒有達到聯邦法規「有教無類」法當中訂下的「年度應有之進步幅度」標準。

失望沙漠中的綠洲

然而，自從尼爾森在 2007 年接掌「鎖定目標」課輔專案之後，他在愛司技術高中推出了一套全新的教學方式。首先，校內成立了課後輔導計劃（就像金恩老師最早所推動的一樣），針對高三生和高四生，每個星期進行兩小時的輔導課。到了2009 年，尼爾森又引進了一個輔導課程：全天在教室內上課，為期 3 年，由老師來主導（目前這已經是「鎖定目標」課輔的標準模式了）。

或許是個巧合，如果真是巧合的話，那也非常恰當：距離愛司技術高中不遠處，就是杜莎堡高中——在強納森·寇索《野蠻的不平等》一書中，杜莎堡高中就是那個悲哀的對照組，被

拿來和尼爾森的母校紐特里爾高中做比較。

第一位在愛司技術高中推動「鎖定目標」課程的老師，是一位現年 30 出頭、出身芝加哥西南郊區的英語教師蜜雪兒‧史戴佛，她從 2005 年起就開始在愛司技術高中任教。尼爾森接掌「鎖定目標」的執行總監後，聘請的第一位「鎖定目標」課程簽約教師就是蜜雪兒。我曾經以一整年的時間，追蹤蜜雪兒在愛司技術高中「鎖定目標」課程裡一班高三學生的學習狀況，觀察她如何在申請大學入學的過程中引導她的學生。在申請入學的程序中，學生們無可避免會經歷低潮——被勒令停學、意外懷孕、被大學拒絕入學……等等。儘管愛司技術高中就像座落在一片可以稱做失望挫折的沙漠當中，蜜雪兒班上的學生大部分的時間依舊覺得這所學校像是綠洲，充滿了希望與無限的可能。

蜜雪兒對教育的看法很實際，她本人就是一個直言不諱、非常務實的人，經常大膽指出校方的不足之處，也不諱言她班上學生遠遠落後其他人的現實狀況。高三學年結束前有天早上，她與學生們談到申請大學所需的個人自傳。她說，想要順利申請進入大學，個人自傳是申請資料中最重要的一環。「別忘了你們的對手是誰，」她告訴學生：「你們要和那些 ACT 成績 30 多分的人競爭，而且，坦白說，那些孩子享有的教育資源，比你們好太多了。我們正在努力彌補，但是水準還沒拉上來。我也知道這場競爭很不公平，也很不幸。懂了嗎？」她手裡舉起一篇自傳範本。「所以，你們的自傳就要交代這個，把你們的

生活體驗寫下來，告訴人家你們費了多少心力，才達到今天的境界。」

命運是可塑的

早在 2009 年春天蜜雪兒選定這班學生參與「鎖定目標」課程專案時，她就已經痛下決心，排除那些分數最高、家庭環境最優的學生。她並沒有選擇精英學生，在召募學生的過程中如果哪位學生透露自己的原生家庭中有大學畢業生，蜜雪兒就會委婉告訴該名學生，這個專案不是為了你而設計的，這個專案是為了那些更缺乏資源、更需要幫助的同學而設計的。

在教學過程中，蜜雪兒面對的最大挑戰之一，就是必須說服參加「鎖定目標」課程的學生，儘管眼前的環境及家庭的處境當中看不到什麼希望，但每個學生都具備潛力，能夠擁有成功的人生。

當我坐在蜜雪兒的課堂上時，我經常想到史丹福大學心理學家卡蘿・杜偉克有關成長時期心態設定的研究（參見第二章）。簡單來說，卡蘿・杜偉克發現，如果學生相信智商是可塑的，他們的表現就會比相信智商是不可塑的學生來得更好。紐約市 KIPP 特許學校創辦人列文所推動的專案，基本上就是把卡蘿・杜偉克關於心態設定的理論，擴展為「品格的特質也是可塑的」。

可是在愛司高中這裡，蜜雪兒似乎更進一步告訴她的學生：除了聰明才智、特質之外，連「命運」這件事也是具有可塑性的，

因此他們過去的成績表現，不見得就是他們將來的升學結果。

強化學生心態設定：可以變聰明，表現更好！

她並不是在宣揚某種虛無的自尊或是一廂情願的妄想，她只是想要讓學生們知道，他們可以成長，可以提升自我，達到一個比過去更高水準的境界，但是為了要這樣，他們必須堅持下去，努力不懈，並且需要有好的品格——套用她在課堂上的說法，就是需要具備領導的技巧。

當我跟賓州大學教授安潔拉‧達克沃斯談到有關「鎖定目標」課程的時候，她指出了一件我沒有想到過的事情：「鎖定目標」課程當中的第一大功能，也就是幫助孩子提升大學入學測驗分數的部分，或許兼具了兩種目的。首先，從務實的角度來看，可以幫助學生提升成績，讓他們更有機會進入更好的大學。其次（也許這是更重要的目的），一般人都習慣以測驗成績的好壞來判定學生是否聰明，現在「鎖定目標」幫助學生提升了測驗成績，等於強化了學生們的心態設定：你可以變聰明，你可以表現得更好！

蜜雪兒的學生當中，有些人把這些話聽進去了。不過許多高三的學生還是不相信自己能夠進大學，他們的家人也沒有給予適當的鼓勵。有個男生後來收到了名校普渡大學的入學許可，沒想到卻受到母親的影響，前往家附近的兩年制社區學院就讀，這樣他才不會離家太遠。和這個男生完全相反的例子，則是一位又自信又樂觀的孩子，名叫凱瓦娜‧拉爾瑪。

6. 蛻變重生的孩子

本書的「序幕」裡提到，我和凱瓦娜 · 拉爾瑪相識於她高三那年。她扭轉自己人生經歷的故事，大大震撼了我。她出生於一個不安穩的家庭，童年時期糟糕透了，經歷許多的逆境。國中時期她的成績很差，但在高中時發奮圖強，順利申請上了大學，並且在大學時期下定決心用功學習，一路向前邁進。在我和她聯繫的那兩年中，她一直過得非常辛苦，經濟情況也不好，她家只靠她母親每個月領取 500 美元的殘障津貼和食品券度日。

想要成為拿公事包的企業女強人

但是不知何故，凱瓦娜有辦法忽略芝加哥南區貧困生活的屈辱，反而把目光聚焦在光明的未來。「沒有人會喜歡蠢妞，」我們第一次對談時她告訴我：「也沒有人喜歡失敗者。我希望自己將來能夠像商業區那些拿著公事包的企業女強人一樣，大家向我打招呼時會說：『嗨，拉爾瑪小姐。』」為了實現這個夢想，凱瓦娜知道自己起碼要具有學士學位。儘管她家族中沒有一個人上過大學，但她確信自己可以辦到，她一定會拿到學士學位。

高中四年級那年秋天，她一頭栽進申請大學的繁複程序。她決定從頭開始學習怎麼申請大學，也弄清楚了「德保羅大學」和「德保大學」這些名稱非常雷同的大學。不過，她好像有點

一頭熱。當年 9 月份她告訴我，她打算申請 23 所大學，包括一些非常具有競爭力的名校，例如杜克大學和芝加哥大學。從某些角度來看，凱瓦娜或許有機會進入杜克大學，因為在課業沉重的高三那年，她選修了優等代數 II、美國文學、社會學、生物學等，而且幾乎拿下全 A 的成績（只有幾個 A-，完全沒有 B）。只不過，她還是碰上一個問題：她的 ACT 大學入學測驗考得很差。

　　凱瓦娜高三那年第一次參加 ACT 模擬考，只得到 11 分，這個分數非常低，輸給全美國 99% 的高三學生。高三那一整年她拼命練習，每個星期花好幾個小時在一個叫做 PrepMe 的線上系統進行複習（這個線上系統，也是「鎖定目標」的合作單位），最後在 4 月份走進正式的考場。和以前的模擬考比較起來，她覺得自己這次是有備而來，沒想到結果還是讓她相當挫敗，還是有很多她看不懂的題目，而且就算是她熟悉的測驗題組，她的答題速度也太慢。

　　「我走出測驗中心的那一刻，忍不住大哭起來。」她對我說：「我告訴蜜雪兒老師，我覺得自己根本上不了大學。我好氣我自己！」一個月後她收到了測驗成績，分數是 15 分。這表示在模擬考之後她足足進步了 4 分之多，但是她在全國的排名也只贏過 15% 的考生。芝加哥全市的公立高中學生平均分數是 17 分，而根據 ACT 的官方標準，能夠進入大學的程度是 20 分。至於申請進入杜克大學的學生，成績通常在 30 分以上。（ACT 的最高分是 36 分）。

　　作家查爾斯・莫瑞應該不會欣賞凱瓦娜這種想上大學的野心。在前面提過的《真實的教育》一書中他主張，只有在認知能力測驗中排名前20％的考生才可以念大學，而在他想像的理想世界裡，只有排名前10％的人才能夠上大學。他認為，在測驗中分數低於平均值的學生（更別提像凱瓦娜這種分數排名在全國後段的學生），如果一心渴望進入大學，那簡直是瘋了。莫瑞在書中指出：「大學教育在智能方面的要求，對大部分的年輕人來說實在過於吃重，如果大家不敢承認這一點，將會導致下一代繼續營造一種瘋狂又不切實際的錯誤期待。」學生在認知測驗（例如像ACT這種測驗）裡面成績排行在全國倒數三分之一的學生，根本不適合上大學，他說，因為這些學生「在基礎的文理知識上都不夠聰慧」。

　　可是尼爾森看待ACT的眼光與查爾斯・莫瑞完全不同。「我同意ACT是檢視學習成果的好方法。」尼爾森表示：「不過我不認為它是檢視聰明才智的好方法。我們學生的平均分數是14分左右，換句話說，在全國排名倒數10％。但是我決不相信相同年齡的孩子當中有90％比我們的學生聰明。我只相信，同年齡的孩子當中，有90％比我們的學生享有更優質的教育環境。」

成功的本錢

　　對尼爾森來說，差別只在於語意的詮釋：你高興的話，你也可以說ACT測驗的是人的聰明才智。但是不管你怎麼說，尼

爾森都相信，在測驗中拿高分的能力，並不是在大學裡求學順利、取得學位所不可或缺的。尼爾森這樣的信念不僅是來自閱讀瑪莉莎・羅德瑞克的研究報告，也來自於《跨越終點線》這本書，同時更是來自從「鎖定目標」課程畢業學子們的實際經驗。

「鎖定目標」的畢業生接二連三順利申請進入那些憑他們ACT 成績根本摸不上邊的好大學，他們後來的成就都是他們的ACT 成績認為他們不可能辦到的。「非認知的技能，例如，適應力強、富於機智和堅持毅力，才是真正攸關在大學求學過程中能否順利、成功的因素。」尼爾森告訴我：「非認知的技能可以幫助我們的學生，在面對不平等的教育系統時，爭回一些優勢。」尼爾森認為，像凱瓦娜這樣的學生，「具備了別的學生所沒有的成功本錢。而且這些本錢一直到她畢業那天都會非常受用，而不只是幫助她獲得出色的 ACT 成績。」

7. 從失敗到奮發趕上

時光倒流到 1980 年代，當凱瓦娜的母親還是高三學生時，她和班上其他同學一起報考了 ACT。她已經忘了自己到底得到幾分，總之不會太好。秋季的某一天，我去拜訪凱瓦娜和她媽媽時，她媽媽告訴我：「我收到成績單的時候感覺很糟，覺得自己是失敗者。我那時想，反正我這種分數也上不了大學，那

我就乾脆放棄好了。」

下定決心改變人生軌跡

　　凱瓦娜與母親感情非常親密，但兩人的關係卻又很緊張，因為她在生活中所做的決定，與她母親在相同年齡時所做的決定完全相反。凱瓦娜的母親還在青春期就愛上了凱瓦娜的生父，因此做出一連串不聰明的決定。凱瓦娜則和男友保持距離，不讓男友影響自己上大學的目標。凱瓦娜的母親放棄了學業，但是凱瓦娜則是堅持唸完學業到底。凱瓦娜的母親因為 ACT 成績不佳而打消升學的念頭，凱瓦娜卻反而下定決心，誓言要考出好成績。

　　但是，凱瓦娜升上高中四年級的秋天，她的心情越來越沉重。我在 10 月中旬的某個下午找她聊天時，她的聲音聽起來一反常態，對未來充滿悲觀。她當時陸續收到一些申請獎學金的回覆，每個回覆都是拒絕，她覺得一定是因為她的 ACT 成績不好。「我對目前的狀況感覺相當沮喪，」她表示：「我在申請大學的過程中花費了那麼多心力，而且我真的需要獎學金才能念大學。」

　　我們那天聊了很多關於她住在明尼蘇達州時的國中生活。她記得自己的學習障礙，是從小學六年級之後開始的，由於她當初的成績和品行都不好，進入國中後就被踢進一個名為「雞翅班」的輔導矯正班。「雞翅班」的英文是 WINGS，意思是「現在以創新的方式學習，將來才能夠順利從學校畢業」（Working

Innovatively Now for Graduation Success）。

但是凱瓦娜說，學校裡流傳著一個笑話：雞翅班的學生整天沒事做，只要坐在教室裡吃炸雞翅就好。凱瓦娜表示，雖然這個笑話有點誇張，可是也多少帶點真實性。「我們在雞翅班裡面真的什麼事都不必做，」她說：「這個班級本來是為了那些需要幫助的學生而設立的，可是學校什麼忙也沒幫。雞翅班的學生不用讀書，不用學習，只要打電動、看影片、吃爆米花。這樣很好玩，但這也就是為什麼我現在沒辦法考出 ACT 好成績的原因，也是我被那些獎學金拒絕的原因。國中那幾年裡，我們原本應該要專心學習標點符號、逗號、隱喻等種種知識。但是現在只要老師問大家『記不記得這些標點符號和文法呀？』我真的只能在心裡大聲回答：『不，我不記得！因為我從來就沒有學過！』」

荒廢學業的影響

凱瓦娜另外一個揮之不去的遺憾，就是她在愛司技術高中就讀一年級的那一整年。當時她有機會可以重新開始，卻被她白白浪費了。她每天忙著翹課、閒晃、和朋友廝混，完全沒有好好讀書。高一那年，她的學業成績多半是 C 和 D，連體育課都被當掉。

「我沒想過未來，」她對我說：「那時候我只想要玩。」那年她才 14 歲，不知道世界上有什麼事情是重要的。升上高二後才開始比較認真，而且才赫然發現，高中的在校平均成績是

累計的。也就是說,她高中一年級的成績將會影響她申請大學的機會。這也就是為什麼她在高三、高四的時候會如此努力爭取好成績——她願意做額外加分的作業,也願意在放學後留在學校裡,請老師指導她的功課。儘管如此,有時候,她提到那段歲月,過去的荒唐經歷就像她求學歷程中的污點,永遠無法抹去。

凱瓦娜心目中的第一志願是伊利諾大學香檳校區,也就是伊利諾州大學體系中的領導品牌,該校在《美國新聞與世界報導》的大學評定中,名列全美國最佳公立大學第 13 名。這所學校位在芝加哥南方,距離芝加哥市區大約兩個半小時車程,這樣的距離對凱瓦娜來說正好,既不會令她太想家,又能讓她享受獨立的感覺。高三那年,她曾經和「鎖定目標」課程舉辦的大學校園參訪團前往香檳校區,對那所學校充滿了好感,包括學校的建築物、學生中心、演講禮堂、學生餐廳等。「那裡就是我夢寐以求的學校,我的第一志願,我超想進去念書的校園!」她說:「如果我沒辦法申請到這所學校,我一定會連哭 6 天。」

但是,進入 2 月之後,凱瓦娜的大學雄心縮小了。她當時已經申請了芝加哥大學——全美最負盛名的大學之一,但她表示,即使她收到這所學校的入學許可,她也不想去念了。在她成績水平內的大學之中,已經有幾所接受了她的入學申請,包括伊利諾大學芝加哥分校,但是她希望能有更好的選擇。她並沒有放棄伊利諾大學香檳校區,該校仍然是她的第一志願,只

不過她現在有了一個更明確的第二志願：位於馬卡姆的西伊利諾大學。雖然申請西伊利諾大學，比較不像伊利諾大學香檳校區那麼競爭，不過入學新鮮人的平均分數仍然遠遠超過凱瓦娜的成績。她也去參訪了西伊利諾大學，並且留下溫暖的回憶：「我好愛那所學校，」她對我說：「我在那裡覺得很自在，那裡的人很好，宿舍的房間也很好，一切都很完美。」

不要再犯同樣的錯誤

那年冬天，凱瓦娜調整了她的大學升學計畫。我個人認為她的新方案比原本的更有魄力、更有眼光。「如果我沒辦法進入心目中的前幾志願，也許就代表我根本註定不該去念這些學校。」她向我表示：「我會感到非常失望，但我會在我能夠申請上的大學裡面繼續努力，也許經過一、兩年後，就可以轉學進入我的前幾志願。」她也決定，再也不要為了高一那年犯下的錯誤而折磨自己。「我不能老是抱怨『喔，老天哪！我虛度了我的高一生活！』事情都已經發生了，我犯的錯無法彌補，對我來說，那就是一次教訓。等我上大學以後，大一新鮮人這一年，我保證不要再犯同樣的錯誤。我做事要有目標、有計畫，每一件事我都要安排得好好的，按照進度執行，而且專心在自己的目標上，還要結交有益的朋友。」

對凱瓦娜來說，2月份是充滿焦慮的一個月。她不停檢查郵件、打電話到招生辦公室確認對方是否已經收到她投遞的各項相關資料。終於，她在2月底接獲好消息：西伊利諾大學已經

接受她的入學申請，但是因為她的 ACT 成績太低，因此入學之後她必須參加一個特別的大一新鮮人輔導專案，接受額外的課業輔導及諮詢協助。凱瓦娜在愛司技術高中的幾位好朋友也申請上了西伊利諾大學，因此她們將一同準備前往就讀。

8. 縮短差距的最佳時間點

　　兩位加州大學的勞動經濟學家菲力普・巴卡克（Philip Babcock）與明蒂・邁爾克斯（Mindy Marks），最近針對 1920 年代迄今大學生利用時間的情況做了分析。他們發現，1961 年的全職學生，每週在課堂外的自習時間平均為 24 個小時。到了 1981 年，這個數字下降為每週 20 個小時。2003 年的時候，全職大學生每週讀書時間更降至 14 個小時，幾乎是 40 年前的一半。而且讀書時間減少的這個現象，是全面性的、沒有分別的，兩位學者分析說：「不管是哪個族裔背景的學生，不管是有沒有打工的學生，也不管主修是什麼，更不分是哪一種四年制大學，不分學程的結構是什麼，反正所有學生的學習時間都下降了。」

　　那麼，消失的讀書時間，都跑到哪裡去了？大部分是花費在社交與娛樂活動上。另外一項針對加州大學 6,300 位大學生所進行的研究發現，現在的學生每週讀書的時間不到 13 個小時，但是卻花費 12 個小時與朋友廝混，14 個小時從事娛樂或追求嗜

好，還有 11 個小時玩電腦，6 個小時運動。

對許多觀察者來說，這些數字實在值得警惕，可是「鎖定目標」組織的尼爾森卻在這樣的情況下，替他的學生們看到了大好機會。他回想自己就讀密西根大學一年級的時候，就和多數出身中上階層的學子一樣，不太用功。有些家境富裕的學生認為，大一就應該卯起來喝酒；也有些學生認為，大一的時候應該全心投入兄弟會或編寫學生報。也許大一的時光並不是全部都浪費掉了，可是基本上來說，大多數人的大一時光對於自己的課業是沒什麼幫助的。

可以發揮神效的時間

因此尼爾森認為，對於參加「鎖定目標」課程的學生來講，大一新鮮人這一年是可以「發揮神效的時間」，因為他們可以趁機「迅速縮短與同儕之間的差距」。尼爾森的理論如下：「大一新鮮人這一年是一段非常特殊的時間。學生不必像進大學之前那麼努力，所以大部分人會鬆懈下來，會卯起來狂歡。如果我們的孩子可以趁這時候努力用功，和教授建立起良好的關係，熟悉自己的課業，善用我們教導他們的技能，他們就可以縮短自己和別人的差距。我們一再發現這樣的現象：一個原本高中成績落後別人三、四個等級的學生，在升上大學二年級之前，就能夠以非常驚人的方式趕上他的同儕。」

凱瓦娜進入西伊利諾大學的第一個學期，選修了一些基礎課程，包括基礎英語、基礎數學、基礎社會學，但是這些課對

她來說都不容易，其中她覺得最有挑戰性的是「醫療保健事業導論」裡的生物學。這門課的教授很受歡迎，課堂上經常座無虛席，而且選修這門課的學生多半是較高年級的學生。

上課的第一天，凱瓦娜照著蜜雪兒老師的建議去做：她在上課之前先禮貌性地向教授自我介紹，然後選了前排的座位坐下。前排座位除了凱瓦娜之外，全部都是白人女孩，其他的非洲裔學生都坐在教室後排的座位，這點讓凱瓦娜感到非常失望。（那年秋天我和凱瓦娜通電話時，凱瓦娜說：「那正是他們希望我們黑人做的事。想想 20 世紀中期的民權運動，假如那時白人規定我們坐在教室後排，我們會乖乖聽話嗎？當然不會！」）

生物學教授在課堂上提到許多凱瓦娜不熟悉的術語，於是她想出了一個對策：每次只要教授提到一個她不明白的詞彙，她就把這個詞彙寫下來，並且在旁邊註記一個紅色的星號。課堂結束後，凱瓦娜先等其他有問題想找教授詢問的學生談完之後，才拿著那些詞彙去問教授，請他一個一個解釋。

事實上，凱瓦娜花了很多時間與她的教授們互動，經常利用教授的辦公時間去問問題，也經常透過電子郵件詢問教授她不懂的作業習題。而且，她在每一門課的班上都會想辦法和一、兩位同學混熟，這麼一來，如果她想詢問作業相關問題但是又聯絡不上教授時，就不怕沒有人可以請教。

除此之外，透過大一新鮮人輔導專案，凱瓦娜找了一位家教來教她寫作──她告訴我，她的文法向來很差，拼字和標點符號也常常出錯。每次寫完一份報告，她就先請家教陪她檢討

一遍，然後才把報告交出去。終於，大一那年的 12 月，她覺得自己已經搞懂了怎麼正確使用逗點，也弄清楚了附屬子句的用法，於是等她完成最後一份英文課的報告之後，她決定不請家教檢討，就直接交了出去。這份報告她得到了一個 A。

永不放棄

不過，那個學期對凱瓦娜而言仍然不好過。她的手頭並不寬裕，必須不斷想辦法省錢。有一次，她的用餐卡裡面沒錢了，只好兩天不吃飯。她感覺自己好像一天 24 小時都在用力唸書，撰寫每一份報告對她來說都充滿挑戰。大一上的學期末，她為了準備期末考而連續 3 天幾乎徹夜未眠。所幸她付出的努力都反映在她那個學期的成績上：兩個 B+，一個 A，至於生物學那一門課，她拿到了 A+。我在聖誕節前夕找她聊時，她聽起來有點疲憊，但也為自己感到驕傲。「不管多困難、多累人，我都不會放棄，」她說：「我不是會放棄的那種人。我小時候玩捉迷藏，就算已經到了晚上 8 點鐘，我也要把每個人都找出來才肯回家。不管有多麼困難，我絕不放棄。」

凱瓦娜的成績在第二個學期又繼續提升。大一結束時，她的累計平均分數為 3.8。接下來還有 3 年的大學時光，在這段時間裡她可能會碰到難題、遭遇挫折、犯下錯誤、面臨危機，但是凱瓦娜心裡似乎相當篤定，因為她知道自己的路該怎麼走，而且也清楚為什麼要這麼走。她的信念令人震懾。

運用非認知技能來追求卓越未來

我對凱瓦娜印象最深刻的一點,就是她能夠運用自己驚人的非認知技能——不管我們稱之為堅定毅力、認真盡責、適應力強,或是延遲滿足的能力都好——只為了追求遙遠未來的一個獎賞,而且對凱瓦娜來說,這個獎賞幾乎還看不見具體的內容:她完全不認識任何一位在商業區上班的女性,甚至除了她的老師們之外,她也不認識任何一位大學畢業生。凱瓦娜的大學生涯,彷彿就像心理學家瓦特 · 米書爾設計的一場棉花糖實驗,只不過她這個版本的實驗時間更長,賭注也更高;她有兩種選擇,一個是她現在可以拿走一顆棉花糖吃掉,另一個則是她必須苦讀 4 年、時時省錢精打細算、三不五時熬夜唸書、經常面對掙扎與犧牲,最後得到的不只是兩顆棉花糖,而是某種她隱約聽過的高級法式甜點,例如拿破崙派。凱瓦娜奇蹟般的選擇了拿破崙派這個選項,雖然她從來沒有吃過,也不知道有誰吃過,但她有信心,這個選擇將會充滿美味。

並不是每個「鎖定目標」課程的學生都像凱瓦娜一樣這麼有毅力,而且凱瓦娜和她的同學們所學習的領導技能,必須再等幾年才能被清楚驗證是否真的可以幫助他們們順利完成 4 年的大學學業。但是,到目前為止,「鎖定目標」課程整體的升學數字還不錯。2009 年秋天芝加哥地區有來自 10 個學校的 129 位學生加入「鎖定目標」課程(其中包含凱瓦娜),到了 2012 年 3 月為止,這些人裡面,有 94 人順利進入四年制的大學,另外 14 名進入二年制的學院,進入大學的總比例為 84%。總計只

有 21 位學生偏離了大學之路：其中 12 名學生在高中畢業前就離開了「鎖定目標」課程專案，兩個學生在高中畢業後從軍，兩個學生在高中畢業後沒有繼續升學，5 名學生在大學一年級時休學。

幫助弱勢學生是最有效益的投資

僅管這樣的數字並沒有特別了不起，但對於那些每週在放學後參加這個創新專案的學生來說，成效算是相當不錯的。就算在高中已經待了 3 年、高三那年才加入「鎖定目標」的學生裡，還是有 66％順利進入大學就讀。如果你記得「鎖定目標」課程專案的教師是特別挑選那些成績不好、升學機會不高的學生來參加，你應該就會覺得這樣的成效是相當出色的。

尼爾森應該會率先承認，他所創立的「鎖定目標」並不能改善美國人力資本失衡的問題。在理想的狀態下，教育制度與社會支援系統應該要能夠在貧困的區域，培養出學業成績不會落後同輩好幾年的青少年才對。在眼前的現實上，「鎖定目標」以及這項專案所奉行的理論基礎，似乎是最有助益的介入方式，每年只需要在一名學生身上投入 1,400 美金的成本，就能夠把那些成績不好、缺乏學習動力且家境清寒的青少年，轉變成為成功的大學生。

第五章

更美好的未來

5

1. 改變人生的決定

　　1985 年秋季，懵懵懂懂的我剛進入紐約的哥倫比亞大學，感覺自己前途一片茫然。那時的我，與 2011 年秋天的凱瓦娜面臨相同的困境，但是我做了一個決定，那是凱瓦娜後來立志不要再做的事：輟學。

　　對當時的我來說，這項重大的決定將會從此改變我的人生，直到現在，我還是這麼認為。其後的 25 年間，我時常咀嚼這段人生的轉彎處，伴隨著懊惱、後悔。動筆寫這本書時，更免不了回想這個決定對我的人生造成了什麼影響。當我坐在愛司技術特許高中的 104 教室裡，與凱瓦娜及蜜雪兒・史戴佛老師帶領的「鎖定目標」課程的學生們相處，不瞞各位，我有時會感到些許羞愧。這些學生努力追求的目標，是要取得大學學位，而我多麼希望當年那個與他們年紀相仿的我，也能和他們一樣認真考慮自己的未來，仔細思考我到底期望在大學生涯中學到什麼事。

失敗的風險是通往成功的基石

　　我注意到本書提及的每位學者，從詹姆斯・赫克曼、安潔拉・達克沃斯、瑪莉莎・羅德瑞克，一直到《跨越終點線：在美國公立大學完成大學學業》這本書的作者群，他們每位都特別把這些中途放棄的高中生或大學生提出來討論，認為他們的非認知能力低於標準，也就是說，他們的毅力和膽識不足、意

志力不夠、規畫能力不佳。我想，當年那個做出輟學決定的我，確實缺乏某些重要的特質。不過寫這本書時，我卻找到了另一種詮釋，可以讓我寬心看待當初輟學的決定。這是我與河谷鄉村學校校長蘭道夫深談後獲得的啟示。

蘭道夫校長提出一個有力的論證，讓我相信「**失敗，或者說失敗的風險，正是通往成功的基石。**」本書第二章曾經提過，蘭道夫非常擔心學校裡大部分富家學子的未來，因為他們的前途堪憂卻不自知。現代美國的私立學校、家庭教師、常春藤盟校以及安穩的職業生涯，共同組成了一個精英管理的社會，箝制了這些學生的發展，蒙蔽了他們的雙眼。事實是，他們的家長、學校，甚至是整個文化，並未提供孩子真正面對困境的機會，因此無從鍛鍊孩子們的品格。「**失敗能健全我們的心志，讓我們學習自制，**」蘭道夫說：「然而在美國多數的高等學術環境中，卻沒有人嘗過失敗的滋味。」

害怕失敗 VS 放手一搏

我曾在 2011 年 9 月的《紐約時報雜誌》發表一篇有關 KIPP 學校、河谷鄉村學校及品格發展的文章，內容擷取自之前我為本書做的專訪內容。這篇文章意外引起廣大迴響，許多讀者說，他們對蘭道夫「失敗與成功」的論述實在是心有戚戚焉，有些讀者直接在該雜誌網站上娓娓道出自身經驗。例如一位名為「戴夫」的網友便承認，自己正是蘭道夫口中的那群孩子，在校時成績常拿高分，也常受到大家的褒揚，卻從未擁有正面迎接真

實挑戰的勇氣。「我到30歲才領悟到這個道理。」戴夫寫道：「我常想，如果我當年不害怕失敗，願意放手一搏，即使結果不一定會成功，卻還是願意勇往直前，那麼今日的我會獲得何種成就？」

　　文章刊出後不久，我正在研究大學入學生最後有多少人得以畢業的問題，突然間，我對輟學的決定浮現新的想法。為什麼我決定輟學？我翻出當時的舊資料箱尋找線索，接著便發現一封幾乎已經從我記憶中抹去的信。那是我大一的秋天，正值感恩節週末假期，我在哥倫比亞大學宿舍中寫下一段長長的自白，總共8頁，單行間距。我那個年代，和今天有著巨大的科技差距，因此那封信不但是用手寫的，而且還是用草寫字體寫的。我把這封信拿出來，雖然上面有些咖啡漬，但不妨礙閱讀。我坐在辦公室裡，深吸一口氣，認真重讀了一次。各位應該也想像得到，這樣其實滿尷尬的：一個18歲的年輕小夥子，正以為自己要做出扭轉人生的重大決定，世上還有什麼比這種情況更像是「強說愁」的呢？不過我很高興這封信重新出現在我的生命中，雖然年輕人常有吃不了苦的時候，但是看著過去那個備受煎熬的我，我還是深感同情。

　　高中時我是個出類拔萃的學生，學業表現傑出，各種標準化測驗屢獲佳績。踏入大學殿堂的我，一方面難掩興奮，卻也惶惶無措，在一個全然陌生的校園內、無人熟識的城市中載浮載沉。置身紐約大都市固然令我欣喜，在課堂上卻沒有那麼開心。我在高中算是個負責任的好學生，不過對於正規教育卻有

滿腹疑惑,骨子裡流著反抗的血液(我年輕時就是死忠的凱魯亞克書迷),也跟許多早我好幾年出生的叛逆高中生有一樣的想法:「拜託,老師教的東西根本不重要。」就在我成為大一新鮮人那年的 11 月,我實在受夠了。「我上學已上了 15 年又 3 個月,占了我人生的 84%!」我如此寫著,數字還算得很準呢(從第一天上幼稚園開始計算):「我只知道上學。教育不過是場遊戲。就老實說吧!我很會上學,我知道規則是什麼,我知道怎樣做完該做的功課,我還知道考試的必勝攻略。不過我真的玩膩了。該抽身了。」

踏上從未走過的路

18 歲的我繼續寫道:「這並不容易。要放棄每個人都認為我做得很好的事情,踏上從未走過的道路,但是我覺得這才是我必須做的:做一些充滿變數、不安全的,也不保證一定會成功的事情。」我為自己立下的目標是長途旅行,類似像荷馬史詩《奧德賽》的壯遊,我打算從下學期的學費中抽一點出來,買輛腳踏車和一頂帳篷,獨自一人從美國南方喬治亞州的亞特蘭大市出發,一路騎到加拿大新蘇格蘭省的哈利法克斯市,沿途就睡在州立公園或是陌生人家的後院。

這是個古怪的想法。我從來沒有騎腳踏車長途旅行過,連單獨的短程旅行經驗都沒有。我沒去過美國南部,也不擅長與陌生人交談,不過不知道為什麼,我就是覺得應該要奮勇完成這項壯舉。我有預感,旅途上學到的東西一定會比課堂上學到

的還充實。「最後或許會跌得灰頭土臉、一敗塗地，造成一發不可收拾的悲劇，」我寫道：「這可能是我這輩子做過最不負責任的事，但也可能是我一生中最認真負責的決定。」

賈伯斯論及失敗對自己人生的影響

我報導 KIPP 學校和河谷鄉村學校的文章在《紐約時報雜誌》刊出後，過了幾天有位讀者寄電子郵件給我，建議我應該看看蘋果電腦創辦人賈伯斯在 2005 年應邀至史丹佛大學畢業典禮的演講。他說，賈伯斯談及失敗對人生的影響，很多觀點都與我那篇文章遙相呼應。賈伯斯的英年早逝，讓這段演講再度引發熱烈討論，不過我的文章發表時，是在賈伯斯過世前幾天，我也未曾看過他的演講內容。

我點了讀者信件內附上的 YouTube 連結，開始聽他演講，才發現自己對賈伯斯的生平竟然那麼生疏。我看了影片，才知道他大一時也從奧勒岡州的里德學院休學。說真的，如果你輟學多年後，一直想為自己當初的決定找個正當理由，看到現代竟有一位成就非凡又創意無限的企業家，也選擇不讀大學，你應該很快就能釋懷，而且，賈伯斯根本沒後悔過。他提到，休學是他「這輩子做過最好的一個決定」，甚至後來對他、對蘋果電腦來說也很值得；因為賈伯斯不用上必修課，可以去旁聽自己更有興趣的課，例如書法和字體設計。「我認識了襯線與無襯線的字體，學會在各種字母組合間變換間距，體驗文字設計的美妙之處。」賈伯斯說：「我本來也不期待這些在我的人

生中會有什麼大用處。」

　　當然我們都知道後來的結果了，10 年後，他和沃茲尼克兩人共同設計麥金塔作業系統，決定開創先河，將優美的字體躍然呈現於電腦螢幕上。這些線條雅致勻稱的字體，正是讓蘋果電腦在市場上獨樹一幟的原因。

一生中最大的失敗讓他邁向高峰

　　不過，更讓我印象深刻的是，賈伯斯談到他人生中最大的失敗，是被自己創辦的蘋果電腦一腳踢出門外，那時他才剛過完 30 歲生日。「我成年後的生活重心頓時消失了，我整個人都快崩潰了。」他說：「這下大家都知道我是個失敗者。」但當時的他並沒有發現，眼前的愁雲慘霧反而讓他有時間重整旗鼓，並邁向康莊大道：他買下皮克斯動畫公司大力整頓，也找到終生伴侶，如獲新生之後再度回到了蘋果電腦。如同賈伯斯說的，「卸除成功的重擔，一切歸零，重新創業，每件事都多一點不確定，反而輕鬆自如。」這正是當年那個在哥倫比亞大學宿舍的我所尋求的目標：重新來過的輕盈自在。

　　寫完這封輟學的自白信，過了一個月後，我真的休學了。我買了腳踏車、帳篷、可攜式的爐具與一張飛往亞特蘭大的單程機票。我花了兩個月從亞特蘭大騎腳踏車到哈利法克斯，途中遭逢了暴風雨、爆胎及各式各樣的奇遇。當我抵達終點，我覺得這是我有生以來做過最美好的一件事。幾個月後我重回大學生活，這次我選擇回到家鄉加拿大就讀麥基爾大學。這所大

學有位神經學家麥可·米尼,他在我入學的十幾年後發表了一項有趣的研究,也就是關於老鼠媽媽舔舐幼鼠的習性與對幼鼠的影響。

放棄人生的安全保護傘

我只在麥基爾大學待了 3 個學期,又再次休學,這次是為了《哈潑斯》月刊的實習工作,此後我再也沒踏入大學殿堂,沒拿到學士學位。我帶著一點遲疑,慢慢展開了雜誌編輯與記者的職業生涯。我並未像賈伯斯一樣創立蘋果電腦,也沒有學他另起爐灶成立 NeXT 公司(後來被蘋果收購),說實話,經過了 20 年,我無時無刻都在捫心自問:**我該做我在行的事,還是我喜愛的事?要大膽一試,還是有把握的做一做就好?**離開哥倫比亞大學 24 年後,又是同樣的秋日清晨,我毅然決然離開紐約市富有聲望的媒體《紐約時報》,同樣放棄了安全的保護傘當後盾。這次,我即將展開的冒險旅程不是騎腳踏車橫跨半個美東,而是寫書。就是這本書。

2. 對孩童最好的教養方式

這些日子以來,我不停思索成功與失敗的關係,不再關心自己的前途,而是愈來愈關切我兒子艾靈頓的未來。我覺得自己的人生應該或多或少已經走在一條正路上了,但艾靈頓呢?

他有無限的可能。這本書開始動工的時候，他才剛誕生，他滿 3
歲後這本書正式上市，也就是說，我著手寫書的這幾年，正是
神經學家所謂關鍵的兒童心智發展時期。我為了寫書蒐集而來
的文獻，尤其是第一章提及的大腦研究，讓我對父親的角色有
更深一層的體驗。

艾靈頓呱呱墜地後，我就和大部分憂心忡忡的父母一樣，
對智商至上的認知假說深信不疑。我們這些父母擔心孩子長大
後不能成龍成鳳，所以早早塞給他們一堆單字圖卡，從產房開
始就不斷播放莫札特音樂 CD，巴望著他們能高分通過幼稚園學
前教育的入學測驗。不過，當我開始閱讀大腦的研究報告後，
我有了不同的想法。根據專家說法，孩子出生後幾年內的確是
大腦發展的黃金時期，但許多必需的技能並非光靠學習字卡就
能習得。

並不是說我不再關心艾靈頓的讀寫和算術能力，只是我認
為，不管我做什麼，他遲早都能學會閱讀、書寫、算數等能力，
因為他從小生活在書海之中，父母親都很喜歡閱讀，兩人的算
術能力也不差，因此艾靈頓在耳濡目染下，他的學習應該不成
問題。我比較擔心的是他的品格發展。

嬰兒腦部發展與長大後的心理素質有緊密關聯

把「品格」套在一個蹣跚學步的幼兒身上，似乎是有一點
小題大作；而且，個人性格的養成，也要取決於各種錯綜複雜
的神祕交互作用，與文化、家庭、基因、自由意志和命運都脫

不了關係。不過，對我來說，新世代神經學家提出的理論中，最了不起的就是發現嬰幼兒腦部的發展，與長大後的心理狀態有緊密關聯。在複雜而可貴的人類特質裡，即我們所謂的「品格」底下，潛藏的便是這些科學家的發現：人體內某些特定的化學激素交互作用後，會對嬰幼兒的腦部與身體產生影響。

對孩子付出愛與關懷，是未來成功的重要環節

當然，化學作用不表示命運就此註定，但是這些科學家提供了相當可靠的論證指出，要「製造」出一個勇敢、富有好奇心、友善又睿智的成人，必須從他在嬰幼兒時期開始讓他的下視丘－腦垂腺－腎上腺軸（也就是本書前面提到的 HPA 軸，亦即身體調節壓力的機制）正常運作。但要怎麼讓他的 HPA 軸正常運作呢？不用施展魔法也辦得到。**首先，盡量避免孩子受到嚴重打擊與長期壓力。接著更重要的是，讓孩子享有相當親密的親子關係，細心呵護他。你和你的另一半中至少要有一位，理想狀態是兩位，要對孩子付出滿滿的愛與關懷。這或許不是成功祕訣的全貌，卻是至關重大的環節。**

不做直升機父母，學做老鼠媽媽

艾靈頓還在襁褓中時，啟發我最深的正是麥可‧米尼教授的理論。我有點不好意思承認，但我逗弄小艾靈頓的時候，腦中常浮現小老鼠的畫面。我花了很多時間思考要怎麼學鼠媽媽，當一位用心舔舐、梳整小孩毛髮的人類父母。我後來領悟到，

鼠媽媽的百般照顧，和「直升機父母」是截然不同：他們不會一直盤旋在孩子的身邊，過度焦慮又過度呵護；也不會無時無刻都在幫孩子做這個，做那個。他們這種舔舐、呵護孩子的動作，只有在特定情況才會出現——也就是孩子抵擋不了壓力的時候。

鼠媽媽的這種反覆舔舐、梳整小鼠毛髮的動作，彷彿是家長想教導孩子一項珍貴的技能：如何調節壓力，讓情緒回穩。對人類的嬰幼兒而言，就是如何在大發脾氣或大受驚嚇後，冷靜下來的能力，這也是我試著引導艾靈頓學習的重點。說得更清楚一點：我沒有真的舔我兒子，也沒有真的常常幫他梳理身上的毛髮，我只是費心安撫他、擁抱他、和他說話、鼓勵他。我與妻子寶拉在兒子還小的時候就常這麼做，我認為這些小小的舉動，對於他的未來一定大有幫助，而且會比其他教養方法有效，不管是他的品格，還是未來的幸福、成就，都能有豐碩的成果。

讓孩子跌倒，靠自己力量站起來

艾靈頓年齡逐漸增長，我跟其他父母一樣，發現孩子需要的不僅僅是愛與擁抱而已。他也需要管教、規矩、限制，需要有人制止他。**不過更關鍵的，是他需要兒童可承受的困境，他需要跌倒一次，而且要靠自身力量站起來，不必別人扶他。**這對我們夫妻倆來說更難了。我們可以很自然的給孩子擁抱與安撫，但是讓孩子跌倒可不容易。不過我也心知肚明，現在只是

個開端，未來還有長久的試煉。我們會跟其他父母一樣面臨相同的掙扎，我們想提供孩子所需的一切，想保護他不受任何傷害，卻又深知若真心期盼孩子成功，做父母的就得先讓他失敗；或者，更精確地說，我們必須幫助他學習面對失敗。

教導孩子從挫折中成長

本書許多章節都提到了孩子要學習如何面對挫折，並從中得取教訓，而第三章說到的西洋棋教練伊莉莎白・史畢傑，更是教導孩子面對失敗的專家。她認為，學習路途上必定會跌跌撞撞，每位棋士都是如此走過來的，所以作為西洋棋的指導老師，她的工作不是防止學生失敗，而是教導他們從挫敗中成長，讓孩子學著睜大眼睛看待眼前這道深淵，抬頭挺胸面對自己捅出的簍子。如果他們能成功跨越眼前的這個障礙，下一次就能處理得更完善，如同賈伯斯重掌蘋果公司一樣。

過度保護會使孩子缺乏解決困境的能力

我到河谷鄉村學校和該校老師與行政主管開座談會，接著也到其他私立學校，與許多父母、老師、校友討論他們對《紐約時報雜誌》那篇文章的想法。大家最關切的正是文中點出的問題：孩子普遍受到過度保護，沒有遇過困境，結果就是孩子缺乏解決困境的能力，更別說從中獲取教訓。在河谷鄉村學校採訪時，我總是感覺自己遇上了一股瀰漫在現代富裕社會裡的焦慮：傳統上追求精英的教育精神似乎出了差池，很會考試的

年輕人畢業了，拿著漂亮的文憑，昂首踏出名校校園，但實際上卻沒有什麼技能來幫助他們在未來的人生旅途上闖出一片天。頂尖大學越來越少培養出頂尖企業家、引領風潮的標竿人物、藝術家；老實說，頂尖大學好像沒培養出什麼人才，只有培養出投資銀行家和管理顧問。

　　最近《紐約時報》報導，2010年畢業自普林斯頓大學的社會新鮮人當中，有36%進入了金融業，26%選擇從事該大學所定義的「服務業」，其實主要就是擔任管理顧問。換句話說，一個班級內，一半以上的學生都是金融管理界的新人，而且這項調查還是在2008年金融風暴後進行的，那場風暴差點毀了金融業。（金融風暴前，普林斯頓大學約有四分之三的畢業生選擇金融及管理這兩種職業。）

優秀卻迷惘的年輕人

　　這麼多優秀、聰穎的年輕人選擇進入管理、金融行業，而說實在的這些行業並無法帶來高度的個人滿足感及社會價值。許多研究者認為，上述這種情形再度印證了一個現象，一個我在河谷鄉村學校裡不斷聽見老師們告訴我的現象：雖然學生努力唸書，卻從來不用面對困難的抉擇，也從未與困境搏鬥，所以他們出了社會，就算很有能力，卻感到失落迷惘。

　　2010年，經濟學部落客與法學教授詹姆士・夸克（James Kwak）曾寫過一篇部落格文章：〈為何哈佛畢業生前進華爾街？〉（Why Do Harvard Kids Head to Wall Street）。夸克從哈佛

畢業後，跟大部分同學一樣選擇擔任管理顧問。他解釋，這行業之所以讓大家趨之若鶩的原因，不是因為優渥的薪水（雖然這不是什麼壞事），而是這些公司把你的未來都鋪得好好的，這樣的決定看起來如此輕鬆，簡直難以抗拒。

　　夸克寫道，當代典型的哈佛大學生「是因為害怕失敗才會選擇努力奮鬥，而非有什麼具體的理想」。他分析常春藤盟校畢業生的職場選擇，「主要只考慮兩種因素：第一，未來面臨的抉擇越少越好；第二，只做成功機率最大、前景最看好的工作。」投資銀行與管理顧問公司的人資專員看準學生的心理，便肆無忌憚加以利用，告訴求職者這行業很有競爭力，社會地位又高，但是從投履歷到錄取的整個流程管制相當嚴格，而結果也都會在預料之中。人資專員還會對大四的學生強調，如果加入高盛集團、麥肯錫公司或其他類似的公司，其實根本不算是做出任何抉擇，他們只是在接下來的幾年間積攢財富，並且或許可以為這個世界帶來一些貢獻，然後到了某個時間點，他們再來決定自己真正想做什麼事、想成為什麼樣的人物即可。夸克說：「對於不知道如何在開放的就業市場上找到工作、對於那些一輩子都是用考試來分隔人生階段、用考試來取得下個人生階段輝煌成果的人來說，這一切的選擇都是理所當然。」

3. 人格特質養成的挑戰

　　每個孩子在面對品格養成的挑戰時，都要經過一番掙扎。若你是哈佛大學生，這番爭鬥最終可能會帶你踏進一板一眼的投資銀行業。不過，若你是芝加哥市南區長大的孩子，掙扎後的結果可能會讓你鋃鐺入獄。雖然我們很難為常春藤畢業生說話，認為社會大眾有責任幫助他們發揮人生最大潛能，但是我們比較容易說服這個社會扮演一個重要角色，來協助在貧困和逆境中的孩子。至於政府要如何援助貧困家庭，自由派和保守派意見差很多，不過大致上卻有一個共識，就是確實要投入一點心力。

政府要提供年輕人成功的機會

　　長久以來，每個國家政府的必要功能除了造橋鋪路、抵禦外侮，另外就是要減少貧窮造成的影響，並提供年輕人脫貧的機會。美國民調機構佩尤研究中心（Pew Research Center）長期進行的調查也顯示，大多數美國民眾都認為應該協助年輕人脫貧。雖然 2008 年之後，社會大眾對於「協助窮人」這件事的支持度已經降低（在經濟不景氣的時期常見這種趨勢），但還是有絕大部分民眾認為「政府有義務確保每位公民有足夠的食物、有個可供睡覺的地方」，以及「政府有責任照顧無法照顧自己的民眾」。若從「提供機會」的角度進行民調，大家的想法更趨向一致，也更加堅定。佩尤研究中心自 1987 年就在民調中包

含一道問題：「社會必須採取任何必要措施，讓每個人都一樣有機會可以成功。」每次結果都顯示有 87% 至 94% 的受訪對象認同這項論點。

不過雖然民眾依然和以前一樣熱心幫助弱勢鄰居，但過去十幾年間，某些重要的事情已經改變了：在過去，「戰勝貧窮」的議題曾經吵得沸沸揚揚，如今卻幾乎無人提起。回顧 1960 年代，貧窮是公開辯論的主要議題，所有認真的公共政策知識份子都會針對這個議題發表有力論點。詹森總統執政期間，能力一流又有雄心壯志的年輕人嚮往到華盛頓特區求職，普遍希望進入對抗貧窮的作戰指揮中心：經濟機會局（the Office of Economic Opportunity）。

到了 1990 年代，貧富不均的問題再次被拿出來熱烈討論，許多問題核心更直指社會福利改革。不過到了現在，這類議題根本都不見了。美國現在的這位民主黨總統，他剛踏入政壇時親身投入對抗貧窮的議題，服務的地區正是第一章提到的「青少年扶助組織」的服務區域，做的工作也和「青少年扶助組織」的工作內容相似。但當上總統後，他卻很少提起貧窮議題，而且次數遠比不上前幾任民主黨總統。

並不是因為貧窮議題不存在了。絕非如此。1966 年，對抗貧窮的戰爭正打得如火如荼時，窮人比例不到 15%，2010 年是 15.1%。不過貧困兒童的比例則有驚人成長，1966 年只略微超過 17%，如今卻攀升至 22%，表示現今美國有將近五分之一到四分之一的兒童都生活在窮困之中。

　　所以，如果貧窮問題仍與 1960 年代一樣嚴重，為什麼大部分的人都停止討論了呢？至少在公開場合都看不見了。我想，這應該多少跟知識分子的心理狀態有關。那場對抗貧窮的戰役太過激烈，讓當初投身對抗貧窮的知識份子傷痕累累，認真敬業的公共政策研究者也彷彿得了創傷後壓力症候群。記得嗎？甘迺迪總統首度宣示要終結貧窮的那一刻，同時承諾要將人類送上月球。1960 年代早期的政府充滿了樂觀與希望，阿波羅任務更順利達成了這個願望。這一系列的任務是美國空前的勝利，也讓我們知道，若全國上下一心，就能解決問題。

　　只是我們並未終結貧窮。有些措施確實發揮了效用，但是大多數都成效不彰，更有許多政策還造成了反效果。如果你認為替政府工作的聰明人可以解決問題，那麼，真相對你而言是殘酷的。我們得痛苦地承認，降低貧窮人口的任務，比想像中困難得太多了；讓我們更痛苦的是，經過了 45 年之後，我們依然一籌莫展。

貧富的學習落差

　　貧窮議題無人關注，或許還有另一個原因，就是過去十多年來，貧窮逐漸和教育議題合為一體。在過去，教育與貧窮是兩個不同的公共政策議題，但就在「新數學」改革運動和「為什麼強尼不會閱讀」引起討論後，①也出現了針對貧窮、飢餓、社會福利以及都市更新計畫的討論。不過議題漸漸減少到只剩下一個，也就是富人與窮人的社會成就差距：美國目前的真實

情形是，一般說來，在貧困環境成長的兒童，在學校的表現也很糟糕。

幫助孩子改善學習方法

教育與貧窮議題整合有幾項原因。最初可回溯到於 1994 年出版的《鐘形曲線：美國社會中的智力與階層結構》，（作者是查爾斯‧莫瑞與理察‧赫恩斯坦）。這本書出版後爭議不斷，引發輿論話題，因為作者提出，學術測驗成績可作為推測個人成就的主因，而種族基因差異可能會造成不同種族的測驗成績會有所差異。雖然我跟很多人一樣，都不認同書中有關種族的結論，但作者確實提出了一個非常重要的新觀點，就是從學業表現可推斷出人生未來許多的結果，準確率也頗高，例如未來的學業能進升到何種程度、畢業後收入多少，就連是否會犯罪、吸毒、會不會結婚或離婚等，也都可據此推測。書中內容顯示，在校表現良好的學童，無論他們是否出身貧窮，未來人生的表現大多都比較好。這個結論引導出一項耐人尋味的觀點，也是眾多政治議題中，社會改革者最急欲解決的問題：如果我們可

---

① 1957 年蘇聯發射全世界第一枚人造衛星，美國大感震驚，因此教育界改革聲浪四起，新數學運動（New Math）便應運而生。但此教學法卻過分強調教導學生對抽象概念的理解，忽略了基礎的計算能力。「為什麼強尼不會閱讀」（Why Johnny Can't Read: And What You Can Do about It），一書作者為魯道夫‧弗雷西（Rudolf Flesch），1955 年出版後衝擊美國教育界，書中揭露了學童因接受全語文（whole language）教學導致認字率下降的事實。作者認為，在此教學模式下，學童不再以拼音（phonics）認識單字，只依賴語文情境來推測字詞的意義，反而學習效果有限。

以幫助弱勢兒童改善學習方法，提升學業表現，他們就可以憑藉自身的能力脫離貧窮的惡性循環，也不需要額外的補助或津貼。

1990 年代末至 2000 年初期發生了兩個重要事件，讓上述這個觀點愈來愈受到重視。其一為 2001 年小布希總統任內通過的「有教無類」法。這是歷史上首次由國家立法，規定各州、各城市及各級學校都得詳實記錄學生的學業表現，而且不只是學生整體的表現，也要包括個別的群組，例如少數族裔、低收入戶及英語非母語的學習者。一旦開始收集這些數據，反映的學習成就差異就更難以忽視或否認。從各州、各城市、各年級，還有幾乎各間學校提供的數據可發現，低收入戶學生的表現比中產階級的學生差很多，平均來說，中學教育結束後，兩邊已經差了兩到三個年級，而且富者與窮者的學習成就落差，正在逐年擴大。

教育改革運動

另一個重要事件是新出現了一些學校，他們希望消弭學習成就的差距。包含如 KIPP 及其他類似的學校，以及康乃狄克州紐哈芬市的艾密斯塔學院、麻州波士頓市的洛克斯貝瑞預備特許高中、新澤西州紐華克市北星特許學院。

KIPP 兩位創辦人大衛·列文與麥可·范博格和其他教育家帶動了第一波教育改革風潮，他們幫助學生獲得優異的測驗成績，第一波的成果就讓社會大眾驚訝。這些教育家已經發展

出一個成效不錯的教學模式，其他人可以如法炮製，幫助貧困地區的學童出人頭地。

對關心貧窮問題的人來說，以上提到的幾件事，共同形塑成了一個有力的三段式論法。首先，無論學生的家庭背景如何，在學的測驗成績與未來的成就密切相關；其次，低收入戶學童的成就測驗表現，比中產階級家庭的學童差；最後，某些學校使用了不同於傳統公立學校的教學模式，能夠大幅提升低收入學童的成績。結論是：若我們能將這些教學模式大規模推廣到全國各級學校，或許真的能大大降低貧窮帶給學童的負面影響。

學校是幫助孩子的有力工具

這是一種檢視貧窮議題的新角度，和過去很不一樣。對許多人來說，包括我在內，這也是讓人歡欣鼓舞的好消息——尤其過去試過那麼多方法都不奏效：我們試過發放社會福利金給收入低的母親、試過住宅津貼、推行過「啟蒙計畫」（Head Start）與社區守望相助（community policing），但大多數都沒有發揮預期的效果。最重要的是，貧困學童的處境仍未見起色。但現在看起來，如果我們可以讓公立學校發揮更大、超乎以往的功能，那麼學校就會變成對抗貧窮更有力的工具，比我們之前採行的方法還管用。

這個想法改變了一切，也觸發了教育改革運動。

4. 如何幫助更多學童的人生

　　教改運動推行之初，擁護派對這個運動的發展方向其實還沒有共識。他們懷抱共同的願景，期盼全國各級學校對低收入戶孩童的教育都能與 KIPP 學校一樣有效果。但是，為了要實現這個理想，到底要施行何種機制呢？這一點各方依舊爭論不休。是要發放教育券？實施全國統一的課程計畫？設立更多特許高中？推廣小班制教學？到了 10 年後的今天，教改人士有志一同，將目標放在「提升教師素質」這件事之上。改革者普遍認為，目前有太多教師的教學品質低落，尤其是在低收入戶學生較多的學校。要改善這些弱勢學生的學業表現，唯一的解決之道就是改變教師聘任、訓練、給薪及解雇的方式。

　　有許多學術文獻可支持此項推論。1990 年代末期至 2000 年初期，許多經濟學家和統計學家，例如史丹佛大學胡佛研究所的艾瑞克·哈努謝克（Eric Hanushek）、哈佛大學教育研究所的湯瑪斯·凱恩（Thomas Kane），以及北卡羅萊納教堂山分校的威廉·桑德斯（William Sanders），他們都曾指出，透過一種名叫「附加價值模式」的統計分析方法，可以將教師歸納成兩類：一類能讓學生的學習成就穩定提升；另一類卻讓學生的成績始終跟不上別人。

　　從這個想法就會推演出一套改變現況的理論：若表現不佳的低收入戶學童，持續接受教學品質優良的老師指導，學生成績可望不斷進步；經過 3 到 5 年，應該可與經濟狀況較佳的同

僑並駕齊驅。再進一步推論：若能全面檢討學校運作與教師聘任的制度，確保每一位低收入戶學童都能有好的老師教導，那麼也許就能弭平學習成就的落差。

過去幾年來，這個論點也受到政府高層的重視。歐巴馬政府的主要教育政策正是要提供優渥的獎勵方案，鼓勵各州重新擬定或修訂現行的教師法規。許多州政府已經接受聯邦政府補助，進行改制。目前有許多學校系統，正在測試不同的教師給薪、評鑑、終身職制度，測試的形式也各有不同。

而另一方面，比爾・蓋茲夫婦成立的基金會（該基金會投入教育事業的金錢，向來超過其他慈善團體）也投下 3 億美元，進行一項稱為「有效教學評估」（Measures of Effective Teaching）的專案計畫，期望能精確定義出什麼是「好」的教學方式，以及如何為全國各地訓練出優良的師資。

儘管改革者普遍都有這項共識，但如何全面提升教師素質，各方仍爭論不休，尤其是教師工會，他們擔憂這樣大刀闊斧的改革會危害到他們數十年奮鬥爭取而來的教師權益；另外，不管你對教師工會的印象怎樣，事實是，有關「教師素質」的研究在幾個重要的面向依然不夠完整。第一個不完整的面向是，我們仍不曉得要如何準確預測教師未來的教學成效。有些老師的教學方法看似糟糕，竟然能讓學生表現大躍進；有些優秀的老師則是突然就栽了跟頭。其次，我們也無法確定，讓低收入戶學童持續接受優良教師教學，學生表現就能有正面的成長。或許，學生接受績優教師一年的指導，成績會進步一倍；連續 3

年接受績優教師的指導，表現則會進步 3 倍，但說不定教學成效可能一年後就慢慢減弱。目前為止，上述說法都沒有任何有力的證據支持。

在現實裡，現有的教育制度經常把最不適任的教師，分配給那些最需要卓越教學的學生。這個問題非常嚴重，但不知道為什麼，「改革教師的終身職制度」這件事卻在美國這一波改善貧困孩童生活的運動中，被拿來當成核心的政策工具。其實，連許多支持改革者經常引述的研究論文，包括哈努謝克等學者們那些引發改革的文章，結論也認為教師素質的優劣對學生成績高低影響並不明顯，影響力還不到一成。

當我們把「教學」與「貧窮」這兩個問題放在一起討論就是有這樣的缺點：會模糊焦點，會讓人以為唯一重要的問題就是如何提升教師素質。實際上，提升教師素質問題只不過是冰山一角，真正的問題比教師素質更龐雜，也更需要深入探討，那就是：這個國家應該如何幫助數以百萬的貧窮學童，好讓他們大幅提升自己未來成功的機會？

而當貧窮問題漸漸淹沒在教育改革的爭論聲浪中，我們也忽略了另一項真正需要關注的問題：許多備受好評的學校改革方案（包括那些表現最傑出的特許中學），似乎在素質比較好的低收入學生身上最能展現效果，至於後段的低收入學生依然無法迎頭趕上。問題癥結就在於美國教育部對「須受資助的學童」定義太過粗略，以致讓人忽略了真正的問題。目前公立學校學生經濟狀況的唯一指標，就是學生是否符合學校午餐補助

的標準，凡是家庭年度所得不到貧窮線標準 1.85 倍的孩童，都能申請政府的津貼，以 2012 年來說，依照美國農業部食品和營養局的數據，若一個 4 人家庭的年收入低於 41,348 美元，他們的孩子就符合條件。

所以，如果某項特定的改革方案或某個學校獲得「改善低收入戶學生的學習成就」的佳評，請不要忘了，教育部定義的低收入戶學童，涵括全國總學童人數近四成，而且這四成兒童當中，有些人的家庭其實是勞動階級，甚至是中產階級。（在芝加哥的公立學校，每 8 位學童中就有 7 人符合午餐補助規範。）教育部所謂的低收入戶學生當中，只有大約半數是真正的貧困家庭，意即家庭收入低於貧窮線；而在貧困家庭的學生裡，又有約一半的學生，亦即美國孩童人數的 10%，家庭收入竟然未達貧窮線標準的一半。以 4 口之家來說，這表示他們的年收入還不足 11,000 美元。

學習道路的障礙

若你正好是家庭年收入連 11,000 美元都不到的孩子，你在學習的道路上會遭遇數不清的障礙，而家庭年收入約 41,000 美元孩子的學習之路就比你幸運多了。首先你要面對的是經濟問題，你家可能買不起像樣的房子遮風蔽雨，也可能有一餐沒一餐，更別提要買新衣服、新書或益智玩具。但你學習之路上的障礙，還不只是家裡買得起什麼或買不起什麼，最大的問題很可能比這個還嚴重。若家庭年收入這麼低，幾乎可以肯定家中

的成年人沒有全職工作——原因可能是就業市場緊縮，也有可能是父母或者其中一位有其他求職問題，例如身心障礙、憂鬱症、藥物濫用等。從統計上來看，你很可能是由單親媽媽撫養長大的，而且媽媽教育程度不高，又未婚懷孕。從另一項統計數字來看，你的監護人很可能因為涉嫌虐待兒童或對兒童疏於照顧，而遭到兒童社福機構列入追蹤名單。

創傷的負面影響會阻礙學習

我們從神經學家與心理學家的研究可以知道，來自這些家庭的學童接受「兒時逆境經驗」（ACE，第一章提過這個問題）的測驗後，分數都偏高，而且這些孩子也不太可能與監護人發展出有安全感的依附關係，使得這些孩子沒辦法減輕因為壓力與創傷帶來的負面影響。因為如此，造成這些孩子在認知上的執行功能技巧達不到平均水準，抗壓性也不高。他們在課堂上的專注力低，社交技巧差，不僅坐不住，也無法聽從師長的指示，還會出現老師眼中的偏差行為。這些事情，在在阻礙了他們學習。

儘管這些低收入戶學童非常需要幫忙，可是改革人士仍未找出有效介入的方案。他們試過一些方法，但只對經濟狀況還算可以的學童有用（也就是家庭年收入約 41,000 美元這一層的孩子）。事實上，對於真正弱勢的學童，還沒有人提出保證見效的方法可以幫助他們。我們甚至擬出了一套雜亂無章的制度，設立特殊的政府機構和學程，只能在這些孩子的童年或青少年

時期偶一為之提供短暫援助。

　　這麼看來，整個系統都已經無法運作了。低收入家庭兒童從早期的生命開始，先是面對人滿為患的「醫療補助計畫」診所（專供低收入人士使用），接著是面對社會服務與兒童福利機構，還有醫院急診室。等到這些孩子入學之後，這套補給系統又把他們推進各式特殊教育課程、補救課程或另類學校裡面。然後進入青少年時期，接手處理他們的便是通識課程發展計畫、電腦輔助的補修學分課程，這些課程往往還是讓學生兩手空空，沒學到什麼技能，卻順利從高中畢業。除了學校體制之外，這套失效的系統還包括寄養家庭、少年觀護所與觀護人制度。

　　這套系統內的機構大多都運作得不好，也找不到好人才，不像第四章提到的「美國志願教師」這類非營利組織能夠招募到大群滿腔熱血的大學畢業生。這些機構的資源更沒有妥善整合。對於需要幫助的兒童及家庭來說，與這些機構接洽的過程會充滿挫折，感覺對方很冷淡，常常還讓自己覺得很丟臉。整體來說，這個系統花錢如流水，效率卻極為不彰，成功率更是渺茫。那些從小就進入這套補給系統的人，很少有人拿到大學文憑或是能夠過著幸福成功的人生，也很少人能夠找到好工作、和家人關係緊密或有穩定的居所。

新的援助補給系統

　　但我們可以為家庭狀況不好、處處充滿逆境的孩童，規畫出一套嶄新的援助補給系統。第一步或許是綜合型兒童健康

發展中心，如同娜汀・伯克・哈里斯醫生想要在舊金山灣景區獵人角創設的機構，在這裡的治療過程中，都結合了情緒創傷的輔導與社會服務的支持。下一步或許是介入親職教育，讓親子間更容易建立安全依附的關係，例如德拉瓦大學推出的「依附行為輔導方案」（Attachment and Biobehavioral Catch-up Intervention, ABC）。

在幼稚園中班階段，則可加入像是「心智工具」的課程，提升幼兒的執行功能技巧與自制力的發展。當然，我們希望這些孩子能進入好學校，不是那種會把他們一腳踢進補救教學班級的學校，而是可以教導他們面對高難度工作挑戰的學校，讓他們在課堂上獲得學業上的幫助。等到出了教室，還需要有社會、心理與品格培養教育介入，像是朵齊兒校長在芬格高中進行的教學方式，或社福機構「兒童新契機」（Turnaround for Children）在紐約市及華盛頓特區，專為經濟狀況不佳的學校進行的輔導工作。

進入中學階段，學生可以接受如「鎖定目標」與 KIPP 計畫提供的課程，這些課程會引導他們繼續接受更高等的教育，也讓他們在進入大學之前，不只是學業上已經做好準備，而是在情緒和心理上都能準備妥善。

上述這套完整的系統，目標對象設定為高失敗風險的前 10% 至 15% 學生，倘若付諸實行，想必得投注龐大的金額。但與現行的特殊系統比較起來，應該還是便宜許多。節省金錢之外，更能拯救許多學童的人生，而且不是未來才會展現成效，

乃是立刻就能發揮功用。

5. 引導孩子走向光明的未來

　　只要談到「家庭對貧窮學童未來成就好壞的影響」這個話題，大家就有點不安。教育改革者傾向認為，成功最大的絆腳石是教育體制，也深信可以在課堂內找到移除絆腳石的關鍵。另一方面，不認同教育改革的人則認為，低收入戶學生表現不佳，問題出在學校體制以外的因素，不過我看過他們列舉的因素，似乎多半與家庭功能沒什麼關聯。那些因素絕大部分都是與個人無關的，例如大環境不良、食物缺乏、醫療照護不健全、住所簡陋，還有種族歧視等。

　　這些問題確實存在，也很重要，但卻不能真正反映出貧窮學生在求學路上遇到的最大障礙，尤其對於特別貧困的學生，他們時常要面對來自家庭與社區的高度壓力，而又缺乏與監護人之間的安全依附關係，因此也不知道該如何應付壓力。

　　所以，我們雖然很想知道造成「與貧窮相關的學習成就低落」的根本原因，可是為什麼我們還會搞錯焦點，漠視了科學證據所指向的事實？我認為有以下 3 個原因：第一，科學畢竟不是人人皆通、人人皆懂，科學之所以難懂，部分原因也是原理複雜，很難深入探究。每次講到壓力問題就要拿出「下視丘－腦垂腺－腎上腺軸」來解釋，別人當然會聽不懂。

　　第二，本身不是低收入戶的人，要去談論貧窮家庭的失能，本來就會覺得不太自在；公開批評其他人教導孩子的方法，也很沒禮貌——尤其對方的經濟狀況不如自己的時候，更是如此。而如果提出批判的是白人，遭到指責的是黑人，那可說是會觸動一條最敏感的神經。談論這類議題，總免不了會踩到美國政治及美國精神的最大地雷。

人格特質是最有效的人生逆轉武器

　　最後一點，貧窮問題屢次出現新面向，涵蓋範圍既廣又雜，使得無論是左派還是右派人士，大家深信不疑的政治理念都被撼動了。對自由派人士來說，貧窮問題表示保守派人士至少說對了非常重要的一點：品格才是重點。我們所能提供弱勢孩童最有效的抗貧武器，就是品格帶給他們的力量，亦即本書提到的青少年琪莎、凱瓦娜、棋士小詹姆斯等人在刻苦環境中展現出的特質：認真、毅力、強韌、不屈不撓、樂觀。

　　而典型的保守派論點在面對貧窮問題的時候，也顯出不足，亦即只能指出「品格才是重點」。然後呢？然後就不知道了。其實，除非貧困子弟能夠發憤圖強，設法培育出能讓自己成功的品格，否則這個社會大眾能為貧窮的人所做的真的不多，我們其他人只能在旁邊乾瞪眼。我們可以教導貧窮的人，甚至當他們的舉止不合宜時，我們甚至可以懲罰他們，但我們能做的真的就這麼多。

人格特質不是與生俱來的

但事實上，科學卻又有完全不同的見解：對年輕人未來極其重要的品格力，其實不是與生俱來的；孩子不會因為運氣好或是遺傳到好基因，就具有品格力。品格力也不單單是選擇的問題。品格乃是源於大腦的化學作用，孩童的成長環境可以塑造他們的品格，塑造的方法可以量化，也能預測結果。這表示我們這個社會有很多介入的方法，可以影響孩童的發展。我們現在已經很清楚有哪些介入方式，從孩童出生後一直到進入大學，可以幫助他們培養強健的心智與技巧。

這些介入方式能由父母親執行當然最好，但並不是非父母親不可，社工、老師、神職人員、小兒科醫師和鄰居，都能幫助改變孩子的人生。我們當然可以討論這些介入措施到底是應該由政府執行，還是由非營利機構或宗教團體執行，還是三方共同行動，但從此以後我們再也不能說的是：我們無能為力。

投資教育：經濟效益最高

主張改革者想要以新的角度看待弱勢兒童議題的時候，經常會以經濟作為論述的基礎：國家必須改變協助兒童發展的方式，這樣才能節省無謂的開支，改善國家財政。哈佛大學兒童發展中心主任傑克・熊可夫大力主張，如果能提出運作良好的計畫，在低收入戶孩童小時候就開始援助他們的父母，則所需費用比較低，效果也比較好；像現在這樣等孩子都長大了，才投注大筆金錢在補救教學及職業訓練上，效果並不理想。諾貝

爾經濟學獎得主詹姆斯 · 赫克曼則進一步計算，投資在「裴利學前計畫」的每一塊錢，最後能為美國經濟帶來 7 至 12 美元不等的實際收益。

當然，從經濟效益來分析，確實很具說服力，不過經濟效益的論點之所以更能打動我，跟我個人的經驗有關。當我與那些在逆境中長大的孩子相處時，總是忍不住會產生兩種感覺。第一種感覺是憤怒，我對這些孩子錯過的一切感到憤怒。凱瓦娜說起她以前在明尼蘇達州上中學時，她在「雞翅班」的課堂裡就像沒人要的孩子一樣，當校內其他學生在學數學和隱喻修辭的時候，「雞翅班」的學生只是在看電影、吃爆米花。我聽到她的故事時，感覺就跟西洋棋教練伊莉莎白發現小詹姆斯對下棋之外的世界一無所知時的感覺一樣。我為凱瓦娜感到憤怒，過去的不公對待，害她現在得加倍用功才能追上進度。

踏出抉擇第一步的幫助

但凱瓦娜值得嘉許的是，她的確付出了加倍的努力往前邁進，因此觸動了我的第二種感覺：讚賞與希望。這些孩子在困難的處境中必須做出選擇，經常是滿懷痛苦，卻巴望自己能走上更好的道路，逃離他們原本似乎是無可避免的命運，我因此內心充滿了讚賞與希望。小詹姆斯、凱瓦娜和琪莎都比當初的我用功好幾倍，努力讓自己改頭換面，好擁有更好的生活。每一天，他們都讓自己往上多踏了一階，只為邁向光明的未來。我們其他人絕不可以光只是在一旁鼓掌叫好，同時內心默默期

盼未來能有更多年輕人追隨他們的腳步。因為，他們不是自己爬上那道階梯的，他們必須要有人幫忙，才能踏出第一步。

孩子如何成功：

我們要如何教養孩子，才能讓孩子一生受益？

HOW CHILDREN SUCCEED: Grit, Curiosity, and the Hidden Power of Character

作者	保羅・塔夫（Paul Tough）
譯者	王若瓊、李穎琦
總編輯	汪若蘭
行銷企畫	李雙如
封面設計	李東記
內文排版	張凱揚

發行人	王榮文
出版發行	遠流出版事業股份有限公司
地址	臺北市中山北路 1 段 11 號 13 樓
客服電話	02-2571-0297
傳真	02-2571-0197
郵撥	0189456-1
著作權顧問	蕭雄淋律師
法律顧問	董安丹律師

2017 年 09 月 1 日 二版一刷
行政院新聞局局版台業字號第 1295 號
定價 新台幣 280 元（如有缺頁或破損，請寄回更換）
有著作權・侵害必究 Printed in Taiwan
ISBN 978-957-32-8051-4
遠流博識網 http://www.ylib.com E-mail: ylib@ylib.com

國家圖書館出版品預行編目 (CIP) 資料

孩子如何成功：我們要如何教養孩子，才能讓孩子一生受益？/ 保羅．塔夫 (Paul Tough) 著；王若瓊，李穎琦譯．-- 二版 -- 臺北市：遠流，2017.09
　面；　公分
譯自：How children succeed : grit, curiosity, and the hidden power of character
ISBN 978-957-32-8051-4(平裝)

1. 兒童發展 2. 學前教育

523.2　　　　106012756